Psychoanalyse und Verhaltenstherapie

Herausgegeben und eingeleitet
von Claus Henning Bachmann

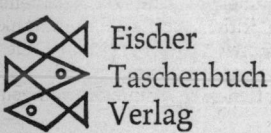

Fischer
Taschenbuch
Verlag

Originalausgabe
Fischer Taschenbuch Verlag
August 1972

Umschlagentwurf: wdz-studio (Feldafing)

Fischer Taschenbuch Verlag GmbH, Frankfurt am Main, 1972
© Fischer Taschenbuch Verlag GmbH, Frankfurt am Main, 1972
Gesamtherstellung: Hanseatische Druckanstalt GmbH, Hamburg
Printed in Germany
ISBN 3 436 01576 8

Inhalt

Einleitung 7

Peter Fürstenau: Probleme der vergleichenden Psychotherapieforschung 18
   I Das psychotherapeutische Feld 18
   II Probleme der Erfolgsforschung in der Psychotherapie 20
   III Der neue sozialwissenschaftliche Zugang zur Psychotherapie 22
   IV Allgemein-menschliche und Ausbildungsvoraussetzungen für Psychotherapie 24
   V Unzulänglichkeiten und Mängel der Reflexion und Theorie in der Psychotherapie 28
   VI Persongebundenes Wissen, Können und Kommunizieren 30
   VII Der soziale Ort als aktuelle Konstellation und als Ursprung 32
   VIII Psychoanalyse und Verhaltenstherapie — zwei psychotherapeutische Schulen mit besonderem wissenschaftlichem Anspruch 34
   IX Psychoanalyse 34
   X Verhaltenstherapie (Verhaltensmodifikation) . 47

Hans Strotzka: Fortschritte der Neurosentherapie . . . 58

Albert Görres: Psychoanalyse und Verhaltenstherapie . 71

Rudolf Cohen: Grundlagen der Verhaltenstherapie . . . 87
   Bedingte Reize und bedingte Reaktionen 93
   Belohnung, Bestrafung und Nicht-Beachtung 96

Heiner Keupp und *Jarg B. Bergold:* Probleme der Macht in der Psychotherapie unter spezieller Berücksichtigung der Verhaltenstherapie 105
   I Ableitung der Problemstellung 105
   II Therapeutische Institutionen als Formen sozialer Kontrolle 108

     Der konservative Gehalt psychiatrischer
     Denkansätze 110
     Psychotherapie als Privileg 111
     Welche Faktoren bestimmen die Selektion? . . 113
     Die Dialektik mikro- und makrosozialer Analyse 115
III Machtprozesse in der direkten therapeutischen
     Interaktion 119
     Ein sozialpolitisches Machtkonzept 120
     Die Anwendung des Machtmodells auf die
     Vehaltensmodifikation 122
     Die Situation des Patienten 125
     Der Therapeut 127
     Der Ablauf der Behandlung 129
IV Schlußbemerkung 136

Diskussion 141

Die Autoren 182

Sachregister 185

Einleitung

Am Anfang stand die Idee eines wissenschaftlichen Streitgesprächs: zwischen Psychoanalytikern und Verhaltenstherapeuten, die wechselseitig über ihr therapeutisches Handeln aufgeklärt sind, also zur Sache miteinander sprechen könnten und wollten, ohne offenkundigen Gegensätzen aus rein verbaler Höflichkeit oder nicht eingestandener Uniformiertheit aus dem Wege zu gehen. Diese Idee nahm Gestalt an in Gesprächen zwischen einer Wissenschaftsredakteurin des Westdeutschen Rundfunks Köln — Frau Dr. Brigitte Granzow — und dem Unterzeichner; sie weitete sich dann durch das Interesse eines in mancherlei Grenzgebieten tätigen Münchner Arztes und Galeristen (Dr. Richard P. Hartmann) sowie das Entgegenkommen der Münchner Universitäts-Nervenklinik zur öffentlichen Tagung, und das Ergebnis dieser kommunikativen Anstrengung drängte — gefördert durch das spontane Engagement von Dr. Jochen Greven und seinen Mitarbeitern im Fischer Taschenbuch Verlag — zum hier vorliegenden Buch.
Aber auf dem Wege zur derart vielgestaltigen, im Anfang nicht vorhersehbaren Ausführung hat sich auch die Idee gewandelt. Diese Metamorphose begann (das und alles Folgende ist die ganz persönliche Meinung des Herausgebers, gleichsam eines interessierten Außenstehenden) schon bei der Vorbereitung der über den Westdeutschen und Bayerischen Rundfunk (hier im Dritten, dort im Zweiten Programm) gesendeten Diskussion, d. h. im Verlauf der organisatorisch-thematischen Sondierung bei einer großen Zahl potentieller Gesprächsteilnehmer. Es zeigte sich nämlich, daß das Denkmodell einer Verdeutlichung der für die Neurosenbehandlung heute maßgeblichen Techniken und Theorien durch Herausarbeitung der ihnen innewohnenden Gegensätze zu eng gefaßt war. Zwar gibt es eine gewisse Orthodoxie in Theorie und Praxis sowohl im Bereich der Psychoanalyse Freudscher Herkunft als auch bei den vom Behaviorismus ableitbaren Therapieformen, aber die Denkansätze: hier der scharf ausgeprägte Antagonismus, dort die (utopische) Synthese, hier kampfbetonter Gegensatz, dort zumindest verbindliche Mehrgleisigkeit, diese Ansätze sind Schwarzweiß-Zeichnungen, unzulässige Vereinfachungen.
Es scheint, als träte die Neurosentherapie heute in ein ganz neues Blickfeld. In dieser Sicht verlieren die verschiedenen

Schulen, so bedeutsam ihre Auswirkungen im Einzelfall noch sein mögen, an Relevanz. Ich meine, das Blickfeld nach den in der Arbeit an diesem Buch gewonnenen Einsichten abstecken zu können: einmal durch das, was Peter FÜRSTENAU eindrucksvoll am Schluß der Diskussion darstellt als die zur Situation des psychotherapeutischen Faches gehörende Entscheidungslosigkeit in bezug auf »bessere« und »schlechtere« Therapien und die Macht der im persönlichen Bereich wirksamen Faktoren, zum anderen durch das, was diese persönlichen Faktoren dann wieder umgreifend prägt, das soziale Moment. Neurotisches Verhalten ist immer auch soziales Verhalten; und wie man darangeht, es zu heilen oder anzupassen, ist Ausdruck einer gesellschaftlichen und (man verzeihe das harte Wort) politischen Entscheidung. Das wird von den Ärzten, Psychologen und dem Soziologen, die an diesem Band mitgearbeitet haben, so »vordergründig«, so unverblümt nicht ausgesprochen; am deutlichsten tönt es noch durch die Arbeit von Heiner KEUPP und Jarg B. BERGOLD: Sie beleuchtet u. a. die Rolle des Therapeuten im Verhältnis zum institutionellen Herrschaftsaspekt, untersucht das zweckrationale (instrumentelle) Handeln unter dem möglichen Blickpunkt der »bloßen Verinnerlichung herrschender Normen«.

Damit ist in die Neurosentherapie eine neue Dimension eingeführt, ohne daß die therapeutischen Strategien zurücktreten; im Gegenteil. Nur stehen sie nicht für sich, ausdiskutierbar auf Fachkongressen oder auch reduziert für die Populärwissenschaft, sondern sie sind Teil eines gesellschaftlichen Ganzen. Die Verhaltenstherapie beziehungsweise Verhaltensmodifikation verliert dabei ihren (dogmatische Freudianer, so es sie noch gibt) provozierenden Charakter; dadurch nämlich, daß jene Strategien sich in ihr verdeutlichen als zielgerichtete Eingriffe in Lernprozesse, als die Neurosen eben auch definiert werden können — das unfreiwillig in einem Anpassungsversuch Erlernte, der zumindest in dem Maße, in dem die Symptome als störend empfunden werden, fehlgeschlagen ist. Die analytisch orientierte Psychotherapie neigt dazu, diesen Aspekt der lerntheoretisch fundierten Therapien zu unterschätzen. Noch in der Kurzdarstellung, die Dietrich LANGEN[1] von der Verhaltenstherapie gibt, dominiert einerseits das von den separierten Techniken her gewonnene (und begründbare) Bild des »entschiedenen Gegensatzes zur Psychoanalyse«, andererseits die in der Praxis unbewiesene »Verbindung zwischen Tiefenpsychologie und Lerntheorie«, die sich hauptsächlich auf die »lernpsychologische analytisch-orientierte Therapie« von DOLLARD und MILLER (1950) sowie das Selbstbehaup-

---

[1] Professor Dr. med. D. LANGEN ist Direktor der Klinik und Poliklinik für Psychotherapie der Universität Mainz.

tungstraining (assertive training) bei A. SALTER stützt; auch A. GÖRRES — einer der Teilnehmer an der Diskussion — wird genannt.[2] Das SALTERsche Verfahren der Ich-Stärkung (durch Aufforderung zum möglichst häufigen Gebrauch des Wortes »Ich«, durch Provokation zum Widerspruch bei Meinungsdifferenzen) findet sich auch in einschlägigen Übersichten zur Verhaltenstherapie; in der Radio-Diskussion wollte selbst der Psychoanalytiker FÜRSTENAU nicht behaupten, daß es lerntheoretisch einwandfrei sei. Diese Zuordnungen oder Abweisungen sind indes, scheint mir, heute einigermaßen nebensächlich. Sie entstammen noch einer Auffassung von Neurosentherapie, für die der Akzent mehr auf dem medizinischen Begriff der »Heilung« nach einem vorgefaßten Bilde lag als auf einem Verstehen des Verhaltens, das sich in der Neurose zeigt. Damit ist nach keiner Seite eine Wertung ausgesprochen: Gerade das wertende Moment als Voraussetzung der Deklaration von Gegensätzen, die dann ausdiskutiert oder behauptet werden, erscheint ja im nachhinein als falsch.

Unerheblich wird auch ein vermeintliches Handikap sowohl von Psychoanalyse als von Verhaltenstherapie: ihre Plausibilität — hier im Verständnis der Situationen, dort in der Erklärung der Mechanismen. Eindrucksvoll erhärtet sich aber aus diesem Zusammenhang, worauf KEUPP und BERGOLD hinweisen: daß Sprache »Kommunikation nicht nur ermöglicht, sondern sie durch schichtspezifische Sprachstile auch beschränkt«. Begrifflich lassen sich Kontinua aller Art konstruieren, doch die Begriffe — Rudolf COHEN äußert sich dazu in der Diskussion recht pointiert — bewirken oft nur den verbalen und lediglich in diesem Sinne auch plausiblen Zusammenhang; die Beweisführung ist gewissermaßen schon im sprachlichen Material implizit, so daß sich sogar brauchbare Übersetzungsregeln von einer Theorie in die diametral entgegengesetzte finden lassen. Die Diskussion und alle Beiträge zeigen demgegenüber eine deutliche Wendung nach außen, zum Patienten oder — wie die Verhaltenstherapeuten sagen — zum Klienten. Die Absicht dieses kleinen Bandes ist kommunikativ, aufklärend, Möglichkeiten der Hilfe andeutend.

Das Krisenmoment in der Psychoanalyse wird zwar von Hans STROTZKA nicht als relevant für das Auftreten der Verhaltenstherapie angesehen, aber dagegen ließe sich als gewiß unverdächtiger Zeuge der Psychoanalytiker und »Neo-Freudianer« (eine Bezeichnung, die so falsch ist wie jede Klassifizierung) Erich FROMM[3] anführen: »Die Psychoanalyse der Ge-

---

[2] »Psychotherapie«, Kompendium für Studierende und Ärzte, 2., erweiterte Auflage 1969, Stuttgart 1969, 1971.
[3] Professor für Psychoanalyse an der Nationalen Universität in Mexico City, Sozialpsychologe.

genwart durchläuft eine Krise, die — oberflächlich betrachtet — in einem gewissen Rückgang der Anzahl von Studenten, die sich um eine Ausbildung an psychoanalytischen Instituten bewerben, sowie der Anzahl von Patienten, die Hilfe beim Psychoanalytiker suchen, zum Ausdruck kommt. Konkurrierende Heilverfahren sind in den letzten Jahren in Erscheinung getreten, die behaupten, daß sie bessere therapeutische Resultate aufzuweisen hätten, weniger Zeit und somit natürlich auch bedeutend weniger Geld erforderten. Der Psychoanalytiker, von dem der städtische gehobene Mittelstand noch vor zehn Jahren die Bewältigung seiner seelischen Nöte erwartete, wird nun von seinen psychotherapeutischen Konkurrenten in die Defensive gedrängt und verliert sein therapeutisches Monopol.«[4] Die Anspielung FROMMS auf die konkurrierenden Heilverfahren zielt mit aller Wahrscheinlichkeit auf die Verhaltenstherapie, die er wohl deshalb nicht nennt, weil er ihr sichtlich mit größtem Zweifel begegnet. Den Hauptgrund für die Krise der Psychoanalyse beschreibt FROMM sehr entschieden: »Ich glaube, daß der Hauptgrund im Wandel der Psychoanalyse von einer radikalen zu einer konformistischen Theorie zu suchen ist. Ursprünglich war die Psychoanalyse eine radikale, durchdringende, befreiende Theorie. Allmählich verlor sie diesen Charakter und begann zu stagnieren. Sie versagte vor der Notwendigkeit, ihre Theorie entsprechend der veränderten menschlichen Situation nach dem Ersten Weltkrieg weiterzuentwickeln. Statt dessen zog sie sich auf Konformismus und die Suche nach Respektabilität zurück.«[5]

Das scheint sich zu treffen mit den harten Vorwürfen, die von einer oppositionellen Minderheitengruppe auf dem 27. Internationalen Psychoanalytischen Kongreß im Sommer 1971 in Wien erhoben wurden: »Die Psychoanalyse sei von unverblümter Kritik der bürgerlichen Moral-, Sexual- und Aggressionsordnung, vielmehr -unordnung übergegangen zu kaum noch kritischer Akzeptierung eben dieser Ordnung. Der Zeitpunkt dieses Übergangs sei leicht feststellbar, nämlich identisch mit Integration der einst wütend bekämpften Psychoanalyse in die bürgerliche Wissenschaft. Psychoanalyse habe seither die Aufgabe, psychisch kranke Menschen wieder tauglich zu machen für die bürgerliche Gesellschaft. Krank heißt diesfalls: nicht angepaßt an die bürgerliche Gesellschaft. Gesund heißt: angepaßt, zufrieden mit dieser Gesellschaft. Der ursprüngliche Krankheitsbegriff der Psychoanalyse, als sie von ihrem Inhalt her noch kritisch und oppositionell zu dieser Gesellschaft stand, war anders. Seelisch krank hieß vor allem:

---

4 »Die Krise der Psychoanalyse« (1970). In: Analytische Sozialpsychologie und Gesellschaftstheorie, edition suhrkamp 425, S. 193.
5 ebd., S. 198.

krank gemacht durch diese Gesellschaft, die brutal, unmenschlich, unsinnig ist. Seelische Gesundheit hieß vor allem: Veränderung dieser Gesellschaft, so daß sie die Menschen nicht mehr krank macht. Demgegenüber sei die heutige Psychoanalyse eine Art Prokrustesbett, worin seelisch Kranke so lange gepreßt und gedehnt werden, bis sie hineinpassen in die gegenwärtige, nicht mehr auf Veränderung hinterfragte Gesellschaft.«[6] Erich FROMM hätte diesen Protest allerdings kaum unterschrieben. Nach seiner Auffassung war FREUD »ein liberaler Kritiker der bürgerlichen Gesellschaft«. »Es muß betont werden, daß für Freud der Konflikt, der zwischen den Trieben und der Zivilisation oder Kultur jeglicher Art besteht, in keiner Weise mit dem Konflikt zwischen den Trieben und der kapitalistischen oder irgendeiner anderen Form ›repressiver‹ gesellschaftlicher Struktur identisch ist.« Dazu führt FROMM in einer Fußnote aus: »Herbert Marcuse, der Freud als revolutionären Denker und nicht als liberalen Reformer darstellt, hat ein Bild von einem Zustand vollkommener Triebbefriedigung in einer freien — im Gegensatz zu einer repressiven — Gesellschaft zu geben versucht. Unabhängig von der Gültigkeit seiner Konstruktion, hat er festzustellen versäumt, daß er in diesem Punkt den wesentlichen Bestandteil des Freudschen Systems negiert. Die Feststellung dieses Widerspruchs hätte gezeigt, wie fragwürdig das Bild des ›revolutionären‹ Freud ist.«[7] Auf die Kontroverse FROMM/MARCUSE gehe ich später noch in einer Anmerkung zu der Radio-Diskussion ein.
Nun wird der Vorwurf der Anpassung ans schlechte Bestehende (Günther NENNING: Die Psychoanalyse sitze »resigniert da und gibt Ratschläge, wie der unverbesserte Mensch in einer unverbesserten Welt irgendwie dennoch leben kann«[8]) wahrlich nicht nur der Psychoanalyse gemacht. Rudolf COHEN erwähnt eine Form der Verhaltensmodifikation bei Gesunden: In den USA lernen angehende Manager, wie sie aggressiv gegenüber ihren Mitmenschen sein können, ohne dabei Angst zu haben; zu dem möglichen Mißbrauch von Techniken der Verhaltensmodifikation durch Herrschende nehmen auch KEUPP und BERGOLD Stellung. Doch fragt sich (um es noch einmal zu sagen), inwieweit der Katalog der gegenseitigen Vorwürfe nicht schon veraltet ist. Daß die zunächst auf das Trennende hin moderierte Diskussion trotz ausgeprägter Gegensätze immer wieder ans Gemeinsame geriet (und nicht nur bei A. GÖRRES, der die von ihm geleitete Abteilung für Klinische Psychologie an der Universität München als ein Institut be-

---

6 zitiert nach Günther NENNING: »Freuds Jünger desertieren aus der Realität«, in der »Frankfurter Rundschau« vom 6. 8. 1971.
7 »Freuds Modell des Menschen und seine gesellschaftlichen Determinanten« (1969), a. a.O., S. 191.
8 a.a.O.

schreibt, in dem »›gemischt-konfessionelle‹ Partner, Psychoanalytiker und Verhaltenstherapeuten, zusammenarbeiten«[9]), ist keineswegs einer billigen Synthese gleichzusetzen. Rudolf COHEN, der — obwohl heute ausschließlich verhaltenstherapeutisch tätig — ebenfalls eine Ausbildung in analytischer Psychotherapie genossen hat, stellt Gemeinsamkeiten im Vorgehen von Psychoanalytikern und Verhaltenstherapeuten fest (letztere sprechen von einer »Verhaltensanalyse« als erstem Abschnitt der Behandlung), so daß sich die Problematik am Ende der Diskussion auf die »persönliche Verantwortlichkeit des Therapeuten« zu reduzieren schien. Vor einer Verkürzung der Problemsicht warnte indes Peter FÜRSTENAU, der den für mein Empfinden wichtigsten Punkt therapeutischen Handelns in der heutigen Zeit berührte, indem er auf die in alle psychotherapeutischen Verfahren eingehenden Erwartungsvorstellungen, Definitionen der jeweiligen Situation und des Arrangements verwies und eine konkrete präzise Bestimmung solcher primär sozialen Faktoren forderte. Insgesamt schien es in dem Radio-Gespräch so, als ob gerade die Gegensätze sich fortschrittstreibend auswirkten, vorantreibend auf das Ziel der besseren Neurosentherapie. Dabei blieb zwar Methodisches unverändert wichtig, aber nicht mehr — wie im Streit der Schulen häufig — als Selbstzweck wesentlich. Das war das vielleicht schönste Ergebnis. Bei dieser Gelegenheit: Relativ umständliche, im Sprechrhythmus jedoch stimmige Formulierungen wurden unverändert stehengelassen, wenn durch stilistische Glättung Differenzierungen verlorengegangen wären.

Für die Planung dieses Bandes waren einige Vorüberlegungen maßgeblich, die hier mitgeteilt seien: Im Zeichen naturwissenschaftlicher Progression breitet ein neues Fortschrittsdenken sich aus. Durch das Fußfassen auf dem weit Entfernten — etwa im Weltraum — setzt sich der Gedanke fest, auch humane Grenzbereiche seien zunehmend rationalisierbar. Gewiß sind sie das, doch nur, wenn der Rückschlag, den jeder Gewinn von Aufklärung nach sich zieht, in das aufklärerische Bemühen hineingenommen wird. Erinnert sei an die von Max HORKHEIMER und Theodor W. ADORNO in den letzten Jahren des Zweiten Weltkrieges formulierten Philosophischen Fragmente, die unter dem Titel »Dialektik der Aufklärung« gegen die Selbstzerstörung der Aufklärung, ihre Verstrickung in blinder Herrschaft, gerichtet waren. Bedenkenswert sind in unserem Zusammenhang diese Sätze: »Der Mythos geht in die Aufklärung über und die Natur in bloße Objektivität. Die Menschen bezahlen die Vermehrung ihrer Macht mit der Entfremdung von dem, worüber sie die Macht ausüben. Die Aufklärung verhält sich zu den

---

9 s. den Beitrag von A. GÖRRES, S. 76

Dingen wie der Diktator zu den Menschen. Er kennt sie, insofern er sie manipulieren kann. Der Mann der Wissenschaft kennt die Dinge, insofern er sie machen kann.«[10]

Daß das Lebenswerk von Sigmund FREUD der Aufklärung zugerechnet werden muß, kann kaum bezweifelt werden. FREUD hat gegenüber der klassischen Psychiatrie, der das einzelne neurotische Symptom mehr oder minder gleichgültig war, wichtiges Terrain aufgeforstet, indem er auf den Sinn der Symptome und ihre Bedeutung im Zusammenhang der Psychogenese hinwies. Aus dieser verdienstvollen Tat resultierte aber auch eine Überfrachtung mit angenommenen Sinngehalten, vor allem bei der Traumdeutung. Der therapeutische Umgang damit veranlaßte A. GÖRRES zu der als Gedankenexperiment gestellten Frage, ob sie nicht lediglich ein System von logischen Kunstgriffen sei, mit denen Sinnzusammenhänge in jedes beliebige Zufallsgebilde hineingezaubert werden können. Das Traumsymbol wurde zunächst vieldeutig, dann austauschbar. Die Vieldeutigkeit unterstützte die Plausibilität. Und alle psychoanalytischen Schulen kranken an einem chronischen Mangel: der Unfähigkeit, das Plausible zu beweisen. Die Verhaltenstherapie wiederum hat ihre experimentelle Herkunft zeitweise überschätzt. Noch vor vier Jahren hieß es bei Hans Jürgen EYSENCK: »In unserem gesamten experimentellen Material gibt es keinen einzigen Hinweis darauf, daß unbewußte Komplexe abnormes Verhalten verursachen. Etwas paradox hatte ich dies einmal so zum Ausdruck gebracht: ›Das Symptom *ist* die Krankheit‹. Mit anderen Worten: Symptome sind nicht eigentlich symptomatisch für irgendwas. Sie sind vielmehr einfache konditionierte autonome oder Skelettmuskelreaktionen, die schlecht angepaßt sind und beseitigt werden müssen.«[11] BERGOLD und SELG schrieben 1970: »Fraglich ist allerdings, wie weit Befunde aus *Tierexperimenten* auf *menschliches Verhalten* übertragen werden können, und ob nicht darüber hinaus die Vorgänge bei der Therapie so komplex sind, daß sie sich kaum mit Hilfe von Befunden erklären lassen, die unter wenigen, streng kontrollierten Laboratoriumsbedingungen gewonnen wurden.«[12] Eine Fetischisierung des Symptoms ist nicht mehr das gegenwärtige Problem; dennoch gibt es Fragen, die offenbar noch nicht befriedigend gelöst werden konnten. Eine davon hängt mit der Dimension »Zeit« zusammen. Bei den klassischen Tierversuchen, die unter anderem auf Experimente des russischen Physiologen

---

10 Max HORKHEIMER und Theodor W. ADORNO: Dialektik der Aufklärung. Frankfurt M. 1971 (Fischer Taschenbuch Bd. 6144), S. 12.
11 Bericht über den 25. Kongreß der Deutschen Gesellschaft für Psychologie. Göttingen 1967, S. 235.
12 J. BERGOLD, H. SELG: »Verhaltenstherapie«. In »Klinische Psychologie«. Hsg. v. W. J. Schraml. Bern 1970.

und Nobelpreisträgers PAWLOW zurückgehen, spielte das Zeitproblem insofern keine große Rolle, als die Zeitspanne zwischen den Bedingungen und dem eintretenden Ereignis sehr klein war, wenn nicht die Reaktion unmittelbar auf den Reiz folgte. Aber auch darin unterscheidet sich der Mensch vom Tier, daß für sein Verhalten — gestört oder nicht — länger dauernde Vorgänge maßgeblich sind. Beispielsweise setzen sich die hohen Normen der amerikanischen Leistungsgesellschaft bereits im Kinde fest; wie sehr erst bestimmen sie das Leben des Erwachsenen! Leistet er nur Gutes statt Hervorragendes, wird er sich unter Umständen — jahrelangem Drill entsprechend — für einen »Versager« halten und dadurch bestrafen, infolgedessen noch weniger leisten — und so fort, bis die Neurose perfekt ist. Die Verhaltenstherapie nennt solche Vorgänge »Langzeitprozesse«. Von ihren Abläufen hat man noch wenig oder gar keine Kenntnis. Die Radio-Diskussion brachte darüber — selbst im Disput der Verhaltenstherapeuten COHEN und BERGOLD — noch keine Klärung.

Die Verhaltenstherapie kennt einen zentralen Begriff der Psychoanalyse nicht: die Übertragung. In der Lehre FREUDS werden verdrängte Triebregungen auf den Arzt »übertragen«, der diese Projektion aber faktisch nicht annimmt, sondern dem Kranken dazu verhilft, die durch die Verdrängung entstandene alte Konfliktsituation in der Neuauflage zu bewältigen. Die Übertragungslehre erfuhr vielfache Erweiterungen und Abwandlungen. In den modernen Kurztherapien unorthodoxer Freudianer am Psychotherapie-Ambulatorium der Wiener Gebietskrankenkasse und an der Londoner Tavistock-Clinic, selbst in dem mit höchstens sechs Behandlungen besonders eng gezogenen Rahmen der sogenannten »Notfallspsychotherapie« an einem allgemeinen Krankenhaus in New York spielt die Übertragung eine wichtige Rolle. Gerade das amerikanische Beispiel kommt übrigens der Verhaltenstherapie recht nahe: Diese Kurztherapie arbeitet weitgehend mit Methoden der allgemeinpsychologischen Lerntheorie. Ist nun in der Verhaltenstherapie die Person des Therapeuten völlig bedeutungslos? Die Psychoanalytiker sagen: selbstredend nicht; die Verhaltenstherapeuten kontern: bedeutungslos im Sinn der Psychoanalyse. Experimentelle Untersuchungen ließen in der Tat darauf schließen, daß zumindest bei verhaltenstherapeutischem Vorgehen gegen Phobien (Angst vor Schlangen, sogenanntes Lampenfieber, Spinnenphobie) die Zuwendung eines Therapeuten ohne Einfluß auf die Ergebnisse ist. EYSENCK berichtet: »Erfolgreiche Verhaltenstherapie ist von der Suggestibilität der Vpn (eingeschätzt anhand der STANFORD-Skala) gänzlich unabhängig.« Einsicht-Therapie sei nicht besser als Placebo-(Schein-)Therapie. »Die Herstellung einer therapeutischen Beziehung zu dem Patienten führt selbst nicht zu einer Verringerung der Phobie.«[13] Nicht ausgeschlossen wird dadurch im Sinne neuerer verhaltenstherapeutischer Erfahrungen, daß die Zuwendung des Therapeuten — zum Beispiel beim verbalen Konditionieren — das Verhalten des Patienten massiv verändern kann. Die weitgehende Abstinenz von den Unwägbarkeiten des Personellen führt zu der auf Laien gewiß etwas abenteuerlich wirkenden, aber wissenschaftlich begründeten Aussicht, Desensibilisierungen (eine der wesentlichen Behandlungsmethoden der Verhaltensmodifikation, angezeigt vor allem bei Phobien) mit Hilfe eines Computers vorzunehmen. Sozial gesehen würden die Behandlungsaussichten dadurch ins Ungeahnte verbreitert. Allerdings wäre einschränkend zu sagen, daß, wie die Diskussion ergeben hat, der Computer eben nur »bestimmte begrenzte Funktionen übernehmen kann, nachdem er programmiert worden ist«. Wesentlich bleibt auch, was Peter FÜRSTENAU für alle psychotherapeutischen Schulen feststellte: daß »letztlich Psychotherapie definiert werden muß als eine persönliche Form der Ausübung von Einfluß auf andere mit dem Ziel der Veränderung durch Lernen in einem sozial-kulturellen Feld«.

Eine Annäherung der Psychoanalyse an die Verhaltenstherapie ergibt sich im Bereich der Sozialpsychiatrie. Sie »entstand zwischen den Sozialwissenschaften, vor allem Soziologie und Biostatistik, der Sozialpsychologie und der Psychiatrie«.[14] Die weltweite Bewegung der Psychohygiene — sie wurde ausgelöst durch erschreckende Zustände in sogenannten Irrenhäusern, befaßt sich aber inzwischen auch mit Vorbeugemaßnahmen gegen sozial bedingte psychische Fehlentwicklungen —, diese Psychohygiene ist eine sozialpsychiatrische Aktion ersten Ranges. Sie ging von Amerika aus, aber der ganze Komplex Sozialpsychiatrie wurde primär in England vorangetrieben, in eben dem Land, das innerhalb Europas für die Ausbildung von Verhaltenstherapeuten maßgeblich ist; ich frage mich, ob das Zufall sein kann. Es gibt auch konkrete Annäherungen an die Verhaltenstherapie: in der Mitarbeit von Laien, im Überspringen des psychoanalytischen Abstinenzprinzips, niemals Kontakt mit den Patienten außerhalb der Sitzungen aufzunehmen. Der Sozialpsychiater wird selbst bei akuten Fällen die Familien seiner Patienten aufsuchen, mit Lehrern, Vorgesetzten oder sonstigen Kontaktpersonen sprechen, wenn es die Sache fordert. Das ist schon fast eine Therapie »in vivo«[15].

---

13 a.a.O., S. 231 u. 235.
14 Hans STROTZKA: Einführung in die Sozialpsychiatrie. Reinbek bei Hamburg 1965 (rde 214).
15 Über die in-vivo-Desensitivierung siehe J. BERGOLD/H. SELG a.a.O.

Eine wichtige Weiterentwicklung innerhalb der Psychotherapie bedeutet die Konzentration auf die Ich-Psychologie. Der Begriff taucht schon 1938 bei Michael BALINT auf, dem gebürtigen Ungarn und ehemaligen Präsidenten der Britischen Psychoanalytischen Gesellschaft.[16] BALINT hat sich um die sozialen Aspekte der Psychoanalyse sehr verdient gemacht; auf seine Arbeit sind die Kurztherapien an der Londoner Tavistock-Clinic zurückzuführen. Im Zusammenhang mit der Ich-Psychologie nannte er (möglicherweise erstmalig in der psychoanalytischen Theorie) das »Lernen« zur Bereicherung und Entwicklung des Ich. Die Bewußtmachung des Unbewußten sei eben nur der eine Aspekt der analytischen Kur, der andere Aspekt hingegen sei die Stärkung des Ich. Mit der Ich-Psychologie befaßt sich heute vor allem eine New Yorker Analytikergruppe: Heinz HARTMANN, Ernst KRIS und Rudolf M. LOEWENSTEIN. Karen HORNEY verwarf den Gedanken, daß man mit Hilfe der FREUDschen Libido-Theorie das Neurotische vom sogenannten Normalen trennen könne. Unter Hinweis auf ethnologische Untersuchungen zeigte sie, daß sich das »Normale« eben nach den spezifischen Normen einer Kultur bestimme. Beispielsweise gilt es in unserer Kultur als pathologisch, wenn jemand mit seinem verstorbenen Großvater spricht. Bei gewissen Indianerstämmen jedoch ist ein solches Verhalten ganz alltäglich. Zur Sozialpsychiatrie kann man die Arbeit des Amerikaners Harry S. SULLIVAN rechnen, der prinzipiell von den zwischenmenschlichen Beziehungen ausgeht. Er glaubt — im Gegensatz zu FREUD —, daß die Probleme des einzelnen erst in der Kommunikation mit anderen hervortreten.[17]
Soweit etwa die Kenntnis des Laien; zusammenhängend schreibt über »Fortschritte der Neurosentherapie« der Wiener Psychoanalytiker und Sozialpsychiater Hans STROTZKA. Parallel dazu gibt Rudolf COHEN eine Einführung in die »Grundlagen der Verhaltenstherapie«. Die »Probleme der vergleichenden Psychotherapieforschung« — mit besonderer Berücksichtigung von Psychoanalyse und Verhaltenstherapie — beleuchtet der Psychoanalytiker und Soziologe Peter FÜRSTENAU. Diese Arbeit mag nahezu als Kontext zu KEUPP und BERGOLD verstanden werden. Eine diesbezügliche Absprache bestand nicht. Beide Arbeiten führen Untersuchungen weiter, die unabhängig von der Planung dieses Buches begonnen wurden. Daraus

---

16 Michael BALINT: Ich-Stärke, Ich-Pädagogik und ›Lernen‹ (1938). In: Die Urformen der Liebe und die Technik der Psychoanalyse. Frankfurt/M. 1969 (Fischer Taschenbuch, Bd. 1035).
17 Erich FROMM schreibt: »Horney und Sullivan dachten über Kultur im traditionell anthropologischen Sinn, während ich von einer dynamischen Analyse der wirtschaftlichen, politischen und psychologischen Kräfte ausging, die die Grundlage der Gesellschaft bilden.« a.a.O., S. 217 (Anm.).

erhärtet sich die Verschiebung der Problemstellung: von der Theorie-Diskussion zur Diskussion »sozialer Prozesse«, die als Anpassung an sich verändernde gesellschaftliche Strukturen begriffen werden mögen oder als (notwendige) Eingriffe in therapeutische Interaktion, soweit sie als Befestigung des in der gegebenen Gesellschaftsordnung vorhandenen Machtgefälles funktioniert.

So bleibt mir nur noch, allen Autoren für ihre wertvolle wissenschaftliche Mitarbeit zu danken, für ihre Geduld publizistischer Neugier gegenüber, Hans STROTZKA und Jarg B. BERGOLD auch für manchen persönlichen Rat, endlich dem Verlag für die Möglichkeit der Publikation und das Verständnis für deren besondere, thematisch bedingte Schwierigkeiten.

Claus Henning Bachmann

Peter Fürstenau

Probleme der vergleichenden Psychotherapieforschung

I. Das psychotherapeutische Feld

Wer sich heute wissenschaftlich dem Bereich der Psychotherapie, der Behandlung von Störungen des Erlebens und Sichverhaltens mittels seelischer Einflußnahme, zuwendet, sieht sich vor eine verwirrende Fülle von Theorien und Vorstellungen über seelische Störungen und ihre Behandlung gestellt, die in mannigfaltigen therapeutischen Einrichtungen und Einzelpraxen auf unterschiedliche Weise unter recht verschiedenen sozial-kulturellen Bedingungen in die Praxis umgesetzt werden. Alle diese unterschiedlichen Theorien und Behandlungsverfahren sind zwar an einer gemeinsamen Aufgabe orientiert: menschliches Erleben und Sichverhalten zu ergründen und zu verstehen, um auf dieser Basis wirksame Behandlungsverfahren zu entwickeln und anzuwenden. Aber die Art der Orientierung an der gemeinsamen Aufgabe und die Beziehungen der verschiedenen Theorien und Behandlungsverfahren zueinander sind nicht klar. Behauptungen und Polemiken beherrschen das Feld. Hier Klarheit zu schaffen ist das Ziel der vergleichenden Psychotherapieforschung.

Dieser unbefriedigende Zustand im Bereich der Psychotherapie mag damit zusammenhängen, daß die wissenschaftliche Erforschung der Ursachen von Erlebnis- und Verhaltensstörungen mit rationalen Folgerungen für die Therapie noch nicht auf eine lange Tradition zurückblicken kann. Für lange Zeit waren sadistische Praktiken die am meisten betriebene Methode nicht nur des Arztes, mit »falschem«, »bösem« oder »krankem« Erleben und Verhalten umzugehen (vgl. SCHMIDEBERG 1932). Die ersten wissenschaftlichen Methoden der Psychotherapie haben mit diesen vorwissenschaftlichen Verfahrensweisen das Ausspielen von Autorität gemein. Unter den autoritativen Behandlungsmethoden spielt die Hypnose bis heute eine besondere Rolle, ein Verfahren, das einen merkwürdigen partiellen Schlafzustand erhöhter Beeinflußbarkeit (Suggestibilität) autoritativ zu therapeutischen Zwecken ausnutzt. Heute gehören zu der Gruppe der Suggestivverfahren neben der Hypnose eine große Mannigfaltigkeit stützender, beruhigender, appellierender, überzeugend argumentierender (persuasiver), übender, direkt ratender und führender Ver-

fahren, die alle mehr oder minder an Suggestibilität und Autorität orientiert sind (LANGEN 1971).
Neben den suggestiven Behandlungsverfahren gibt es seit nun bald 80 Jahren eine zweite Gruppe psychotherapeutischer Methoden: die psychoanalytischen und von ihr abgeleiteten mehr oder minder nicht-direktiven Verfahren. Für diese Gruppe von Behandlungsmethoden ist charakteristisch, daß sie dem Patienten im Medium der sich von den üblichen Lebensbedingungen ziemlich unterscheidenden »analytischen Behandlungssituation« Gelegenheit zur weitgehend, wenn auch nicht ausschließlich selbst bestimmten Veränderung von Erleben und Verhalten geben. Dies geschieht dadurch, daß eine Konfrontation des Patienten mit sich selbst, seinem Erleben und Sichverhalten bewirkt wird. Auf verschiedene Weise verhilft die psychoanalytische Behandlung dem Patienten dazu, sein Erleben und Sichverhalten *ausdrücklich* wahrzunehmen. Damit macht sie das Erleben und Verhalten gefühls-, einsichts- und willensmäßiger Verarbeitung überhaupt erst zugänglich und somit: änderbar. Rückspiegelnd und konfrontierend in diesem Sinne wirkt schon die analytische Behandlungssituation selbst: dadurch, daß dem Patienten überlassen bleibt, die Situation von sich aus durch seine Einfälle zu gestalten (Prinzip der freien Assoziation). Die konfrontierend-interpretierenden Interventionen des Analytikers sind nur eine Verstärkung der Rückspiegelungsmomente, die schon in der analytischen Situation liegen.
Manche von der Psychoanalyse abgeleitete oder beeinflußte Behandlungsverfahren, wie z. B. die nicht-direktive Therapie von ROGERS (vgl. TAUSCH 1968), vermeiden Interpretationen, andere Verfahren akzentuieren z. B. besonders den Zugang zum Unbewußten und die Produktion von Träumen und Erinnerungsmaterial. So gibt es Techniken des forcierten Zugangs zu verdrängten Erinnerungen; Verfahren, die das körperlich-sinnliche Erleben oder das affektive Erleben zwischenmenschlicher Beziehungen besonders zu entfalten und zu fördern suchen (vgl. MORENO 1959, RUITENBEEK 1969, SCHUTZ 1971). Wiederum andere Verfahren, z. B. die Psychotherapie JUNGS und die Daseinsanalyse, betonen den sinngebenden Aspekt der Psychotherapie sehr stark (vgl. HOCHHEIMER 1966, SAHAKIAN 1969).
Von diesen psychoanalytischen Verfahren im weiteren Sinne unterscheiden sich solche Behandlungsmethoden beträchtlich, die den Schwerpunkt nicht auf die Konfrontation des Patienten mit sich selbst durch Selbstdarstellung und -entfaltung legen, sondern auf führend-steuernde Einwirkung auf den Patienten seitens des Therapeuten. Hier spielen suggestive, autoritative Momente eine größere Rolle. Von diesem Typus

sind viele unterschiedlich benannte (nicht-psychoanalytische) Beratungs- und Behandlungsverfahren, die heute praktiziert und vertreten werden.
Nicht immer sind all diese unterschiedlichen Behandlungsverfahren (vgl. SAHAKIAN 1969) theoretisch voll ausgestaltet; häufig handelt es sich nur um Behandlungstechniken, die jeweils vom Therapeuten nach eigenem Ermessen in größere behandlungsstrategische Zusammenhänge eingeordnet werden sollen oder sollten.
Die psychotherapeutische Szene hat sich in den letzten Jahren durch das Auftreten von Behandlungsverfahren, die sich auf experimentelle Psychologie und Lerntheorie stützen, weiter kompliziert. Diese verhaltenstherapeutischen Techniken zielen auf direkte Verhaltensänderungen durch Lernen, unter Ablehnung überkommener Theorien von Persönlichkeitsstruktur und seelischer Krankheit. Mit den suggestiv-therapeutischen Verfahren haben sie den direkten korrigierenden Zugang auf den Patienten gemein, sie unterscheiden sich jedoch von ihnen durch ihr Prinzip der Orientierung an experimenteller Lernpsychologie anstelle der ausschließlichen Ausnutzung von Suggestibilität und persönlich ausgeübter Autorität.

II. Probleme der Erfolgsforschung in der Psychotherapie

Lange Zeit war der Bereich der psychologischen Beratung und Psychotherapie kaum einer gesellschaftlichen Erwartung hinsichtlich Rationalität und Wissenschaftlichkeit oder gar Erfolgskontrolle ausgesetzt. Die Organmedizin empfand die Psychotherapie schlicht als unwissenschaftlich und ihrem eigenen naturwissenschaftlichen Denken sehr fern. Ein gesellschaftliches Interesse an Beratung und Psychotherapie mit einer intensiven Nachfrage nach psychotherapeutischer Dienstleistung entwickelte sich erst allmählich in den letzten Jahrzehnten.
Nur verhältnismäßig wenige Forscher waren unter diesen Umständen dazu motiviert, wissenschaftlich zu untersuchen, ob und gegebenenfalls in welchem Maße bestimmte psychotherapeutische Beschäftigungen mit Patienten erfolgreich sind. Diejenigen Forscher, die sich diese Frage ausdrücklich stellten, orientierten sich hinsichtlich der Methodik ihrer Untersuchung an den sogenannten Katamnesenstatistiken der Organmedizin: Sie beurteilten den Zustand der Patienten zu Beginn und am Ende der Behandlung sowie (aufgrund einer Nachuntersuchung) einige Jahre nach Abschluß der Behandlung unter diagnostischen Kategorien auf einer Skala der Besserung bzw. Verschlechterung und bereiteten dieses Material statistisch

auf. Das heißt: Sie verbanden die bis vor kurzem sehr mangelhafte statistische Forschungsmethodik mit einer aus der Organmedizin übernommenen sachlichen Orientierung. Sie setzten voraus, daß man von seelischen Krankheiten, seelischen Zuständen, Besserungsgraden und Behandlungsverfahren so sprechen könnte, als ob dies objektiv untersuchbare festumrissene »Dinge« wären. Die methodisch im einzelnen sehr unterschiedlichen Untersuchungen des Soforterfolges der verschiedensten psychotherapeutischen Verfahren und Praktiken führten zu einem auffällig übereinstimmenden Ergebnis: Etwa 60–80 Prozent aller behandelten Patienten werden hinsichtlich ihrer Symptome »geheilt« oder »gebessert«. Seit EYSENCK auf diese konstante Erfolgsquote 1952 zuerst hinwies, ist darüber sehr viel diskutiert worden. Der Folgerung von EYSENCK, der diese Erfolgsquote psychotherapeutischer Behandlungen mit einer von ihm errechneten sogenannten »Spontanheilungsquote« etwa gleicher Höhe verglich und daraus schloß, daß die bisherigen psychotherapeutischen Verfahren nicht effektiv seien, ist von verschiedenen Seiten zu Recht mit dem Argument widersprochen worden, daß es sich bei den von EYSENCK zugrunde gelegten Untersuchungskollektiven nicht um unbehandelte Patienten gehandelt habe (DÜHRSSEN & JORSWIECK 1962; CREMERIUS 1962; MEYER & CHESSER 1970).

Anstelle von EYSENCKS Schluß scheinen andere Schlußfolgerungen durchaus möglich und angebracht:

1. Die meisten der berücksichtigten Untersuchungen genügen heutigen forschungsmethodischen Standards der Konstruktion von Forschungsplänen und der Durchführung von Untersuchungen nicht. Die bisher vorliegenden Befunde geben daher bestenfalls grobe Anhaltspunkte.
2. Die objektivistischen Voraussetzungen dieser Untersuchungen müssen, wie schon erwähnt, in Frage gestellt werden: Die psychologische Medizin unterscheidet sich sehr beträchtlich von der Organmedizin (vgl. RICHTER 1967). Psychotherapien sind Behandlungen organischer Leiden nur begrenzt vergleichbar. Psychotherapieforschung erfordert daher als erstes eine umfassende Theorie des psychotherapeutischen Bereiches und eine auf diese Theorie bezogene Forschungsmethodik.
3. Wenn die Untersuchung des Erfolges mannigfaltiger voneinander sehr unterschiedener psychotherapeutischer Verfahren zu einem so sehr übereinstimmenden Grobergebnis führt, liegt es nahe anzunehmen, daß der Behandlungserfolg (im Sinne von Symptomrückgang) nicht so sehr auf spezifische Züge der einzelnen Behandlungsverfahren, sondern auf allgemeine psychotherapeutische Faktoren zurück-

geht, die in jeder der untersuchten Psychotherapien wirksam sind (CREMERIUS 1962). Wenn das richtig ist, kann mit den herkömmlichen methodischen Mitteln zwar ein globales Rechtfertigungsbedürfnis psychotherapeutischer Therapeuten oder Institutionen befriedigt werden, indem auf diesem Wege wissenschaftlich demonstriert werden kann, daß die psychotherapeutische Arbeit der betreffenden Therapeuten oder Institution »erfolgreich« ist. Nicht jedoch führt dies Verfahren zur Klärung der Frage, ob und gegebenenfalls welche charakteristischen Eigenheiten der je angewandten Theorie und Behandlungsmethode für den Behandlungserfolg verantwortlich sind und wie sich der Erfolg des betreffenden Verfahrens gegebenenfalls nach verschiedenen relevanten Gesichtspunkten spezifiziert.

Diese Situation der psychotherapeutischen Erfolgsforschung mußte in gleichem Maße als prekär empfunden werden, wie das Bedürfnis nach psychotherapeutischer Beratung und Behandlung in der Nachkriegszeit in allen kapitalistischen Industrieländern enorm zunahm. Die spezifischen Belastungen, unter denen die Menschen in spätkapitalistischen Staaten leben, zwingen die Gesellschaft zur Entwicklung, Planung und Organisation umfassender psychologischer und psychotherapeutischer Dienste. Ausdruck dieser gesellschaftlichen Veränderung ist in der Bundesrepublik die Aufnahme der »tiefenpsychologisch fundierten« und der »analytischen Psychotherapie« in das Verzeichnis der Pflichtleistungen der RVO- und Ersatzkassen, die Anerkennung von Neurose als »Krankheit« in der Rechtsprechung und die Aufnahme von Medizinischer Psychologie und Soziologie sowie Psychosomatik und Psychotherapie in den Fächerkatalog des Medizin-Studiums. Unter diesen Umständen sieht sich die Psychotherapie einem starken gesellschaftlichen Druck ausgesetzt, ihre theoretischen Grundlagen, ihre therapeutischen Möglichkeiten und die Strategie ihrer gesellschaftlichen Entfaltung wissenschaftlich zu klären.

III. DER NEUE SOZIALWISSENSCHAFTLICHE ZUGANG ZUR PSYCHOTHERAPIE

Seit dem Ende der fünfziger Jahre gibt es in der Psychotherapieforschung einen neuen Ansatz, der sich immer mehr als anregend, erhellend und produktiv erweist: die Betrachtung von Psychotherapie als persönlicher Einflußnahme innerhalb eines sozialen Feldes — ähnlich anderen, nicht-therapeutischen Einflußbeziehungen — mit den Konzepten und Methoden der Sozialwissenschaft (vgl. z. B. FRANK 1959; LENNARD &

Bernstein 1960, 1969; Ford & Urban 1963; Haley 1963; Goldstein, Heller & Sechrest 1966; Watzlawick u. a. 1971). Versteht man Psychotherapie als eine systematische persönliche Einflußnahme auf andere mit dem Ziel ihrer Veränderung durch Lernen innerhalb des sozialen Feldes einer Behandlung, dann erkennt man, daß Psychotherapie sehr enge Beziehungen zu solchen Aktivitäten wie Erziehung und Bildung, Sozialarbeit, Resozialisierung, aber auch Propaganda hat. Damit rücken die Sozialwissenschaften, insbesondere Sozialpsychologie, Kommunikationsforschung, Lernpsychologie, an die erste Stelle der »Grundwissenschaften« für Psychotherapie und relativieren damit die Modellfunktion der organischen Naturwissenschaften.
Diese wissenschaftliche Neuorientierung hat, nicht zuletzt im Zusammenhang mit der oben besprochenen Erfolgsforschung, dazu geführt, die Gemeinsamkeiten der psychotherapeutischen Verfahren deutlicher zu sehen, als das von den Theorien der einzelnen Schulen und Richtungen und von der naturwissenschaftlichen Orientierung her möglich war. Die einzelnen psychotherapeutischen Schulen betonen — nicht zuletzt, um sich voneinander abzugrenzen — sehr die für sie jeweils charakteristischen Momente ihrer Theorien und Behandlungsverfahren. Dabei bleiben die gemeinsamen Züge, die allgemeinen oder nicht-spezifischen Wirkfaktoren des psychotherapeutischen Feldes häufig unbeachtet und unreflektiert.
Besonders die kommunikationstheoretische Analyse psychotherapeutischer Prozesse, wie sie unter dem Einfluß von Bateson und D. D. Jackson in Palo Alto entwickelt und von Haley (1963) und Watzlawick u. a. (1971) dargestellt wurde, hat das Niveau der Reflexion über Psychotherapie sehr erhöht. Diese Gruppe von Autoren hat erkannt, daß jegliche Psychotherapie zentral eine strategische Aufgabe zum Inhalt hat: Wie kann ich mit gestörten, paradoxen Kommunikationen anderer so umgehen, daß diese anderen ihren Kommunikationsstil ändern? Haley hat sehr aufschlußreich verschiedene psychotherapeutische Verfahren kommunikationstheoretisch daraufhin untersucht, wie sie diese Aufgabe lösen.
Mannigfaltige sozialwissenschaftliche Beiträge zur Förderung des Verständnisses psychotherapeutischer Prozesse konzentrieren sich auf die Interaktion der beteiligten Personen in ihrer jeweiligen Rolle als Patient oder Therapeut. Viel weniger ist bedacht worden, daß Psychotherapie stets unter bestimmten institutionellen Bedingungen stattfindet: Patienten-Therapeuten-Beziehungen stehen nicht im leeren Raum; sie geschehen stets innerhalb einer therapeutischen oder sonstigen Einrichtung, z. B. einer Klinik, Beratungsstelle oder der Einzelpraxis eines niedergelassenen Arztes oder Psychologen. Zwar sind solche

sozialstrukturellen (soziologischen) Faktoren in bezug auf bestimmte Formen oder Anwendungsbereiche der Psychotherapie durchaus schon gesehen und diskutiert worden; besonders wenn man über die psychotherapeutische Behandlung von Schizophrenie, Verwahrlosung und Sucht innerhalb medizinischer Institutionen spricht, kommt man an diesem Problem nicht vorbei (vgl. aus der deutschen Literatur z. B. CREMERIUS 1962/63; WINKLER 1966; KLÜWER 1968), aber systematisch und durchgehend wird auf die Einflüsse, die von der jeweiligen medizinischen Institution auf die einzelnen Behandlungen ausgehen, nicht reflektiert. Auch ein zweiter institutioneller Bezug, der eine beträchtliche Rolle in verschiedener Richtung spielen kann, bleibt in der Regel ausgeklammert: Der Therapeut ist gewöhnlich Mitglied einer wissenschaftlichen Fachgesellschaft, die »seine« Art von Psychotherapie besonders pflegt und propagiert: Häufig verdankt er dieser Gesellschaft auch seine Ausbildung oder Fortbildung zum Psychotherapeuten.
Indem die medizinischen Institutionen und die Fachverbände der Therapeuten ebenso in gesamtgesellschaftlichen Bezügen stehen, wie die Patienten und Therapeuten über ihre Zugehörigkeit zu sozialen Klassen in der komplizierten Struktur der kapitalistischen Gesellschaft verwurzelt sind, ergeben sich für die Psychotherapieforschung Aufgaben und Problemstellungen, die den Horizont der herkömmlichen Forschung auf diesem Gebiet weit überschreiten. Institutions- und Verbandssoziologie, Soziologie des Ausbildungswesens und Ideologiekritik haben unmittelbar Bedeutung für die Psychotherapieforschung, da sie sozialwissenschaftliche Begriffe, Methoden und Ergebnisse zur Verfügung stellen, ohne die das psychotherapeutische Feld nicht vollständig erhellt werden kann.
Die skizzierte gesellschaftliche Verwurzelung der Psychotherapie hat noch nicht zu einer zureichenden sozialwissenschaftlichen Fundierung der Psychotherapie geführt, wohl aber zu einem allmählich wachsenden Problembewußtsein und zu einzelnen Beiträgen. Einige der inzwischen diskussionsreif gewordenen Probleme sollen im folgenden, wenn auch nur sehr knapp, behandelt werden.

IV. ALLGMEIN-MENSCHLICHE UND AUSBILDUNGS-VORAUSSETZUNGEN FÜR PSYCHOTHERAPIE

Wenn man das soziale Feld der Psychotherapie näher untersucht, stellt man fest, daß psychologische Beratung und Psychotherapie mit sehr unterschiedlich langer und ausdrücklicher Vorbildung ausgeübt wird. Die Tatsache, daß es sich um Psychotherapie handelt, wird dabei durch die unterschiedlichen Berufsbezeichnungen verdeckt. In der Bundesrepublik sind mindestens folgende Berufsgruppen mehr oder minder ausdrücklich und intensiv psychotherapeutisch tätig: psychiatrische Krankenschwestern, Sozialarbeiter und Sozialpädagogen mit psychotherapeutischer Fortbildung, Psychagogen, Psychologen mit Fortbildung in Beratungstechnik, Ärzte mit seminaristischer Fortbildung in »allgemeiner Psychotherapie«, Ärzte mit Zusatztitel »Psychotherapie« (intensiver fortgebildet), vollausgebildete analytische Psychotherapeuten (in der Regel Ärzte oder Psychologen).

Diese Reihe läßt sich aufgrund interessanter experimenteller Studien und Trainingsprojekte in den USA nach unten hin erweitern: POSER (1966) hat die Behandlungserfolge von jungen nicht vorgebildeten Studentinnen, die sich freiwillig zur Übernahme von Psychotherapie gemeldet hatten, mit den Erfolgen psychotherapeutisch ausgebildeter und langjährig erfahrener Psychiater und psychiatrischer Sozialarbeiter bei der Behandlung von chronisch schizophrenen Männern verglichen. Nach der fünfmonatigen Gruppenpsychotherapie zeigten die Patientengruppen der Studentinnen die stärksten Besserungen (gemessen mit Hilfe bestimmter psychologischer Tests), dann folgten die Patientengruppen der Psychiater und Sozialarbeiter, schließlich die Kontrollgruppen Nichtbehandelter. Eine Dreijahres-Katamnese ergab, daß der erreichte Teststand stabil geblieben ist.

In der wissenschaftlichen Diskussion über diese Studie wurden unterschiedliche Interpretationen vorgetragen. Ein übliches Kriterium erfolgreicher Behandlung stationärer psychiatrischer Patienten ist die Rate der Entlassungen von der Station. Da die Entlassungsrate für alle Gruppen nach POSERS Bericht gleich war, hielt Dymond CARTWRIGHT (1968) die Folgerung für erwägenswert, daß Gruppenpsychotherapie durch ausgebildete oder unausgebildete Therapeuten und Nichtbehandlung gleichermaßen wirkungslos bei männlichen chronischen Schizophrenen sei. ROSENBAUM (1966) machte sich Gedanken darüber, was mit diesen Patienten wirklich geschehen ist und kam zu der Vermutung, daß der Enthusiasmus der freiwillig tätigen Mädchen das Aktivitätsniveau der Patienten erhöht habe und nichts weiter. RIOCH (1966) wies darauf hin, daß unausgebildete Freiwillige ziemlich weit unten innerhalb der Statushierarchie eines Krankenhauses stehen und daher den Patienten hinsichtlich sozialer Distanz viel näher seien. Ihrer Meinung nach könnte das der entscheidende Faktor für die Besserung gewesen sein.

In diesem Zusammenhang ist auch das Hausfrauen-Trainingsprogramm des US-amerikanischen Staatsinstituts für seelische Gesundheit erwähnenswert, über das RIOCH berichtet hat (vgl.

die Zusammenfassung in MATARAZZO 1965): Acht seelisch reife, verheiratete Frauen mit Kindern und Collegebildung wurden in einem Zweijahres-Programm in Psychotherapie ausgebildet. Diese Ausbildung war ausschließlich auf Psychotherapie konzentriert. Am Ende der Ausbildung wurden von Experten die psychotherapeutischen Fähigkeiten der Frauen beurteilt. Außerdem wurde die Besserungsquote ihrer Patienten ermittelt. Beide Einschätzverfahren führten zu dem gleichen Ergebnis: daß diese psychotherapeutisch schmalspurig ausgebildeten Hausfrauen in bezug auf den Erfolg ihrer Tätigkeit voll ausgebildeten Psychotherapeuten durchaus vergleichbar seien.

Diese und ähnliche Untersuchungen und Projekte sollten nicht zu dem Schluß verführen, daß intensive Ausbildungen im Bereich der Psychotherapie überflüssig seien; das wäre, wie sich später ergeben wird, ein voreiliger Schluß, mit dem der Komplikation der Anforderungen im Bereich der Psychotherapie nicht Rechnung getragen würde. Wohl aber sind diese Studien ein überzeugender Hinweis darauf, daß die Fähigkeiten zu einem erfolgreichen psychotherapeutischen Umgang mit Patienten nicht erst mit einer speziellen psychotherapeutischen Ausbildung im Sinne der miteinander konkurrierenden psychotherapeutischen Schulen und Richtungen erworben werden, sondern in einer vorwissenschaftlichen und vorberuflichen allgemein-menschlichen Befähigung wurzeln, die durch Ausbildungen (unterschiedlicher Intensität und Ausrichtung) nur entwickelt und differenziert wird. Zu dieser allgemeinmenschlichen Grundlage psychotherapeutischer Wirksamkeit gehört offenbar: die Fähigkeit, sich in die Situation hilfebedürftiger Mitmenschen einzufühlen und sie zu verstehen — ohne dieser Situation selbst anheimzufallen; ferner die Fähigkeit, hilfesuchenden Mitmenschen gegenüber als eine Autorität zu dienen, die etwas Hilfreiches zu geben und damit auf andere Menschen günstigen Einfluß auszuüben vermag. Dem entspricht auf der anderen Seite die allgemein-menschliche Befähigung, sich in Notsituationen von anderen Menschen, die einen Abstand zur Situation haben, aber trotzdem die Situation verstehen, beeinflussen zu lassen und sich lernend (aufnehmend) zu ändern. In diesem allgemeinen Sinne sind Verstehen menschlicher Situationen, Ausübung von Autorität und Einflußnahme einerseits, Suggestibilität und Lernbereitschaft andererseits allgemein-menschliche Grundlagen nicht nur jeder Psychotherapie, sondern jeder Form persönlicher Einflußnahme von Menschen auf Menschen mit dem Ziel der Veränderung durch Lernen.

Für die wissenschaftliche Erforschung von Psychotherapie ergibt sich von hier aus eine Perspektive, die weitgehend unabhängig von den unterschiedlichen Auffassungen und Lehrmeinungen der psychotherapeutischen Richtungen und Schulen ist. Man kann sich von hier aus fragen, unter welchen Bedingungen die psychotherapeutische Patienten-Therapeuten-Beziehung am ehesten eine Chance hat, gut zu funktionieren. Anhand des in der Psychotherapie nicht seltenen Phänomens des Behandlungsabbruchs ist eine Reihe von Forschern dieser Frage empirisch nachgegangen. Dabei hat sich ergeben, daß von entscheidender Bedeutung für das Zustandekommen eines günstig verlaufenden psychotherapeutischen Prozesses ist, in welchem Grad die bewußten Erwartungen hinsichtlich der Behandlung auf seiten des Therapeuten und des Patienten übereinstimmen (LENNARD & BERNSTEIN 1960; GOLDSTEIN 1962; GOLDSTEIN, HELLER & SECHREST 1966). Schicksal und Ausgang der Behandlung sind von der Fähigkeit des Therapeuten zur richtigen Einschätzung und gegebenenfalls Erhöhung des Grades der Erwartungsübereinstimmung mit dem Patienten vor Beginn, aber auch während der Behandlung sehr abhängig. Diese Fähigkeit setzt wiederum eine gewisse Flexibilität des Therapeuten hinsichtlich seiner eigenen Erwartungen an den Patienten und die Behandlung voraus.

Die Subtilität der Auswirkung unbewußter Erwartungen ist besonders von psychoanalytischer Seite beschrieben worden (vgl. H. E. RICHTER 1963), aber es gibt dafür auch mannigfaltige experimentelle Evidenz. Schon seit einigen Jahrzehnten beschäftigen sich manche Forscher mit der Frage, wie man die pharmakologische Wirkung eines Medikaments von der psychologischen (suggestiven) Wirkung experimentell isolieren kann, die bei jeder Medikamentenverordnung oder -verabreichung durch einen Arzt oder eine Krankenschwester mit im Spiel ist. Es stellte sich heraus, daß es sehr komplizierter Überlegungen und Versuchsanordnungen bedarf, um diese Aufgabe zu lösen (ORNE 1969). Als ein wesentlicher Faktor der psychologischen Wirkungen im Zusammenhang mit der Verabreichung von Medikamenten erwiesen sich die vermeintlich dem Patienten nicht übermittelten Erfolgs- oder Mißerfolgserwartungen der Ärzte und Schwestern. Damit stieß man auf ein für die experimentelle Sozialforschung überhaupt zentrales Problem: Wie läßt sich der Einfluß der Erwartungen, die ein Versuchsleiter im Hinblick auf den Ausgang eines bestimmten sozialwissenschaftlichen Experiments hegt, von dem Einfluß trennen, den die eigentlich untersuchte unabhängige Variable im Rahmen der Versuchsanordnung ausübt? Robert ROSENTHAL (1969) hat in einer Reihe von Experimenten und Studien dies Problem gründlich untersucht. Seitdem wissen wir, daß die Erwartungen von Versuchsleitern sehr intensiv und subtil in das eigentliche Experiment mit eingehen und die Ergebnisse beeinflussen. Anderen Forschern verdanken wir eine nähere Untersuchung darüber, wie weit die Absichten von Versuchsleitern, die mehr oder minder leicht aus der Versuchsanordnung von den Versuchspersonen abgelesen werden können, unerwartet und häufig unbemerkt die Versuchsergebnisse verändern (ORNE 1969; McGUIRE 1969). Die Erkenntnisse, die aus diesen Untersuchungen hervorgegangen sind, sind für die Psychotherapieforschung von großer Bedeutung (FRANK 1968). Denn sie lassen uns darauf aufmerksam werden, daß ein wesentlicher Teil der Einflußnahme von Psychotherapeuten auf ihre Patienten unbewußt, unabsichtlich und unbemerkt geschieht, daß also der Therapeuten-Einfluß nicht etwa darauf begrenzt ist, was Therapeuten absichtlich, bewußt und gegebenenfalls in einer gewissen Übereinstimmung mit einer sie leitenden Theorie oder Methodik mit Patienten tun.

Von hier aus ist recht plausibel, daß ein Therapeut gute Aussichten hat, einen heilsamen Einfluß auf einen Patienten auszuüben, wenn der Patient behandlungswillig und kooperationsbereit ist, der Therapeut den Patienten mag, ihn einigermaßen versteht, sich zutraut, dem Patienten zu helfen, und wenn er sich auf dessen Erwartungen und Bedürfnisse einzustellen sowie mit ihnen umzugehen vermag. Es leuchtet ein, daß diese Bedingungen erfüllt sein *können*, ohne daß der Therapeut über wissenschaftliche Kenntnisse und eine auf ihnen beruhende gründliche Ausbildung verfügt. Aber andererseits dürfte auch einsichtig sein, daß sich die Chance erfolgreicher therapeutischer Beeinflussung unterschiedlichster Patienten unter unterschiedlichsten Umständen wesentlich erhöht, wenn der Umgang mit den Patienten aufgrund einer ausdrücklichen Kenntnis der verschiedenen im psychotherapeutischen Feld wirksamen Variablen geschieht — sofern diese Kenntnis den unmittelbaren Kontakt mit dem Patienten in dem eben präzisierten Sinne nicht durchkreuzt. Erst mit einer solchen ausdrücklichen Reflexion auf relevante Unterschiede, die für das psychotherapeutische Feld charakteristisch sind, beginnt der Prozeß einer mehr oder minder starken Abhebung wissenschaftlich begründeter und gesteuerter Psychotherapie von intuitiv gebotener mitmenschlicher seelischer Hilfe und Beratung.

V. Unzulänglichkeiten und Mängel der Reflexion und Theorie in der Psychotherapie

Wenn man sich mit den verschiedenen Schulen, Theorien und Behandlungsverfahren der Psychotherapie näher beschäftigt, bemerkt man bald, daß der Reflexionsstand in den verschiedenen Schulen außerordentlich unterschiedlich ist. Die einzelnen psychotherapeutischen Richtungen unterscheiden sich sehr hinsichtlich der Mannigfaltigkeit, um nicht zu sagen: Vollständigkeit der von ihnen berücksichtigten Faktoren des psychotherapeutischen Feldes und hinsichtlich des Differenziertheitsniveaus der Darstellung. Es gibt darüber bisher aber kaum systematische vergleichende Untersuchungen. Das Buch von FORD & URBAN (1963): »Systems of psychotherapy« ist fast der einzige diesbezügliche Beitrag von Gewicht. Die beiden Autoren haben sich auf die systematische Vergleichsuntersuchung der Schriften der Gründer von 14 prominenten psychotherapeutischen Richtungen beschränkt. Jede der 14 Analysen orientiert sich an einem ganz bestimmten System relevanter Gesichtspunkte des psychotherapeutischen Feldes. Diese Kategorien sind:

Zentrale Themen;
Normaler Gang der Verhaltensentwicklung (angeborene und gelernte Züge);
Entwicklung von Verhaltensstörung (Sequenz der Entwicklung, Kennzeichen gestörten Verhaltens);
Therapieziele (Wahl der Ziele und deren Charakter);
Bedingungen für die Herbeiführung von Verhaltensänderung (Kennzeichen der Patienten und Therapeuten, Prinzipien der Veränderung, Techniken zur Herbeiführung von Veränderung, Sequenz der Veränderung, Transfer der Veränderung auf andere Situationen);
Beurteilung der Verhaltensänderung (Einschätzung der Verhaltensänderung, Verifizierung von Therapietheorie).

Obgleich sich dieses Kategoriensystem weitgehend auf das Interaktionsfeld Patient-Therapeut beschränkt, also zum Beispiel institutionelle und sozialstrukturelle (soziologische) Faktoren nicht berücksichtigt, läßt sich an den Ergebnissen der Analysen der Reflexionsstand der Psychotherapie recht gut ablesen. Die Autoren fanden, daß die einzelnen Psychotherapiesysteme stets nur zu einem Teil der Kategorien Stellungnahmen enthielten, folglich beträchtliche »Lücken« aufwiesen, und daß die Stellungnahmen, die identifiziert werden konnten, sehr ungleichmäßig in bezug auf ihre Differenziertheit waren.

Die von FORD & URBAN untersuchten Autoren stellen eine besondere Auswahl unter Psychotherapeuten dar, da sie an Reflexion und theoretischer Formulierung ihrer Erfahrungen besonders interessiert waren. Viele Psychotherapeuten haben nur begrenztes Interesse an Reflexion, wissenschaftlicher Klärung, Theorie und konzentrieren sich weitgehend auf die Entwicklung, Untersuchung oder auch nur Anwendung eines einzigen Behandlungsverfahrens oder einiger weniger Verfahren. Fast jedes Jahr werden neue psychotherapeutische Behandlungsmethoden beschrieben und propagiert; nur wenige erreichen allerdings früher oder später Verbreitung und Anerkennung. Die von FORD & URBAN systematisch demonstrierte Unzulänglichkeit und Ungleichmäßigkeit von Reflexion und Theorie in der Psychotherapie gibt Anlaß zu folgender Frage: Wenn das Arbeitsfeld der Psychotherapeuten der verschiedensten' Schulen so unvollständig und so ungleichmäßig wissenschaftlich untersucht und theoretisch reflektiert ist, handelt es sich dann nicht bei der von all diesen verschiedenen Richtungen betriebenen Psychotherapie immer noch um intuitiv, vorwissenschaftlich, laienhaft betriebene Psychotherapie?

VI. PERSONGEBUNDENES WISSEN, KÖNNEN UND KOMMUNIZIEREN

Wenn man dazu neigt, diese Frage mit Ja zu beantworten, muß man sich darüber im klaren sein, daß dies unter einer stillschweigenden Voraussetzung geschieht. Man unterstellt in diesem Fall, daß die wissenschaftliche Literatur ein zuverlässiger und gültiger Indikator für das psychotherapeutische Wissen und Können in Hinsicht auf »Vollständigkeit« und Differenziertheit ist. Nur unter dieser Voraussetzung kann man sich zwecks Einschätzung des Entwicklungsstandes einer Wissenschaft legitimerweise ausschließlich an der publizierten wissenschaftlichen Literatur orientieren.
Widmet man sich dem psychotherapeutischen Bereich mit dem Blick des Sozialwissenschaftlers für die Eigenheit sozialer Phänomene, dann wird man bald auf Erscheinungen aufmerksam, die mit dieser Voraussetzung schlecht verträglich sind. Innerhalb der fachlichen Kommunikation, des Erfahrungsaustausches und des Ausbildungswesens in der Psychotherapie gibt es neben dem üblichen wissenschaftlichen Kommunikations- und Kontrollinstrument der in Büchern und Zeitschriften publizierten Erfahrungen, theoretischen Überlegungen und kritischen Auseinandersetzungen und dem üblichen akademischen Ausbildungs- und Kongreßwesen charakteristische andere soziale Formen wissenschaftlicher Kommunikation und Kontrolle, Ausbildung und Fortbildung. Ein wesentlicher Teil des Erfahrungsaustausches und der Ausbildung geschieht in Form behandlungstechnischer oder fallzentrierter klinischer Seminare und Konferenzen, in manchen Schulen außerdem in der Form der therapeutischen Eigenerfahrung. Das sind originelle Formen praxisnaher konkreter Kommunikation, die nicht so sehr dem Austausch und der Übertragung

eines abstrakten Wissens als der Entwicklung einer auf reflektiertem Erfahrungswissen beruhenden praktischen beruflichen Kompetenz dienen, nämlich der Kunst und Fähigkeit, unterschiedlichste Patienten unter unterschiedlichsten Umständen erfolgreich psychotherapeutisch zu behandeln.

Die uns vertraute soziale Art und Weise von Wissenschaft: das wissenschaftliche Publikationswesen mit seinen mehr theoretischen oder mehr praktischen Beiträgen, das akademische Ausbildungs- und Kongreßwesen, entfaltet sich in der Psychotherapie auf dem Boden und Hintergrund dieser anderen sozialen Modalität, die Michael POLANYI (1958, 1969) unter dem Leitthema »persönliches, unausgesprochenes Wissen und Können« ausführlich untersucht hat. Er hat gezeigt, daß in allen Wissenschaften, auch in den exakten Naturwissenschaften, persongebundenes Wissen und Können eine Rolle spielt, das nie annähernd adäquat sprachlich, theoretisch dargestellt wird, jedenfalls in expliziten Theorien und Regeln keineswegs aufgeht, vielmehr weitgehend sprachlich, theoretisch unentfaltet (implizit) bleibt, trotzdem aber eine effektive steuernde Funktion innerhalb der Wissenschaft ausübt, d. h. auch anderen mitgeteilt, auf andere übertragen werden kann.

Der Bezug zu solch persönlichem, nie vollständig expliziertem Wissen ist im Bereich der Psychotherapie überall dort auf den ersten Blick evident, wo sich eine psychotherapeutische Richtung auf die Entwicklung, Erprobung, indikationsmäßige Abklärung, katamnestische Kontrolle und Empfehlung eines bestimmten Behandlungsverfahrens beschränkt — ohne umfassende eigene theoretische Ansprüche. In diesen nicht seltenen Fällen bleibt es ganz der persönlichen Erfahrung und Entscheidung des einzelnen Therapeuten überlassen, unter welchen Bedingungen und Umständen er das betreffende Verfahren anwendet, und die Ausbildung in der betreffenden psychotherapeutischen Technik ist im wesentlichen ein Prozeß der unmittelbaren Weitergabe von persönlichem Erfahrungswissen und Können.

Aber auch innerhalb psychotherapeutischer Schulen und Richtungen, die mit einem umfassenden theoretischen Anspruch auftreten, spielt die soziale Modalität personbezogenen impliziten Wissens und Könnens und unmittelbar persönlichen Austausches von solchem Wissen und Können eine bedeutende Rolle. Das hängt damit zusammen, daß die von den exakten Naturwissenschaften übernommene abstrakt-theoretische Darstellung von Zusammenhängen dem psychotherapeutischen Feld nicht angemessen ist, dessen Besonderheiten nicht zu repräsentieren vermag. Man kann das unmittelbar daran erkennen, daß solche theoretische Literatur bei der Lösung behandlungspraktischer Probleme häufig als wenig hilfreich erlebt wird.

Reflektiert man auf diese Phänomene, dann gelangt man zu einer anderen Folgerung aus den Befunden der vergleichenden Untersuchung von Ford & Urban, als diese Autoren selbst vorgetragen haben. Diese Folgerung lautet: Abstrakten Darstellungen einer Theorie des psychotherapeutischen Feldes und der Behandlungsmethodik kommt nur sehr begrenzt eine steuernde Funktion innerhalb des Feldes der wissenschaftlichen Psychotherapie zu; das psychotherapeutische Erfahrungswissen und Können ist umfangreicher, differenzierter und reflektierter, als dies aus der publizierten wissenschaftlichen Literatur hervorzugehen scheint. Damit kompliziert sich die wissenschaftliche Einschätzung dieses ganzen Feldes fachlicher Aktivität erheblich. Beurteilung und Kritik können sich dann nicht mehr primär und ausschließlich an der theoretischen Literatur samt zugehöriger Beurteilungskriterien orientieren; angemessene Modi der Beurteilung und des Vergleichs müssen vielmehr erst entwickelt werden, und zwar aufgrund von Analysen, die hinter das theoretische Selbstverständnis der Psychotherapeuten auf ihre konkrete Intention und Erfahrung zurückgehen.

VII. Der soziale Ort als aktuelle Konstellation und als Ursprung

Eine solche praxisnahe, konkrete Analyse darf sich nicht etwa auf eine überkommene, enge »fachliche« Perspektive, wie die Patienten-Therapeuten-Beziehung, beschränken. Sie muß die oben im dritten Abschnitt aufgewiesenen sozialen Bezüge und Abhängigkeiten des psychotherapeutischen Feldes mitumfassen. Nur so können Bedeutung und Grenzen psychotherapeutischer Positionen sinnvoll geprüft und diskutiert werden. Ohne Einbeziehung sozialwissenschaftlicher Methoden ist diese Aufgabe nicht zu lösen. Erst wenn man sich dem Bereich der Psychotherapie konkret mit einer sozialwissenschaftlichen Orientierung nähert, erkennt man, auf welche Weise und in welchem Ausmaß soziale Faktoren implizit, unbemerkt und unreflektiert auf die im engeren Sinne fachlichen Bereiche des psychotherapeutischen Feldes einwirken. Insbesondere bedarf der Klärung, wie der soziale Ort — die soziale, ökonomische, kulturelle und historische Konstellation der jeweiligen psychotherapeutischen Praxis — die Theorie und das Selbstverständnis, Geltungsanspruch, Leistung und Entfaltungsmöglichkeiten der betreffenden Psychotherapie beeinflussen.
Zwei diesbezügliche Möglichkeiten von größerer Bedeutung seien kurz skizziert.

1. Manche Eigenheiten psychotherapeutischer Schulen und Richtungen könnten sich bei einer solchen sozialwissenschaftlichen Analyse als Begrenzungen und Beschränkungen erweisen, die unmittelbar oder mittelbar auf die sozialen Umstände der betreffenden psychotherapeutischen Erfahrung, d. h. die Begrenztheit der sozialen Konstellation, zurückgehen. Und es könnte sein, daß erst diese ausdrückliche sozialwissenschaftliche Fragestellung die Selbstverständlichkeit der sozialen Konstellation auflöst und eine bisher nicht bemerkte und daher nicht reflektierte soziale Abhängigkeit ins wissenschaftliche Bewußtsein rückt.
2. Manche Eigenheiten psychotherapeutischer Schulen und Richtungen könnten sich aufgrund einer historisch orientierten sozialwissenschaftlichen Analyse als Begrenzungen und Beschränkungen erweisen, die unmittelbar oder mittelbar auf eine bestimmte inzwischen veränderte soziale Konstellation als Ursprung zurückgehen. Erst damit würde eine infolge historischer Veränderung nicht mehr legitimierte, aber als überlebt oder nur begrenzt gültig noch nicht erkannte und daher auch noch nicht in Frage gestellte Tradition einer ausdrücklichen Überprüfung zugeführt.

In beiden Fällen würde die wissenschaftliche Psychotherapie durch eine solche sozialwissenschaftliche Analyse ein Stück Freiheit zu wissenschaftlicher Weiterentwicklung gewinnen.

Solchen sozialwissenschaftlichen Analysen kommt die Dynamik der spätkapitalistischen Gesellschaften entgegen, indem sie durch Veränderung der sozialen Konstellation Spannungen gegenüber »Selbstverständlichkeiten« der bisherigen Praxis und Theorie erzeugt und sozialwissenschaftliche Reflexionen in dem geschilderten Sinne erzwingt. Als solche Veränderungen, die Reflexion anstoßen können, kommen z. B. in Betracht: Veränderungen der Persönlichkeitsstruktur der Menschen und ihrer »Krankheiten«, Veränderungen der Orientierungen des Therapeutennachwuchses, Veränderungen der Arbeitsbedingungen, unter denen Psychotherapie stattfindet, oder Veränderungen der Interessen des Staates oder der Großindustrie an Psychotherapie.

Seit der Studie von HOLLINGSHEAD & REDLICH (1958) über die unterschiedlichen Aussichten psychiatrischer Patienten, in einem Krankenhaus psychotherapeutisch behandelt zu werden — je nach der sozialen Schicht, der sie angehören —, ist diese sozialwissenschaftliche Reflexion über Psychotherapie in Gang gekommen (vgl. RIESSMAN u. a. 1964). Jedoch fehlen noch weitgehend Arbeiten, die in dem oben angedeuteten Sinne psychotherapeutische Schulen und Positionen auf ihren sozialen Ort und Ursprung hin eingehend untersuchen.

VIII. Psychoanalyse und Verhaltenstherapie — zwei psychotherapeutische Schulen mit besonderem wissenschaftlichem Anspruch

Trotz der großen Mannigfaltigkeit an praktizierten psychotherapeutischen Behandlungsverfahren und -techniken gibt es nur wenige wissenschaftliche Richtungen der Psychotherapie mit einem umfassenden theoretischen Anspruch. Viele Psychotherapeuten und psychotherapeutische Einrichtungen beschränken sich entweder darauf, in der Hauptsache ein bestimmtes Verfahren bei einer Klientel anzuwenden, die ihnen dafür geeignet scheint, oder ein Repertoire verschiedener Behandlungsmethoden zur Verfügung zu haben, aus dem für den einzelnen Patienten pragmatisch ausgewählt wird. Beides geschieht häufig ohne weitreichende theoretische Fundierung oder Orientierung, insbesondere ohne intensive Bemühung um die Klärung des Zusammenhangs zwischen Diagnostik, Indikationsstellung, Prognostik, Therapie und Überprüfung des Behandlungserfolges im sozialen Kontext der betreffenden therapeutischen Institution.
Von diesen beiden wissenschaftlich bescheidenen Arten, Psychotherapie zu treiben, heben sich zwei psychotherapeutische Richtungen ab, die nicht nur für eine bestimmte Art psychotherapeutischer Praxis eintreten, sondern auch um eine weitgespannte Reflexion ihres Tuns bemüht sind: die Psychoanalyse und die Verhaltenstherapie. In den beiden folgenden Abschnitten können nur einige wenige aktuelle Probleme dieser beiden psychotherapeutischen Richtungen auf der Grundlage des bisher Ausgeführten skizziert und diskutiert werden.

IX. Psychoanalyse

Die gesamte reiche Entwicklung derjenigen Formen von Psychotherapie, die auf der Konfrontation mit sich selbst und den eigenen Beziehungen zu andern, der Aufdeckung und Verarbeitung unbewußter Konflikte, der Klärung bisher nur dumpf empfundener Probleme, der Forcierung des Zugangs zum Unbewußten, der Erweiterung und Verfeinerung der Erlebnis- und Wahrnehmungsfähigkeit oder der Entfaltung und Erhellung des »Sinnes« der eigenen Existenz beruhen — Verfahren, die zumindest ein gewichtiges nicht-direktives Moment innerhalb des Umgangs des Therapeuten mit dem Patienten enthalten —, gehen letzten Endes auf die Psychoanalyse zurück oder sind von ihr in irgendeiner Form beeinflußt, mag dies nun zugestanden oder verleugnet werden.

Die psychoanalytische Therapie ging von folgender Entdeckung aus: Wenn ein Arzt einen erwachsenen Patienten in eine von den Strukturen der üblichen sozialen Welt fast ganz freie Situation bringt und es ihm überläßt, worüber er sprechen will, führt dies zu einer Konfrontation des Patienten mit vielen Erlebnissen, Erinnerungen, Verhaltensweisen, kurz: Aspekten seiner selbst, die er bisher als erwachsener Mensch nie bewußt, ausdrücklich, ernstlich zur Kenntnis genommen hat. Im Laufe dieser Auseinandersetzung mit sich selbst und seinen Beziehungen zu anderen am Leitfaden der Beziehung zum Analytiker in der analytischen Situation pflegt es zu Veränderungen zu kommen, die ein Verschwinden von Krankheitssymptomen mit einschließen. Dieser Prozeß der Konfrontation und ausdrücklichen Verarbeitung wird durch eine eigentümliche Haltung des Therapeuten eingeleitet, unterstützt und gefördert: Er bemüht sich, entgegen den üblichen Lebensverhältnissen, nicht auf den Patienten und dessen Äußerungen zu reagieren, sondern die Verarbeitung der zutage kommenden Einfälle des Patienten als gemeinsame Aufgabe und gemeinsames Ziel zu deklarieren und dem Patienten durch gelegentliche Konfrontationen und Vorschläge, wie man Äußerungen von ihm als zu seiner Person gehörig verstehen könne (Interpretationen), zu helfen. Zu dieser Entdeckung gehört weiter, daß die bisher vom Patienten nichtintegrierten seelischen Bestandstücke Erinnerungen, Einstellungen, Reaktions- und Verhaltensweisen sind, die entweder selbst aus der Kindheit des Patienten stammen oder mit seelischen Momenten eng in Beziehung stehen, die ihrerseits auf die Kindheit des Patienten zurückgehen und seitdem unbemerkt einen formenden Einfluß auf den Patienten und seine Beziehungen zu anderen ausgeübt haben. Dieser formende, prägende Einfluß ist als Übertragung aus der Kindheit stammender Beziehungskonflikte auf die Patienten-Analytiker-Beziehung und als Widerstand des Patienten, diese überkommenen Einstellungen, Reaktionsmuster und Verhaltensweisen aufzugeben, in der Behandlung selbst beobachtbar.

Für die analytische Situation ist charakteristisch, daß sie nicht nur den Patienten in dem eben beschriebenen Sinne durch Verzicht auf thematische Strukturierung der Situation freisetzt, sondern auch, wenngleich auf andere Art, den Analytiker. Zwar hat der Analytiker ein durch Ausbildung und Erfahrung erworbenes Vorwissen über seelische Störungen, Persönlichkeitsstrukturen, Interaktionsformen, Behandlungsverläufe und über sich selbst, letztlich ist er aber jedesmal allein auf sein Verständnis der Situation und des Gesamtprozesses angewiesen, wenn er entscheiden muß, ob und gegebenenfalls wie er intervenieren soll, um den Behandlungsprozeß zu fördern.

Die psychoanalytische Therapie gründet auf der Seite des Psychoanalytikers in einer durch eine spezifische Ausbildung trainierten komplexen Fähigkeit zu Einfühlung (Empathie), Intuition und Reflexion (GREENSON 1967). Diese Tatsache, daß sich der Analytiker letztlich nur auf sich selbst als Instrument (O. ISAKOWER) stützen kann, bedeutet eine erhebliche Schwierigkeit psychoanalytischer Therapie und der Ausbildung zum Psychoanalytiker.
Prinzipien der psychoanalytischen Behandlung sind:
1. Verzicht auf thematische Strukturierung der Behandlungssituation seitens des Therapeuten, um die »freie Assoziation« auf der Seite des Patienten zu ermöglichen;
2. die freie Ausübung einer auf das Verstehen des Patienten gerichteten Aktivität der Wahrnehmung, Verarbeitung und Intervention. »Verstehen« meint hier besonders das Erspüren unbewußter struktureller Momente und Konfliktanteile sowie die Einordnung der bewußten und unbewußten Aspekte in ein umfassendes Konzept der Persönlichkeit des Patienten einschließlich seiner sozialen Beziehungen im sozial-kulturellen Milieu (FÜRSTENAU 1968);
3. Gestaltung des Behandlungsarrangements, Verstehen und Konzeptbildung geschehen auf dem Hintergrund der später näher zu erläuternden psychoanalytischen Konzeption.

Das von BREUER und FREUD entdeckte psychoanalytische Behandlungsverfahren hat mit der Zeit eine bestimmte Gestalt gewonnen, die zusätzlich durch folgende Merkmale gekennzeichnet ist:
4. die Zwei-Personen-Beziehung (ein Analytiker und ein Patient);
5. die hohe Behandlungsfrequenz (drei- bis fünfmal wöchentlich);
6. die Langfristigkeit (mehrere Jahre);
7. der begrenzte Indikationsbereich (nur Patienten, die nicht strukturell Ich-gestört sind);
8. die maximale Beschränkung auf konfrontierend-interpretierende Interventionen (minimale Verwendung stützender Eingriffe [Parameter]);
9. der weite thematische Fokus der Interventionen (keine vorgängige thematische Fokussierung der Interventionen).

Seit einiger Zeit ist in der Psychoanalyse der bis heute nicht abgeschlossene Prozeß einer gewissen Distanzierung und Relativierung dieser Gestalt psychoanalytischer Behandlung im Gange. Indem wir dies Verfahren heute als »klassische psychoanalytische Behandlung« bezeichnen oder von der »Standardmethode« sprechen, bringen wir zum Ausdruck, daß wir diese Gestalt psychoanalytischer Behandlung als eine Tradition zu erkennen beginnen, und das heißt: in ein inzwischen entstandenes umfangreiches Repertoire unterschiedlicher psychoanalytischer Behandlungsverfahren einzuordnen suchen. Aufgrund der in den letzten Jahrzehnten entwickelten sehr differenzierten Vorstellungen über psychoanalytische Behandlungsmöglichkeiten erkennen wir heute klarer, als das zur Zeit der Entwicklung dieser Methode möglich war, die Begrenztheit und Beschränktheit dieses Arrangements. Damit verliert es seinen allein historisch zu verstehenden Ausschließlichkeitsanspruch innerhalb der Psychoanalyse. Aber noch immer besteht eine Unsicherheit bei vielen Analytikern, ob die von ihnen neben der klassischen psychoanalytischen Behandlung praktizierten anderen neuen Behandlungsverfahren ebenfalls »Psychoanalyse« oder »nur Psychotherapie« sind — ein Beleg für die These, daß der Prozeß der Überprüfung und Neubewertung der traditionellen analytischen Behandlung noch keineswegs abgeschlossen ist.

In der Nachkriegszeit sind mannigfaltige psychoanalytische Behandlungsverfahren entwickelt worden, die von der Standardmethode in verschiedenen Hinsichten abweichen. Wir kennen heute Verfahren, an denen mehr als zwei Personen beteiligt sind: mehrere Patienten oder auch mehrere Analytiker, die mit niedriger Behandlungsfrequenz operieren, die kurz- oder mittelfristig sind, einen anderen Indikationsbereich als die Standardmethode haben, stärker von stützenden Eingriffen Gebrauch machen oder — schließlich — mit einem engeren thematischen Interventionsfokus vonstatten gehen, wie die Standardmethode jedoch einen engen Bezug zur psychoanalytischen Konzeption haben.

Ähnlich wie wir heute die *Prinzipien* psychoanalytischer Therapie von den zusätzlichen Momenten einer bestimmten, zur Tradition gewordenen Form psychoanalytischer Therapie zu unterscheiden vermögen, können wir auch den zentralen Gehalt der psychoanalytischen Konzeption von der wenig übersichtlichen historisch-zufälligen Gestalt abheben, in der sich die psychoanalytische Theorie nach und nach in den einzelnen Arbeiten FREUDS und später seiner Schüler manifestiert hat.

Als Kern der psychoanalytischen Konzeption läßt sich heute das Gefüge bewußter und unbewußter Beziehungen, Konflikte und Mechanismen bestimmen, das mit dem Namen »Ödipuskomplex« bezeichnet wird. Zentraler Verständnishorizont der Psychoanalyse sind demgemäß die affektiven Wechselbeziehungen zwischen Kindern und Eltern (einschließlich der Beziehungen der Kinder untereinander) in all ihren mannigfaltigen Variationen und Möglichkeiten von Geburt an, also nicht eingeschränkt auf die ödipale Phase im engeren Sinne; all dies verstanden als ein über die Kindheit durch Struktur-

bildung hinauswirkender Prozeß mit der wichtigsten Konsequenz der unbewußten Übertragung verbliebener kindlicher Beziehungskonstellationen auf neue Partner, exemplarisch erfahrbar und analysierbar in der darauf spezifisch eingestellten analytischen Situation. Alle theoretischen Formulierungen der Psychoanalyse sind nur soweit charakteristisch psychoanalytisch, wie sie unmittelbar oder zumindest mittelbar mit der Ödipalität in Beziehung stehen.
Das Erstaunliche an der psychoanalytischen Konzeption ist, daß sich der Gesichtspunkt der Ödipalität als so außerordentlich fruchtbar erwiesen hat: Ödipalität in dem eben gekennzeichneten weiten Sinne eröffnet einen relevanten Zugang zu sehr vielen psychosozialen Phänomenen und Problemen, keineswegs nur zum Bereich der seelisch bedingten Störungen und der Psychotherapie. Das mag daran liegen, daß wir, ohne dies voll zu durchschauen, nie ganz erwachsen werden, Erwachsenheit also ein Ideal ist, und wir uns bei allem, was wir tun, unter anderem stets auch mit unserer verbliebenen Kindlichkeit mehr oder minder unbewußt herumzuschlagen haben.
Mit dieser weitreichenden Bedeutung des Ödipuskomplexes hängt es zusammen, daß sich die Psychoanalyse sehr schnell weit über eine medizinische Theorie hinaus zu einer umfassenden Perspektive auf die menschlich-gesellschaftlich-geschichtliche Welt entwickelt hat. Es gibt nur wenige wissenschaftliche Positionen, die mit der Psychoanalyse hinsichtlich Relevanz und Weite der Perspektive auf die menschliche Welt konkurrieren können. Damit hängt zusammen, daß die Psychoanalyse als Konzeption im Gegensatz zu anderen psychotherapeutischen Richtungen, die nur eine enge Perspektive auf menschliche Phänomene vermitteln, ein Medium (eine Sprache) ist, das menschlich-gesellschaftlich-geschichtliche Ereignisse und Verläufe auf eine bestimmte relevante Weise durchgängig durchsichtig zu machen gestattet. Darin besteht ihre besondere wissenschaftliche Leistung: Sie erlaubt es, zerstreute Einzelbefunde über die menschliche Welt in einer bestimmten relevanten Hinsicht zu umfassenden Verständniszusammenhängen zu integrieren. Die Aneignung der psychoanalytischen Konzeption als eines solchen Mediums, in dem Wahrnehmungen menschlicher Beziehungen bis zu Entscheidungen über Interventionen strukturiert und verarbeitet werden können, geschieht nicht primär auf dem Wege eines theoretischen Studiums, sondern als mit Reflexion verknüpftes konkretes Training einer praktischen Kompetenz in dem oben näher beschriebenen Sinne.
Als umfassendes differenziertes praxisbezogenes Erfahrungswissen betrachtet, ist die psychoanalytische Konzeption ein

unter Fachgenossen hauptsächlich durch unmittelbaren klinischen Erfahrungsaustausch kommuniziertes persongebundenes Wissen und Können im Sinne POLANYIS, das in der bisherigen theoretischen Literatur nur sehr mangelhaft, verkürzt und mißverständlich niedergelegt ist. Ein Beleg dafür ist, daß die psychoanalytische Literatur für Außenstehende ohne praktische analytische Erfahrung in der Regel kaum zugänglich ist. Was solche Leser der Lektüre psychoanalytischer Texte entnehmen, ist meistens für die Psychoanalyse nicht sehr charakteristisch; eine kritische Grundhaltung, Aufklärungs- und Emanzipationsmotive teilt die Psychoanalyse beispielsweise mit manchen anderen bürgerlichen Theorien. Die Angemessenheit spezifisch psychoanalytischer Interpretationen oder Schlußfolgerungen können solche Leser kaum nachvollziehen oder überprüfen. Häufig erleben sie derartige Darlegungen als widersprüchlich oder unbegründet. Selbst der junge Arzt oder Psychologe, der sich in die Psychoanalyse einarbeiten will, findet in der theoretischen Literatur seines Faches wegen ihrer Unübersichtlichkeit, der Fülle von Positionen und Standpunkten und wegen der Polarisierung in sehr abstrakte, allgemeine, ja spekulative und sehr fallbezogen konkrete Beiträge nur schwer eine Orientierung; ganz abgesehen davon, daß er von ihr kaum Klärung und Steuerung bei seinen ersten Behandlungen erwarten kann. Denn die prekäre Beziehung der psychoanalytischen Theorie zur psychotherapeutischen Praxis wird vollends offenbar, wenn man versucht, psychoanalytische Theorie direkt und unmittelbar für die Praxis nutzbar zu machen. Der fast vorwissenschaftliche Zustand der psychoanalytischen Krankheitslehre beispielsweise ist von Psychoanalytikern selbst oft beklagt und kritisiert worden (zum Beispiel von RANGELL 1965). Viele Psychoanalytiker werden dem Urteil BALINTS zustimmen, daß die theoretischen Begriffe der Psychoanalyse für Diagnostik und Therapie überhaupt wenig hilfreich seien (BALINT 1969).

Damit soll der theoretischen Literatur der Psychoanalyse nicht etwa jegliche Bedeutung aberkannt werden. Immerhin ist sie die Form, in der die Psychoanalytiker bisher die Reflexion über all ihre Arbeit, ihre Entdeckungen und Erfahrungen, niedergelegt haben. Wohl aber soll vertreten werden, daß die theoretische Literatur die praktische psychotherapeutische Erfahrung nur verkürzt wiedergibt und in einer Form, die dem auslegend-interpretierenden Verstehen der Ödipusthematik in der analytischen Situation nicht angemessen ist. Denn FREUDS Theoriemodell ist an einer anderen Wissenschaft, nämlich der Physiologie, der naturwissenschaftlichen Lehre von den Lebensvorgängen im Organismus, orientiert. Es ist hier nicht der Ort, den Motiven nachzugehen, die zur Wahl und zur

Treue gegenüber diesem unangemessenen Typus von Theorie geführt haben. Nur eine Stellungnahme hierzu sei zitiert. Kunz hat vor Jahrzehnten schon die Vermutung geäußert, Freud und seine ersten Schüler hätten dieses physiologische Theoriemodell, das sie mit der Medizin ihrer Zeit verband, unbewußt gewählt, um sich zu schützen: in der Befürchtung, daß die Wahl einer angemesseneren Darstellungsform für das so sehr Neue und Befremdliche, das sie entdeckt und erfahren haben, sie den Affekten der Gesellschaft, besonders der Ärzte, noch mehr ausgesetzt hätte (Kunz 1930).

Diese eigentümliche Beziehung zwischen dem Bereich des öffentlichen theoretischen Wissens und des persongebundenen gemeinsamen konzeptuellen Wissens und Könnens in der Psychoanalyse hat eine weitreichende Konsequenz: Die wissenschaftlichen Auseinandersetzungen über die psychoanalytische Praxis unter den Fachgenossen erwecken sehr leicht den Anschein, als ob sie rein persönliche, von persönlichen Motiven ausschließlich bestimmte Auseinandersetzungen wären. »Sachliche« Auseinandersetzungen in bezug auf persongebundenes Wissen scheinen das Schicksal zu haben, in diesem Sinne mißverstanden zu werden. Allerdings muß man zugeben, daß die Art des Erwerbs und des Austausches von praxisbezogenem psychoanalytischem Wissen und Können in der Form des unmittelbaren persönlichen Erfahrungsaustausches zu einer engen Verflechtung von psychoanalytischer Kompetenz und Person führt. Die schon oben erwähnte Formulierung, daß das Instrument des Analytikers er selber sei (O. Isakower), macht das sehr deutlich. Die Selbst-Analyse bei einem erfahrenen Analytiker als Teil der Ausbildung und die enge Zusammenarbeit mit erfahrenen Analytikern, die den jungen Kollegen bei seinen ersten eigenen Behandlungen beraten, schließlich die mit dem Ende der Ausbildung erworbene Mitgliedschaft in einer psychoanalytischen Vereinigung: dies alles schafft persönliche Beziehungen, durch welche die praktische psychoanalytische Arbeit zugleich gefördert und kompliziert wird.

Die wissenschaftliche Öffentlichkeit ist mit all diesen Phänomenen bisher hauptsächlich dann konfrontiert worden, wenn sich prominente Analytiker von der Internationalen Psychoanalytischen Vereinigung oder ihrer nationalen Gesellschaft getrennt und eine eigene Schule gebildet haben. Innerhalb der offiziellen Geschichtsschreibung der Psychoanalyse (Jones 1960–1962) werden diese Abspaltungen hauptsächlich als Folgen persönlicher Probleme, häufig sogar krankhafter Entwicklungen dargestellt. Fromm (1961, 1970) hat dies mit Recht als Verkürzung der Problematik kritisiert.

Die spektakulären Austritte aus psychoanalytischen Vereini-

gungen sind jedoch nur eine Facette innerhalb eines mannigfaltig konflikt- und spannungsgeladenen Gruppenlebens. Ein Hauptproblem psychoanalytischer Vereinigungen scheint heute zu sein, ob sie in Autoritäts-, Macht-, Prestige- und Kränkungskonflikten versinken oder die Kraft zur Produktion und Verwirklichung kreativer neuer Lösungen in fachlicher wie organisatorischer Hinsicht finden (FÜRSTENAU 1970a). Dabei dürfen die mit der sozialen Modalität persongebundenen Wissens und Könnens verknüpften Verständigungsschwierigkeiten nicht unterschätzt werden. Sich ein Urteil darüber zu bilden, was Kollegen im Vergleich zu einem selbst praktisch-therapeutisch tun, ist nicht einfach. Seit wir aus empirischen Untersuchungen wissen, daß man in sozialen Berufen von der Anerkennung oder der Verwerfung einer bestimmten theoretischen Position oder Handlungsanweisung bei einem Berufsangehörigen nicht auf eine entsprechende Praxis schließen darf (TAUSCH & TAUSCH 1970), ist offensichtlich, daß es intensiver konkreter methodischer Bemühungen bedürfte, um zu klären, wie weit Fachkollegen, die sich an der psychoanalytischen Konzeption orientieren, auch wirklich »dasselbe« tun, und welcher Grad von Ähnlichkeit oder Unähnlichkeit zwischen der Arbeit derer besteht, die sich ausdrücklich zur Psychoanalyse bekennen und jener, die eine eigene Schule und vielleicht auch Konzeption entwickelt oder einzelne Aspekte der Psychoanalyse aus dem Ganzen herausgelöst und mit anderem kombiniert haben.
Erst die Erkenntnis, daß das »klassische psychoanalytische Behandlungsarrangement« eine *bestimmte* Verwirklichung der Prinzipien psychoanalytischer Therapie mit spezifischen Voraussetzungen, Möglichkeiten und Grenzen ist und die parallele Einsicht, daß die psychoanalytische Theorie eine historisch-zufällige verkürzte und mangelhafte Darstellung der psychoanalytischen Konzeption ist, befreit die Psychoanalyse aus den Fesseln unreflektierter Tradition zu der Chance einer kreativen Weiterentwicklung unter den Herausforderungen und Anforderungen einer sich ändernden gesellschaftlichen Situation.
Die oben bereits erwähnte wesentliche Verstärkung der Nachfrage nach Beratung und Psychotherapie infolge zunehmender sozial bedingter seelischer Belastung und Hilfsbedürftigkeit von einzelnen und Gruppen erzeugt einen beträchtlichen gesellschaftlichen Druck in Richtung auf Erweiterung des institutionellen Angebots von Beratung und Psychotherapie einschließlich des Personalbestandes an Therapeuten. Zugleich aber übt diese gesellschaftliche Entwicklung einen Zwang zu einer qualitativen Veränderung aus, nämlich zu einer beträchtlichen Differenzierung des Angebots von Behandlungs-

methoden, einer wesentlichen Erweiterung des Repertoires verschiedener Behandlungsarrangements. Nur eine starke Differenzierung des Angebots an Behandlungsverfahren bietet die Chance, unterschiedlichsten Kategorien von Patienten unter unterschiedlichsten Umständen optimale psychotherapeutische Hilfe zukommen zu lassen.
Eine solche Dimension der Differenzierung und Variation des Angebots ist schon in anderem Zusammenhang erwähnt worden, als davon die Rede war, daß heute verschiedene Berufsgruppen mit unterschiedlich intensiver Vorbildung psychologische Beratung und Psychotherapie betreiben. Diese Stufung des Angebots psychotherapeutischer Leistungen entspricht, wie SCHOFIELD (1964) und MATARAZZO (1965) betont haben, recht gut Unterschieden in der Schwierigkeit und Intensität der subjektiv geforderten oder »objektiv« erforderlichen Hilfe. Den psychotherapeutischen Schulen sind mit dieser Dimension der Angebotsdifferenzierung vor allem Rekrutierungs- und Ausbildungsaufgaben bzw. -probleme gestellt. Eine andere Dimension erforderlicher Differenzierung des psychotherapeutischen Leistungsangebots stellt die Schulen unmittelbar vor ein zentrales »fachliches« Problem: Sie müssen ihr Repertoire an Behandlungsverfahren differenzieren, um der Unterschiedlichkeit hilfesuchender Patienten Rechnung zu tragen. Dies bedeutet einen gesellschaftlichen Zwang zur Fortentwicklung im Sinne einer Differenzierung der Behandlungsmethodik. Das heißt: Die psychotherapeutischen Schulen und Richtungen sehen sich einem gesellschaftlichen Zwang zur kritischen Auflösung etwaiger bisher unreflektiert bestehender Bindung an eine Behandlungstradition ausgesetzt, wenn sie in der sich verändernden gesellschaftlichen Lage überleben wollen.
Daß die Psychoanalyse diese Herausforderung seitens der Gesellschaft angenommen und eine Mannigfaltigkeit von Behandlungsverfahren entwickelt hat, ist bereits erwähnt worden. Daran kann jetzt nach Erläuterung der psychoanalytischen Konzeption, in der all diese psychoanalytischen Behandlungsverfahren ihren Ursprung haben, mit einer allerdings sehr skizzenhaften Übersicht über die moderne Entwicklung im Bereich der psychoanalytischen Behandlungsmethodik wieder angeknüpft werden. (Vgl. auch den Beitrag von Hans STROTZKA — d. Hrsg.)
Seit ALEXANDER (ALEXANDER & FRENCH 1946) vor dreißig Jahren mit der Frequenz von Behandlungsstunden und der Dauer von behandlungsfreien Intervallen trotz starker Kritik zu experimentieren begann, sind unterschiedliche Formen der psychoanalytischen *Einzelpsychotherapie* entwickelt worden, die sich von der Standardmethode durch große Flexibilität und Variabilität des Arrangements unterscheiden. Hierzu gehört

das Verfahren der analytischen Krisenintervention ebenso wie das der kurzfristigen analytischen Einzelberatung (ALEXANDER 1965; STROTZKA 1969). Ein mit mannigfaltigen Begrenzungen operierendes einzelpsychotherapeutisches Verfahren ist die analytische Fokaltherapie. Es handelt sich hier um ein kurzfristiges, von vornherein zeitlich limitiertes Arrangement, das auf die Bearbeitung eines bestimmten präzisierten Konflikts, des »Fokus«, konzentriert ist (MALAN 1965; LOCH 1967). Neben diesen kurzfristigen einzelpsychotherapeutischen Verfahren gibt es auch mittel- und langfristige. Sie operieren im Gegensatz zur Standardmethode mit niedriger Frequenz der Sitzungen, die im Verlauf der Behandlung zudem variiert werden kann. Dies Arrangement läßt sich den unterschiedlichsten Bedürfnissen von Patienten, die am besten einzeltherapeutisch behandelt werden, leicht anpassen und ist inzwischen sehr verbreitet.

Neben diesen einzelpsychotherapeutischen analytischen Verfahren wurden Behandlungsmethoden entwickelt, an denen mehrere Patienten und zum Teil auch mehrere Analytiker zugleich beteiligt sind. Man kann diese Verfahren danach einteilen, ob die Behandlung in künstlichen, zum Zwecke der Behandlung eigens zusammengestellten Gruppen stattfindet oder ob die Analytiker mit Gruppen therapeutisch umgehen, die auch außerhalb der Behandlung in dieser Kombination zusammen sind.

Der am meisten verbreitete Typus von Behandlung in eigens zusammengestellten *Therapiegruppen* ist die ambulante analytische Gruppenpsychotherapie. Eine Gruppe von Patienten mit meist unterschiedlichen Beschwerden und Strukturen wird hier in der Regel ein- bis zweimal wöchentlich über einen längeren Zeitraum von ein bis zwei Analytikern behandelt (GRINBERG u. a. 1960; ARGELANDER 1963/64; STOCK WHITACKER & LIEBERMANN 1964).

Möglichkeiten zu stärkerer Stützung von Patienten im Bedarfsfall und zu intensiverer therapeutischer Einflußnahme ergeben sich, wenn die analytische Gruppenpsychotherapie innerhalb eines analytisch konzipierten Krankenhaus-Milieus stattfindet (stationäre analytische Gruppenpsychotherapie und Milieutherapie). Hier wird eine Anzahl von Patienten gleichzeitig — meistens einige Monate lang — von einem therapeutischen Team in einer medizinischen Institution einem Behandlungsprogramm konfrontiert, das Gruppensitzungen, Einzelgespräche mit Ärzten oder Schwestern, Gruppen- und Einzelaktivitäten verschiedener Art miteinander kombiniert. Wenn dies aufgrund einer psychoanalytischen Konzeption erfolgt, kommen die Patienten dadurch in einen Prozeß der Konfrontation mit sich selbst und ihren Kommunikationsstörungen, die sie mit anderen haben. Außerdem ist ihnen Gelegen-

heit gegeben, neue, mit weniger Leiden und mehr Befriedigung verbundene Weisen des Umgangs mit sich und anderen zu entdecken, auszuprobieren und zu üben (FÜRSTENAU, STEPHANOS & ZENZ 1970). Das stationäre Arrangement erleichtert es, das Verhältnis stützender und konfrontierend-interpretierender Interventionen den sich im Verlauf der Behandlung ändernden Bedürfnissen der einzelnen Patienten kontinuierlich anzupassen.
Die psychoanalytischen Behandlungsverfahren, die sich auf *schon bestehende Gruppen* beziehen, haben sich aus der analytischen Kinderpsychotherapie, der Beschäftigung mit Schizophrenen und dem Umgang mit Eheproblemen entwickelt. Schon seit langem ist den Kinderpsychoanalytikern vertraut, daß eine analytische Behandlung von Kindern nur dann Erfolgsaussichten hat, wenn man mehr oder weniger intensiv und ausdrücklich — je nach den Eigenheiten der betreffenden Familie — auch mit den Eltern oder sonstigen erwachsenen Bezugspersonen des kindlichen Patienten Kontakt hält. In den letzten Jahren hat man darüber hinaus entdeckt, daß eine von vornherein ausdrücklich auf die Familie als Ganzes eingestellte therapeutische Arbeit große Vorteile gegenüber dem traditionellen Verfahren hat, das sich im wesentlichen auf die Arbeit mit dem Kind konzentrierte (vgl. H. E. RICHTER 1963, 1968, 1970). Ähnlich hat sich in der Behandlung von Schizophrenie der Schritt von der ausschließlichen Beschäftigung mit dem psychotischen Patienten zur gemeinsamen Behandlung der ganzen Familie in vielen Fällen als sehr fruchtbar erwiesen (BOSZORMENYI-NAGY & FRAMO 1965). Schließlich hat sich herausgestellt, daß es sich bei nicht wenigen verheirateten Patienten empfiehlt, ihre seelisch bedingten Beschwerden nicht als Störungen von einzelnen, sondern als Symptome einer gestörten Kommunikation zwischen zweien anzusehen und eine gemeinsame Ehepaartherapie durchzuführen (GREENE 1965; H. E. RICHTER 1970). Neben der gemeinsamen Ehepaar- oder Familientherapie gibt es Formen getrennter, aber paralleler Behandlung mehrerer Familienmitglieder bei dem gleichen oder bei verschiedenen Therapeuten. In dem letzten Fall ist die Gemeinsamkeit von der Patientengruppe auf die Gruppe der beteiligten Analytiker verlagert.
Die psychotherapeutische Arbeit mit schon bestehenden Gruppen ist nicht auf Familien beschränkt; es gibt auch eine psychologisch-beratende psychoanalytische Arbeit mit den Bewohnern von Wohnblocks oder Gemeindebezirken (»Community mental health«). Meistens handelt es sich um sozial randständige Gruppen mit besonderen psychosozialen Erkrankungsrisiken, denen eine Gruppe von psychoanalytisch orientierten Ärzten, Psychologen, Soziologen, Sozialarbeitern, Leh-

rern, Kindergärtnerinnen und Angehörigen anderer sozialer Berufe — häufig in Zusammenarbeit mit Laien, beispielsweise Studenten — im Rahmen umfassender differenzierter Projekte zu helfen sucht (H. E. RICHTER 1972). Diese Arbeit setzt voraus, daß die Psychoanalytiker mit den sozialwissenschaftlichen Aspekten der psychoanalytischen Konzeption gut vertraut sind und Beobachtungen über Beziehungen zwischen einzelnen, Gruppen, Institutionen und größeren sozialen Einheiten psychoanalytisch so zu verarbeiten vermögen, daß sie daraus eine konkrete Orientierung für Interventionen gewinnen.

Es gibt hier Übergänge zu nicht primär therapeutischer, aber doch auf Veränderung abzielender Beratungsarbeit mit Gruppen, wie zum Beispiel mit Eltern, die gemeinsam einen Kinderladen betreiben, und mit Institutionen wie Heimen, Schulen, Krankenhäusern, Gefängnissen, Wirtschaftsbetrieben (gruppendynamisch orientierte Institutionsberatung bzw. Sozialintervention auf psychoanalytischer Grundlage; vgl. FÜRSTENAU 1970b). Ähnliche Übergänge gibt es auch bei der Arbeit mit künstlich zusammengestellten Gruppen in der Form gruppendynamischer Laboratorien mit psychoanalytischen Beratern (RICE 1971; RIOCH 1971). Solche Laboratorien sind Klausurtagungen von in der Regel ein bis zwei Wochen Dauer. Sie geben den Teilnehmern Gelegenheit, mit sozialem Verhalten, Gruppenbildung und Beziehungen zwischen Gruppen innerhalb einer Institution zu experimentieren und dabei Erfahrungen zu machen, die unter günstigen Umständen eine Schärfung der sozialen Wahrnehmungsfähigkeit, die Veränderung von sozialen Einstellungen und Verhaltensweisen sowie neue Einsichten über psychosoziale Zusammenhänge zur Folge haben.

Dieser Versuch, das Repertoire von Behandlungsmethoden kurz zu skizzieren, das dem Psychoanalytiker heute zur Verfügung steht, läßt erkennen, daß den verschiedenen Behandlungsarrangements und -verfahren recht unterschiedliche Prinzipien zugrunde liegen — trotz der gemeinsamen Beziehung zur psychoanalytischen Konzeption. Diese Unterschiedlichkeit wird selten ausdrücklich gesehen und diskutiert.

Neben dem Prinzip der langfristigen Begleitung eines sich über mehrere Jahre erstreckenden Veränderungsprozesses, das auch das klassische Behandlungsarrangement beherrscht, steht das Prinzip der kurzfristigen intensiven Einflußnahme auf Patienten: Durch eine geschickte Kombination stützender und konfrontierend-interpretierender Interventionen wird die bisherige — krankhafte — Konstellation des Patienten stark labilisiert und ein Prozeß der Auseinandersetzung und Neuorientierung unter realitätsnäheren, vernünftigeren, der Erwachsenheit angemesseneren Bedingungen eingeleitet, ohne weitere Einflußnahme auf den Verlauf dieses Prozesses.

Ein ähnlich großer Unterschied besteht zwischen dem Prinzip der Einzelpsychotherapie (der Zweier-Beziehung) und dem der gemeinsamen Behandlung mehrerer Patienten (innerhalb einer Gruppenbeziehung). Die Einzelbehandlung akzentuiert die Eltern-Kind-Beziehung, sie gibt als langfristige klassische Behandlung die Chance, alle Nachwirkungen der eigenen kindlichen Beziehung zu den Eltern und Elternrepräsentanten in einem Prozeß der allmählichen Vergegenwärtigung (»Wiederholung«) aufzuarbeiten. Obgleich die Beziehungen zu Geschwistern und sonstigen Angehörigen der gleichen Altersgruppe ebenfalls in der Behandlung eine Rolle spielen, ist doch die Eltern-Kind-Beziehung in der Regel das Zentrum der langfristigen analytischen Einzelbehandlung.
Die gemeinsame Behandlung von Patienten in einer eigens zusammengestellten therapeutischen Gruppe oder in ihrer jeweiligen Gruppierung thematisiert dagegen neben der Eltern-Kind-Beziehung ausdrücklich die Interaktion mit Gleichaltrigen: In der Gruppe sind so beide Beziehungen unmittelbar vertreten. Patienten wie Therapeuten sind bei dieser Therapieform in sehr viel mehr Beziehungen verwickelt als in der Einzelbehandlung. Darin liegen sicher gewisse Schwierigkeiten dieses Arrangements, aber auch besondere Chancen und Herausforderungen für die Patienten wie die Therapeuten.
Zwischen Behandlungsverfahren mit weitem Fokus (ohne Einschränkung der Interventionen auf ein bestimmtes Konfliktthema) und der auf einen bestimmten Fokus konzentrierten und überdies meistens noch zeitlich begrenzten Fokaltherapie besteht ebenfalls ein grundsätzlicher Unterschied. In der Fokaltherapie wird das Prinzip der begrenzten Einflußnahme — die eine Veränderung einleitet, aber die langfristige Auswirkung und Verarbeitung des therapeutischen Kontaktes dem Patienten allein überläßt — von der Zeitdimension zusätzlich auf die thematische ausgedehnt.
Schließlich sei in diesem Zusammenhang auf den Unterschied zwischen stützenden und konfrontierend-interpretierenden Behandlungsaspekten hingewiesen. Die besprochenen Behandlungsverfahren unterscheiden sich in dieser Hinsicht beträchtlich. An einem Pol steht die psychoanalytische Behandlung innerhalb von therapeutischen Milieus wie einer Krankenhausstation oder einem therapeutischen Jugendheim. Hier spielen stützende Momente innerhalb der Behandlung zur Vorbereitung und Ermöglichung der Verarbeitung konfrontierend-interpretierender Interventionen und Einflüsse eine mehr oder minder bedeutende Rolle (BIBRING 1954; EISSLER 1950, 1953, 1959, 1966). Wegen der Zunahme von Störungen, die mit Ich-Strukturmängeln zusammenhängen, wie manche Psychosen, Verwahrlosung, Süchte, Psychosomatosen und schwere

Charakterneurosen, gewinnen diese Behandlungsverfahren immer mehr an Bedeutung. Am anderen Pol stehen ambulante Behandlungsarrangements, in denen sich der Analytiker wegen der Intaktheit der Ich-Struktur der Patienten fast ausschließlich auf konfrontierend-interpretierende Interventionen zur Förderung des analytischen Aufarbeitungs- und Veränderungsprozesses beschränken kann.

Der skizzenhafte Überblick über die innerhalb der Psychoanalyse heute zur Verfügung stehenden Behandlungsverfahren sollte demonstrieren, daß die Psychoanalyse als eine psychotherapeutische Schule, die im Gegensatz zu vielen anderen auf einer umfassenden Konzeption und weiten Perspektive auf die menschliche Welt beruht, imstande ist, der Mannigfaltigkeit therapeutischer Bedürfnisse differenziert Rechnung zu tragen. Diese »innere« Differenzierung der psychoanalytischen Behandlungsmethodik gewinnt angesichts der Tatsache, daß keine empirisch-statistische Lösung des Problems der gegenseitigen Zuordnung von Krankheitszuständen oder Störungen und Behandlungsverfahren (des Indikationsproblems) erwartet werden kann, besondere Bedeutung. Wie oben berichtet wurde, ist eine Reduktion der Mannigfaltigkeit von psychotherapeutischen Richtungen und zugehörigen Behandlungsverfahren auf dem Wege statistischer Erfolgs- und Mißerfolgsuntersuchungen bisher nicht möglich (und auch in Zukunft aus theoretischen Gründen nicht zu erwarten). Unter diesen Umständen ist die »innere« Differenzierung der von verschiedenen Konzeptionen oder theoretischen Positionen her entwickelten Behandlungsverfahren die einzige Möglichkeit, innerhalb der betreffenden Schulen und Richtungen Voraussetzungen dafür zu schaffen, daß verschiedenartige Patienten unter verschiedenartigsten Umständen angemessen und erfolgreich behandelt werden. Denn so kann sich innerhalb der einzelnen therapeutischen Institutionen unter den dort jeweils tätigen Therapeuten ein konkretes person- und institutionsgebundenes Erfahrungswissen darüber bilden, mit welchem speziellen Verfahren unter den je gegebenen besonderen Umständen (der betreffenden Institution wie der jeweiligen Patienten) den einzelnen Patienten oder Patientengruppen am besten geholfen werden kann.

X. Verhaltenstherapie (Verhaltensmodifikation)

Neben der Psychoanalyse machen heute insbesondere die verschiedenen Richtungen der Verhaltenstherapie (Verhaltensmodifikation) wissenschaftliche Ansprüche geltend, die über die Entwicklung, Propagierung und begrenzte Anwendung bestimmter Behandlungsverfahren weit hinausgehen.

Anspruch und Eigenart der Verhaltenstherapie lassen sich am besten vergegenwärtigen, wenn man dem Selbstverständnis einiger Pioniere der Verhaltensmodifikation folgt, die sehr schroff die von ihnen entwickelte Therapie sowie deren wissenschaftliche Grundlagen von der Psychoanalyse abgegrenzt haben. WOLPE (1958), EYSENCK (1960), RACHMAN (1963) (vgl. SCHRAML & SELG 1966) und viele ihrer Kollegen sind sich in der Ablehnung der Psychoanalyse als einer unwissenschaftlichen, spekulativen, unkontrollierbaren Lehre und Praxis einig. Der von ihnen in der Polemik gegen die Psychoanalyse vorgetragene eigene Anspruch läßt sich etwa folgendermaßen wiedergeben:

1. Die Verhaltenstherapie gründet nicht in konzeptions- und persongebundenem umfassendem Wissen, sondern in experimentell gewonnenem theoretischem Spezialwissen über Lernvorgänge.
2. Die verhaltenstherapeutische Behandlungstechnik beruht nicht auf einer freien Verarbeitung klinischer Beobachtungen durch einen sich als Instrument verstehenden Therapeuten, sondern auf der korrekten Anwendung präzisierter Behandlungsverfahren, die aufgrund experimenteller Befunde entwickelt wurden.
3. Die Verhaltenstherapie ist weder theoretisch noch praktisch an umfassenden Formulierungen über Persönlichkeit, Persönlichkeitsentwicklung, innerseelischen Konflikt, seelische Krankheit, Persönlichkeitsveränderung oder Interaktion von Personen interessiert oder orientiert, sondern höchstens an theoretischen Sätzen, die sich unmittelbar auf Experimentalbefunde über Lernvorgänge zurückführen lassen.

Dies ist in der Tat ein Kontrastprogramm zur psychoanalytischen Position: Psychotherapeutisches Tun soll sich ausschließlich auf explizites exaktes Wissen stützen. Schon wegen der Klarheit und Eindeutigkeit dieser wissenschaftstheoretischen Stellungnahme verdient die Verhaltenstherapie im Rahmen einer vergleichenden Untersuchung des psychotherapeutischen Feldes besonderes Interesse.

Nimmt man dies Programm ernst und erwägt man seine Konsequenzen, dann stößt man auf folgende Problematik:

1. Zunächst kann man feststellen, daß diese Position entgegen ihrer eigenen Absicht schon unter einer allgemeinen, keineswegs evidenten Voraussetzung steht: daß sich nämlich in Experimenten mit Tieren und mit seelisch zumindest nicht auffällig gestörten menschlichen Versuchspersonen gewonnene Befunde über Lernen auf verhaltensgestörte Menschen und ihre Behandlung übertragen lassen. Die der

These von der Übertragbarkeit zugrunde liegende Verallgemeinerung ist, methodologisch gesehen, keineswegs gesichertes empirisches Wissen, sondern schlicht eine theoretische Annahme, die sich bestätigen kann oder auch nicht.
2. Wenn wirklich die therapeutische Praxis ausschließlich von explizitem exaktem lernpsychologischem Wissen bestimmt sein, persongebundenes klinisches Erfahrungswissen in sie also überhaupt nicht einfließen soll, dann hat das für die psychotherapeutische Praxis eine prekäre Konsequenz. Unter diesen Umständen würde sich die wissenschaftliche Reflexion dessen, was in der Therapie geschieht, auf diejenigen Faktorenzusammenhänge beschränken, die bisher experimentell erforscht wurden und »sicher« bekannt sind. Das hieße aber: Eine Anzahl weiterer Faktorenzusammenhänge, über die wir aufgrund persongebundener klinischer Erfahrung — wenn auch nicht »exakt« — wissen, daß es sie gibt und daß sie innerhalb jeder Psychotherapie eine mehr oder minder große Rolle spielen, würde innerhalb der verhaltenstherapeutischen Reflexion und Praxis entweder unbeachtet und damit unkontrolliert bleiben oder entgegen dem eigenen Programm in nicht-exakter unwissenschaftlicher Form berücksichtigt.

Da die hier diskutierte ursprüngliche verhaltenstherapeutische Position — im Gegensatz beispielsweise zur Psychoanalyse — der persongebundenen klinischen Erfahrung keinerlei Reflexion widmet, würde klinische Erfahrung in einer sich so verstehenden Verhaltenstherapie besonders unreflektiert, unkontrolliert, und das heißt: unwissenschaftlich, vonstatten gehen. Unter diesen Umständen wäre die »Objektivität«, »Exaktheit« und wissenschaftliche Transparenz gewisser Momente der Behandlungen mit der Undurchsichtigkeit und Unkontrolliertheit aller übrigen Momente erkauft — eine im ganzen wissenschaftlich wenig befriedigende Bilanz.

Versucht man, »alle übrigen« Momente etwas aufzugliedern, dann kommt man zu folgender Aufstellung von unter diesen Umständen wissenschaftlich nicht reflektierten Therapie-Aspekten:

1. *Das psychosoziale Feld, in dem die Patienten vor, neben und nach Abschluß der Verhaltensmodifikation jeweils leben.*

Die Therapien sind jeweils auf dieses Feld bezogen: Die Patienten haben eine Verhaltensstörung innerhalb dieses Feldes erworben, sie leben während der Therapie entweder bei ambulanter Behandlung weiter in diesem Feld oder sind bei stationärer Therapie auf dieses Feld hin weiter orientiert, und nach Abschluß der Behandlung kehren sie in dieses Feld zurück. Soll sich die in der Therapie erzielte Verhaltensmodifikation später in diesem Feld bewähren, dann wäre die Nicht-Berücksichtigung dieses Feldes mit beträchtlichen Risiken hinsichtlich des Erfolgs der Behandlungen verbunden.

2 a. *Der institutionelle Aspekt des psychosozialen Feldes, in dem die Verhaltenstherapie jeweils stattfindet.*

Die Verhaltenstherapien finden jeweils in dem Rahmen einer bestimmten therapeutischen Institution statt: handele es sich nun um eine psychologische oder ärztliche Einzelpraxis, eine Beratungsstelle, Klinik oder ein psychologisches Institut. Die von dieser Institution ausgehenden Einflüsse auf die Behandlung müssen, wie oben gezeigt wurde, mitreflektiert und kontrolliert werden, wenn die Therapien wissenschaftlichen Ansprüchen genügen sollen.

2 b. *Der interpersonale Aspekt des psychosozialen Feldes, in dem die Verhaltensmodifikation jeweils stattfindet.*

Dasselbe gilt nicht minder für die Wechselbeziehungen der unmittelbar an den Therapien beteiligten Personen: Die im Rahmen der Verhaltenstherapie dem Patienten und dem Therapeuten zugewiesene Rolle kann ebensowenig aus der wissenschaftlichen Reflexion ausgeklammert werden wie die Rollengestaltung, die gegenseitigen Erwartungen und das wechselseitige Verständnis vom anderen, das die einzelnen Patienten-Therapeuten-Paare in der Beziehung miteinander »individuell« entwickeln. Hierher gehört, wie der Therapeut die psychische Struktur des Patienten, den psychischen Stellenwert und Zusammenhang von dessen Symptomen und die Bereitschaft, Fähigkeit und Art der Kooperation des Patienten mit ihm, dem Therapeuten, versteht und beurteilt.

Vor allem aber gehören hierher die nicht-spezifischen Einflüsse von Therapeuten auf Patienten, die oben ausführlich behandelt wurden. Wir haben gesehen, daß sie innerhalb einer jeden Psychotherapie eine bedeutende Rolle spielen, wofür in diesem Fall sogar präzise experimentelle Befunde sprechen. Hier wird besonders deutlich, wie relevant die Faktoren sind, die bei einer Beschränkung der Reflexion auf die lernpsychologisch fundierten Aspekte von Verhaltenstherapien unberücksichtigt und unkontrolliert bleiben würden.

3. Dieser Ausklammerung würde selbst die Erforschung all derjenigen Lernvorgänge und Mechanismen zum Opfer fallen, die entweder bisher noch nicht experimentell untersucht wurden oder überhaupt nur bei Modifikation von Verhalten seelisch kranker Menschen, d. h. in klinischen Zusammenhängen, auftreten.

Man kann aus diesen Überlegungen folgenden Schluß ziehen: Eine polemische Abgrenzung der Verhaltenstherapie von der

Psychoanalyse oder vergleichbaren Positionen in dem dargestellten Sinne würde die Verhaltenstherapeuten vor ein eigentümliches Dilemma stellen. Wollten sie die Abgrenzung von der Psychoanalyse aufrechterhalten, dann müßten sie folgerichtig die eben aufgeführten Aspekte ihrer eigenen Therapien offiziell verleugnen, als unbedeutend abtun und außer Betracht lassen; damit würden sie aber den Erfolg ihrer Behandlungen wegen Nicht-Beachtung relevanter Faktoren gefährden. Wollten sie ihren Patienten optimal nach lerntheoretischen Erkenntnissen helfen, dann müßten sie die noch nicht exakt erforschten und die nicht exakt erforschbaren Faktoren ausdrücklich in Rechnung stellen und wissenschaftlich reflektieren, zugleich aber die polemische Abgrenzung von der Psychoanalyse fallenlassen.

Die Schwierigkeiten einer verhaltenstherapeutischen Position, die sich ausschließlich auf exaktes Experimentalwissen stützen und von der Psychoanalyse radikal unterscheiden möchte, sind inzwischen auch innerhalb der Verhaltenstherapie selbst bemerkt und diskutiert worden. Es mehren sich in der letzten Zeit selbstkritische Äußerungen lernpsychologisch orientierter Autoren, die von der polemischen Ausgangsposition Wolpes, Eysencks und Rachmans aufgrund wachsender klinischer Erfahrung abrücken.

Beech (1969) hat in einer kritischen Gesamtdarstellung der Verhaltenstherapie und sorgfältigen Diskussion der bisher vorliegenden Evidenz einige Momente herausgestellt, die auf ein anderes Bild von der Verhaltenstherapie hinauslaufen. Er betont, daß sich eine Reihe von Phänomenen, die im Zusammenhang mit Verhaltensmodifikation auftreten, bisher einer lernpsychologischen Erklärung entziehen (S. 121, 160, 196, 207 f, 249, 255). Auch manche Therapievorschläge seien keineswegs lernpsychologisch-experimentell begründet (S. 131 ff, 135 f, 137). Auch er bemerkt, daß sich die lernpsychologischen Experimentalbefunde, auf die sich die Verhaltenstherapie stützt, in der Regel nicht auf den Umgang mit psychiatrischen Patienten, sondern mit psychisch unauffälligen »normalen« Personen beziehen, die eine einzige umgrenzte Angst, z. B. vor Spinnen, haben (S. 98). Die Erfolgsaussichten psychiatrischer Patienten mit Ängsten (Phobien) seien beträchtlich schlechter als die solcher »normalen« Menschen (S. 113, 241). Auch seien zur erfolgreichen Behandlung von Neurotikern längere Behandlungen nötig als zu einer günstigen Verhaltensmodifikation bei »Normalen« (S. 80). Verhaltenstherapie sei auf unterschiedliche Verhaltensstörungen unterschiedlich gut anwendbar, ohne daß diese Unterschiede bisher geklärt wären (S. 247). Schließlich weist Beech darauf hin, daß in der letzten Zeit häufiger als früher in der Literatur von einem

Wechsel zu einem anderen Behandlungsverfahren wegen Erfolglosigkeit des zuerst angewandten die Rede sei. Dies zeige, daß die Voraussetzungen konkreten verhaltenstherapeutischen Vorgehens im Einzelfall noch keineswegs geklärt seien (S. 256). Folgerichtig äußert sich BEECH zu den Beziehungen zwischen Psychoanalyse bzw. Psychotherapie und Verhaltenstherapie sehr viel unbefangener als die anfangs erwähnten Autoren. Er meint, es könnten sich in Zukunft Elemente beider Behandlungsarten als wertvoll genug erweisen, um beibehalten zu werden, und es könnte sich herausstellen, daß die besten Ergebnisse erzielt würden, wenn diese Elemente in einem einzigen Behandlungsverfahren miteinander kombiniert würden. Um dies herauszufinden, müßte man allerdings in einer Atmosphäre wechselseitiger Toleranz und Achtung zusammenarbeiten (S. 258).

Victor MEYER & CHESSER (1970) gehen in dieser Richtung noch weiter. Sie diskutieren ausführlich die nicht-spezifischen (allgemeinen) Prozesse, die sich auch innerhalb von Verhaltenstherapien abspielen. Daraus ergibt sich für sie eine andere Grundauffassung von der Verhaltensmodifikation, als sie die Pioniere dieser Methode vertreten haben. Sie schreiben über die mit der Patienten-Therapeuten-Beziehung zusammenhängenden allgemeinen Prozesse: »Jetzt ist ein Stadium erreicht, das es ermöglicht, diese Prozesse mit der Begrifflichkeit von Lernprinzipien und allgemeiner Psychologie neu zu formulieren. Verhaltenstherapie sollte diese Therapieaspekte nicht unbeachtet lassen, sondern sie innerhalb ihres jeweiligen theoretischen Rahmens benutzen. Die nicht-spezifischen Faktoren ... gehen unvermeidlich in jede Art von Behandlung ein, und es ist naiv anzunehmen, daß irgendein therapeutisches Verfahren in seiner ursprünglichen Form angewandt werden kann. Unserer Ansicht nach ist Verhaltenstherapie eine Methode, die auf der expliziten und systematischen Anwendung von Lernprinzipien beruht. Diese sind aus experimental-psychologischen oder klinischen Befunden gewonnen. Verhaltenstherapie geht weder auf irgendeine bestimmte Theorie der Psychologie zurück, noch bietet sie notwendigerweise standardisierte Behandlungsverfahren für bestimmte Störungen. Keine therapeutische Strategie wird ausgeschlossen, sofern sie nur dazu bestimmt ist, Lernprozesse maximal auszunutzen« (S. 211 f, vgl. auch 232). Konsequent diskutieren MEYER & CHESSER auch die Möglichkeit der Kombination von Verhaltenstherapie und Psychotherapie (Psychoanalyse) in der Praxis (S. 231 f).

Ähnliche Versuche, das persongebundene klinische Wissen über die Patienten-Therapeuten-Beziehung nicht zu verleugnen, sondern als relevant anzuerkennen und lernpsychologisch zu analysieren, findet man bei JAEGGI (1969), BANDURA (1969) und KANFER & PHILLIPS (1970). Die Frage ist nur, welche Aussichten bestehen, dieses implizite klinische Wissen in explizites exaktes Wissen gemäß den Standards der Verhaltenstherapie zu verwandeln. Es ist interessant und wichtig, zur Kenntnis zu nehmen, daß MEYER & CHESSER diesbezüglich ausgesprochen skeptisch sind. Sie schreiben: »Es ist außerordentlich schwierig, ›nicht-spezifische‹ Faktoren effektiv zu kontrollieren, wenn die zur Situation gehörenden Ansprüche, die Therapeuten- und Patienten-Erwartungen und die Art der therapeutischen Beziehung, fest verhüllt und einzigartig mit einer bestimmten Behandlungstechnik verbunden sind ... Es ist praktisch unmöglich, zufriedenstellend ›Beziehung‹ zu kontrollieren. Mit anderen Worten: Es scheint nicht möglich zu sein, Beziehung von der Art zu isolieren, wie wechselweise gehandelt wird. Aufgrund dieser Erwägungen muß die Kontrolle der Beziehungsvariablen unvermeidlich relativ roh bleiben ...« (S. 210).

Damit vertreten sie eine Position, die der des Autors dieser Abhandlung sehr nahekommt. Dies bedeutet jedoch, daß von dem Anspruch mancher Vertreter der Verhaltenstherapie, mit ihrem lerntheoretischen Ansatz den bisherigen Zustand der »Unwissenschaftlichkeit« der Psychotherapie weit hinter sich gelassen zu haben und sich in ihrem therapeutischen Tun, der Verhaltensmodifikation, weithin auf dem Boden gesicherten Wissens zu bewegen, nicht viel übrigbleibt. Die Verhaltenstherapie beginnt, die Faszination, die jedes auf einer Theorie oder Konzeption beruhende neue psychologische Behandlungsverfahren auszustrahlen pflegt, allmählich zu verlieren. Ihre Erfolgsziffern gehen zurück (BEECH 1969; MEYER & CHESSER 1970) und nähern sich der internationalen Konstante, von der im II. Abschnitt die Rede war. Was verbleibt, ist eine Schule der Psychotherapie, die lernpsychologisch ausgerichtet und an einer exakten Fundierung und Erforschung ihrer Praxis besonders interessiert ist. Aber mit diesen ihren spezifischen wissenschaftlichen Bemühungen erreicht sie stets nur bestimmte begrenzte Aspekte ihres eigenen Tuns. Wie jede andere an Reflexion und Kontrolle ihres Tuns interessierte Schule der wissenschaftlichen Psychotherapie bleibt auch die Verhaltenstherapie auf person- und institutionsgebundenes, implizites klinisches Wissen angewiesen, auch wenn sie sich nach wie vor weigert, diesem Umstand durch Entwicklung einer Konzeption entsprechend der psychoanalytischen Rechnung zu tragen. Solange sie sich auf implizites klinisches Wissen und eine diesbezügliche Konzeption psychotherapeutischer Arbeit nicht einlassen will, enthält sie in sich neben Elementen einer betont rationalen »exakten Wissenschaftlichkeit« in-

tuitive vorwissenschaftliche Züge, die ihren Wert als wissenschaftliches psychotherapeutisches Verfahren einschränken.
Es gibt kein wissenschaftliches Verfahren, mit dem die Mannigfaltigkeit konkurrierender Theorien, Konzeptionen und Perspektiven innerhalb des sozialen Feldes der Psychotherapie auf eine verbindliche Weise reduziert werden könnte, sofern es sich um einigermaßen komplexe entfaltungsfähige Ansätze handelt (CAMPBELL 1969; KUHN 1967). Über Entstehen, Fortschritt, Stagnation oder Verschwinden einzelner Theorien, Konzeptionen und zugehöriger psychotherapeutischer Verfahren entscheiden nicht wissenschaftliche Argumentationen zwischen den Schulen, sondern soziale Prozesse erfolgreicher oder mißlungener Anpassung an sich verändernde gesellschaftliche Umstände und Aufgaben.

Literaturverzeichnis

ALEXANDER, F.: Psychoanalytic contributions to short-term psychotherapy. In: Lewis R. WOLBERG (ed.), Short-term psychotherapy. New York 1965.
ALEXANDER, F. & T. M. FRENCH: Psychoanalytic therapy. New York 1946.
ARGELANDER, H.: Die Analyse psychischer Prozesse in der Gruppe I, II. In: Psyche 17 (1963/64), S. 450.
BALINT, M.: Wandlungen der therapeutischen Ziele und Techniken in der Psychoanalyse. In: Die Urformen der Liebe und die Technik der Psychoanalyse. Frankfurt/M. 1969.
BANDURA, A.: Principles of behavior modification. London 1969.
BEECH, H. R.: Changing man's behaviour. Harmondsworth 1969.
BIBRING, E.: Psychoanalysis and the dynamic psychotherapies. In: J. Am. Psychoanal. Ass. 2 (1954), S. 745 ff.
BOSZORMENYI-NAGY, I. & J. L. FRAMO (eds.): Intensive family therapy. New York 1965.
CAMPBELL, D. T.: Prospective: Artifact and control. In: ROSENTHAL & ROSNOW (1969).
CREMERIUS, J.: Die Beurteilung des Behandlungserfolges in der Psychotherapie. Berlin 1962.
CREMERIUS, J.: Beobachtung dynamischer Prozesse beim Pflegepersonal, insbesondere von Widerstand und Übertragung, während der psychoanalytischen Behandlung einer Schizophrenen. In: Psyche 16 (1962/63), S. 686 ff.
DÜHRSSEN, A & E. JORSWIECK: Zur Korrektur von Eysencks Berichterstattung über psychoanalytische Behandlungsergebnisse. In: Acta psychotherap. psychosomat. 10 (1962), S. 329 ff.
DYMOND CARTWRIGHT, R.: Psychotherapeutic processes. In: Ann. Rev. Psychol. 19 (1968), S. 387 ff.
EISSLER, K. R.: Ego psychological implications of the psychoanalytic treatment of delinquents. In: Psychoanal. Study Child 5 (1950), S. 97 ff.

EISSLER, K. R.: The effect of the structure of the ego on psychoanalytic technique. In: J. Am. Psychoanal. Ass. 1 (1953), S. 104 ff.
EISSLER, K. R.: Remarks on some variations in psychoanalytical technique. In: Int. J. Psychoanal. 28 (1959), S. 281 ff.
EISSLER, K. R.: Bemerkungen zur Technik der psychoanalytischen Behandlung Pubertierender nebst einigen Überlegungen zum Problem der Perversion. In: Psyche 20 (1966), S. 837 ff.
EYSENCK, H. J.: The effects of psychotherapy. In: H. J. EYSENCK (ed.), Handbook of abnormal psychology. London 1960.
FORD, D. H. & H. B. URBAN: Systems of psychotherapy. A comparative study. New York 1963.
FRANK, J. D.: The dynamics of the psychotherapeutic relationship. In: Psychiatry 22 (1959) S. 17 ff.
FRANK, J. D.: Recent American research in psychotherapy. In: Brit. J. Med. Psychol. 41 (1968), S. 5 ff.
FROMM, E.: Sigmund Freuds Sendung. Frankfurt/M., Berlin 1961.
FROMM, E.: Die Krise der Psychoanalyse. In: Analytische Sozialpsychologie und Gesellschaftstheorie. Frankfurt/M. 1970.
FÜRSTENAU, P.: Über Beratung, Therapie und Erforschung sozial definierter Neurotikergruppen. In: Z. Psychother. med. Psychol. 18 (1968), S. 161 ff.
FÜRSTENAU, P.: Aktuelle Organisationsprobleme einer psychoanalytischen Vereinigung aus soziologischer Sicht. In: Z. Psychother. med. Psychol. 20 (1970 a), S. 173 ff.
FÜRSTENAU, P.: Institutionsberatung — ein neuer Zweig angewandter Sozialwissenschaft. In: Gruppendynamik 1 (1970 b), S. 219.
FÜRSTENAU, P., S. F. STEPHANOS & H. ZENZ: Erfahrungen mit einer gruppentherapeutisch geführten Neurotikerstation. In: Z. Psychother. med. Psychol. 20 (1970), S. 95 ff.
GOLDSTEIN, A. P.: Therapist-patient expectancies in psychotherapy. New York 1962.
GOLDSTEIN, A. P., K. HELLER & L. B. SECHREST: Psychotherapy and the psychology of behavior change. New York 1966.
GREENE, B. L. (ed.): The psychotherapies of marital disharmony. New York, London 1965.
GREENSON, R. R.: The technique and practice of psychoanalysis. Vol. I. New York 1967.
GRINBERG, L., M. LANGER & E. RODRIGUÉ: Psychoanalytische Gruppentherapie. Stuttgart 1960.
HABERMAS, J.: Erkenntnis und Interesse. Frankfurt/M. 1968.
HALEY, J.: Strategies of Psychotherapy. New York 1963.
HOCHHEIMER, W.: Die Psychotherapie von Carl Gustav Jung. Bern 1966.
HOLLINGSHEAD, A. B. & F. C. REDLICH. Social class and mental illness. New York 1958.
JAEGGI, E.: Die Rolle des Gesprächs in der Verhaltenstherapie. In: Horst-Ulfert ZIOLKO (Hg.), Psychische Störungen bei Studenten. Stuttgart 1969.
JONES, E.: Das Leben und Werk von Sigmund Freud. Band I—III. Bern 1960—62.
KANFER, F. H. & J. S. PHILLIPS: Learning foundations of behavior therapy. New York, London 1970.

Klüwer, K.: Stationäre Psychotherapie bei jugendlichen Dissozialen. In: Z. Psychother. med. Psychol. 18 (1968), S. 81 ff.
Kuhn, Th. S.: Die Struktur wissenschaftlicher Revolutionen. Frankfurt/M. 1967.
Kunz, H.: Die existentielle Bedeutung der Psychoanalyse in ihrer Konsequenz für deren Kritik. In: Nervenarzt 3 (1930), S. 657 ff.
Langen, D.: Psychotherapie. Kompendium für Studierende und Ärzte. 2. Aufl. Stuttgart 1971.
Lennard, H. L. & A. Bernstein: The anatomy of psychotherapy. New York 1960.
Lennard, H. L. & A. Bernstein: Patterns in human interaction. San Francisco 1969.
Loch, W.: Über theoretische Voraussetzungen einer psychoanalytischen Kurztherapie. In: Jb. Psychoanal. 4 (1967), S. 82 ff.
Malan, D. H.: Psychoanalytische Kurztherapie. Bern, Stuttgart 1965.
Matarazzo, J. D.: Psychotherapeutic processes. In: Ann. Rev. Psychol. 16 (1965), S. 181 ff.
McGuire, W. J.: Suspiciousness of experimenter's intent. In: Rosenthal & Rosnow 1969.
Meyer, V. & E. S. Chesser: Behaviour therapy in clinical psychiatry. Hardmondsworth 1970. (Deutsch: Stuttgart 1972.)
Moreno, J. L.: Gruppenpsychotherapie und Psychodrama. Stuttgart 1959.
Orne, M. T.: Demand characteristics and the concept of quasi-controls. In: Rosenthal & Rosnow 1969.
Polanyi, M.: Personal knowledge. London 1958.
Polanyi, M.: Knowing and Being. London 1969.
Poser, E. G.: The effects of therapists' training on group therapeutic outcome. In: J. consult. Psychol. 30 (1966), S. 283 ff.
Rachman, St. (ed.): Critical essays on psychoanalysis. Oxford 1963.
Rangell, L.: Some comments on psychoanalytic nosology. In: Max Schur (ed.), Drives, affects, behavior. Vol. II. New York 1965.
Rice, A. K: Führung und Gruppe. Stuttgart 1971.
Richter, H.-E.: Eltern, Kind und Neurose. Stuttgart 1963.
Richter, H.-E.: Einige sozialpsychologische Aspekte der Psychologischen Medizin. In: Z. Psychother. med. Psychol. 17 (1967), S. 41 ff.
Richter, H.-E.: Familientherapie. In: Psychother. Psychosom. 16 (1968), S. 303 ff.
Richter, H.-E.: Patient Familie. Reinbek bei Hamburg 1970.
Richter, H.-E.: Die Gruppe. Reinbek bei Hamburg 1971.
Riessman, F., J. Cohen & A. Pearl: Mental health of the poor Glencoe 1964.
Rioch, M. J.: Changing concepts in the training of therapists. In: J. consult. psychol. 30 (1966), S. 290 ff.
Rioch, M. J.: Gruppenmethoden. Das Tavistock-Washington-Modell. In: Gruppendynamik 2 (1971), S. 142 ff.
Rosenbaum, M.: Some comments on the use of untrained therapists. In: J. consult-psychol. 30 (1966), S. 292 ff.
Rosenthal, R.: Interpersonal expectations: Effects of the experimenter's hypothesis. In: Rosenthal & Rosnow 1969.
Rosenthal, R. & R. L. Rosnow (eds.): Artifact in behavioral research. New York 1969.

RUITENBEEK, H. M. (ed.): Group therapy today. New York 1969.
SAHAKIAN, W. S. (ed.): Psychotherapy and counseling. Studies in technique. Chicago 1969.
SCHMIDEBERG, M.: Erziehung und Gesellschaftsordnung. In: Imago 18 (1932), S. 245 ff.
SCHOFIELD, W.: Psychotherapy: the purchase of friendship. Englewood Cliffs 1964.
SCHRAML, W. & H. SELG: Verhaltenstherapie und Psychoanalyse. In: Psyche 20 (1966), S. 529 ff.
SCHUTZ, W. C.: Freude. Reinbek bei Hamburg 1971.
STOCK WHITACKER, D. & M. A. LIEBERMANN: Psychotherapy through the group process. New York 1964.
STROTZKA, H.: Psychotherapie und soziale Sicherheit. Bern 1969.
TAUSCH, R.: Gesprächspsychotherapie. Göttingen, 2. Aufl. 1968.
TAUSCH, R. & A.-M. TAUSCH: Erziehungspsychologie. Göttingen, 5. Aufl. 1970.
WATZLAWICK, P., J. H. BEAVIN & D. D. JACKSON: Menschliche Kommunikation. Bern 1971.
WINKLER, W. Th: Indikation und Prognose zur Psychotherapie der Psychosen. In: Z. Psychother. med. Psychol. 16 (1966), S. 41 ff.
WOLPE, J.: Psychotherapy by reciprocal inhibition. Stanford 1958.

Hans Strotzka

Fortschritte der Neurosentherapie

Das Thema soll hier in einem relativ neuen wissenschaftlichen und praktischen Spannungsfeld behandelt werden, nämlich zwischen psychoanalytisch orientierten Auffassungen und der Verhaltenstherapie. Da kein Konsensus der Meinungen in dieser Frage zu erwarten ist, sei vorangestellt, daß ihre Erörterung von einem sehr persönlichen Standpunkt aus erfolgt, der einleitend beschrieben werden soll.
Der Autor hat seine psychotherapeutische Tätigkeit als Autodidakt mit eklektischen Methoden begonnen, wobei Suggestion, Autogenes Training und Beratungsgespräche im Vordergrund standen. Auf der Suche nach einem theoretischen Hintergrund wandte er sich zuerst einer anthropologischen Richtung zu, dann einer Ausbildung im Rahmen der Internationalen Psychoanalytischen Vereinigung. Als Psychoanalytiker hat er allerdings, teils auch wohl durch den Zwang, in einer Poliklinik der Sozialversicherung arbeiten zu müssen, vorwiegend psychotherapeutische Kurzmethoden praktiziert. Das Ergebnis seiner Erfahrungen läßt sich etwa so kurz zusammenfassen: Die Psychoanalyse klassischer Form ist in erster Linie ein Instrument der Forschung und Ausbildung. Als Therapie ist sie schon aus ökonomischen Gründen nur selten unausweichlich indiziert. In der überwiegenden Zahl der Fälle lassen sich ausreichende Ergebnisse auch mit Modifikationen der Technik erreichen, die eher realisierbar sind. Bei manchen Indikationen ist vermutlich sogar der Einsatz anderer Techniken, wie etwa der Gruppenbehandlungen, prinzipiell vorzuziehen (vgl. STROTZKA, Psychotherapie und soziale Sicherheit, 1969). Das echte Skandalon dabei ist in der bedauerlichen Tatsache gegeben, daß vergleichende Untersuchungen über die Ergebnisse und Kosten-Nutzen-Rechnungen bei verschiedenen Behandlungstechniken mit vergleichbaren Indikationen noch weitgehend fehlen. Das liegt nicht nur an den großen methodischen Schwierigkeiten solcher Untersuchungen, sondern auch an einer gewissen Scheu der Psychotherapeuten und Psychoanalytiker, ihre Ergebnisse einer empirischen Kontrolle zu unterziehen. Im allgemeinen kann man ein solches Phänomen der Abwehr nicht gerade als Zeichen innerer Stärke ansehen.
Nun muß man die Situation der Psychoanalyse allerdings in

einem historischen Kontext sehen. Die Analytiker waren zunächst eine Außenseitergruppe der Psychiatrie, in einer starken Opposition zur akademischen Medizin. Die Verurteilung durch die Umwelt, eine Folge des schockierenden Inhalts ihrer Entdeckungen — einerseits der unbewußten Motivierung des Verhaltens, andererseits der frühkindlichen Sexualität —, zwang sie zu einer Art Untergrundexistenz, die einer wissenschaftlichen Orientierung nicht allzu freundlich sein konnte. Leider gelang es nur an den Universitäten Amerikas, die Kluft zwischen akademischer Psychiatrie und Psychoanalyse zu überwinden; wahrscheinlich, weil dort nicht eine fest strukturierte Schul-Psychiatrie vorgegeben war. In Mitteleuropa ist die Psychoanalyse unverändert außerhalb der akademischen Welt bis zu einem gewissen Grade in einem etwas sektiererischen Getto angesiedelt. Außerdem hat die geringe Zahl von Psychoanalytikern es nicht erlaubt, das Bedürfnis der Bevölkerung nach Psychotherapie zu befriedigen. Schließlich behandelt jeder Psychoanalytiker, der sich ausschließlich der klassischen Methode bedient, im Laufe seines Lebens so wenig miteinander vergleichbare Patienten, daß eine statistische Auswertung kaum sinnvoll erscheint. Für eine solche benötigte man einen Pool von Analytikern, deren Klientel sich einheitlicher Untersuchungsprozeduren zum Zwecke der Vergleichbarkeit unterziehen müßte; einheitliche Kriterien der Behandlungsbeschreibung müßten gefunden, ebenso die Abschlußuntersuchungen standardisiert werden.

Dem stehen eine Reihe von Schwierigkeiten entgegen: der Individualismus der Therapeuten, die Sorge, daß der Therapieverlauf gestört werden könnte, Gründe der Diskretion und viele andere mehr. Trotz all dieser Bedenken nimmt die Zahl der Analytiker und Institute, die mit Tonbandprotokollen und Videotape-Recording die Interaktionen dokumentieren und kritisch bearbeiten, ständig zu. Der Prozeß der Verwissenschaftlichung der Psychoanalyse geht zwar langsam, aber stetig weiter. Dies wäre der erste Fortschritt in der Neurosentherapie, über den wir berichten können.

Der zweite liegt darin, daß neben der klassischen Technik der Psychoanalyse mehrere andere Techniken auf dem Boden der gleichen Theorie entstanden sind, die als Einzel- oder Gruppenbehandlung Erleichterung in der bedrängenden Situation zwischen dem Psychotherapie-Bedürfnis der Bevölkerung einerseits und dem Mangel an Psychoanalytikern, Zeit, Geld und Energie für »große Therapien« andererseits schaffen konnten.

Das Bestreben nach solchen Abkürzungen ist fast so alt wie die Psychoanalyse selbst. STEKEL, FERENCZI, FRANZ ALEXANDER sind nur einige Namen, die hier zu nennen wären (ALEXAN-

DER und FRENCH 1947; STEKEL 1938). Die Motive sind auch nicht ausschließlich ökonomischer Art, sondern es wurden berechtigte Überlegungen über die Spontanprognose von Neurosen im Vergleich zu einer Therapieprognose angestellt. Erstaunlicherweise besitzen wir nämlich erst seit der jüngsten Zeit (noch in keiner Weise ausreichende) Verlaufsuntersuchungen von behandelten und unbehandelten psychosozialen Störungen, die einstweilen recht widersprechende Ergebnisse haben (vgl. CREMERIUS 1962 und 1968; DÜHRSSEN 1962; ERNST 1959; EYSENCK 1960). Idealerweise müßte man wohl die Indikation verschiedener Psychotherapieformen nach der Verlaufsprognose stellen. Leider gibt es eine verläßliche Typologie noch kaum in Ansätzen.

Man muß dabei wahrscheinlich zuerst situativ bedingte psychogene Reaktionen mit sehr guter Spontanprognose abgrenzen. Je nach Art des jeweiligen auslösenden Streß und der betroffenen Persönlichkeit gehören in diese Gruppe labile Strukturen mit latenter Neurosebereitschaft, die schon unter einer relativ leichten Belastung dekompensieren, und relativ Gesunde, bei denen nur besonders schwere Streß-Situationen zur Abwehr durch Symptombildung führen. Diese Gruppe ist nach unseren Untersuchungen in einer Allgemeinpraxis (LEITNER) relativ groß und dürfte — bei einer Gesamtprävalenz von 15 Prozent psychosozialer Störungen in einer Bevölkerung — etwa 5 Prozent ausmachen (vgl. LEITNER 1970; STROTZKA und Mitarbeiter 1969). Die überwiegende Mehrzahl davon stellen die latenten Neurosedispositionen. Wir konnten bei der Längsschnittbeobachtung der Auswirkungen einer ökonomischen Krise in unserem Beobachtungsgebiet feststellen, daß die Unsicherheitssituation einer drohenden Massenentlassung in einem Betrieb zu pseudoorganischer Symptombildung für die Dauer von drei bis sechs Monaten führte. Bei solchen Fällen wird derzeit von der überwiegenden Mehrzahl der praktischen Ärzte und Fachärzte anderer Disziplinen eine medikamentöse Therapie mit Tranquillizern durchgeführt. Psychiater oder Psychotherapeuten sehen solche Fälle kaum oder nur dann, wenn durch iatrogene (d. h. durch den Arzt ausgelöste — Der Hrsg.) Fehlbehandlung eine sekundäre Neurotisierung und Chronifizierung erfolgt ist. Diese ganze Krankheitsgruppe ist — wegen der erwähnten Vernachlässigung durch die Psychiatrie — noch wenig untersucht, obwohl sie von großer theoretischer, sozialmedizinischer und praktischer Bedeutung wäre. Für unser engeres Thema des Fortschritts in der Neurosenbehandlung ist ein näheres Eingehen auf die damit verbundenen Fragestellungen nicht allzu wesentlich; notwendig war aber der Hinweis, daß die Vermischung von diesen an sich gutartigen Erlebnisreaktionen mit den Neurosen im eigentlichen Sinn bei der Beurteilung etwa von Therapieergebnissen vermieden werden sollte. J. H. Schultz hat diese Zusammenhänge mit dem Konzept der Fremd- und Randneurosen klarer gesehen als die meisten Psychoanalytiker aufgrund ihrer spezifischen Fallselektion (Schultz 1951).

Der Fortschritt würde bei dieser gar nicht so kleinen Gruppe darin bestehen, sie nicht mehr zu den Neurosen zu zählen und sich auf eine stützende Betreuung zu beschränken, beziehungsweise wenn dies verantwortbar und sinnvoll erscheint, durch Milieubeeinflussung den Streß zu reduzieren. Jeder Arzt, und vielleicht erst recht jeder Laie mit Gespür für psychologische Zusammenhänge kann zahlreiche Geschichten darüber erzählen, wie ein freundliches, verständnisvolles, unter Umständen auch energisch-festes Gespräch ganz erstaunliche Umstimmungen zu erzielen vermochte.

Es ist in diesem Zusammenhang äußerst wichtig, auf ein in Zentraleuropa noch wenig bekanntes Arbeitsgebiet hinzuweisen, das in anderen Ländern weit besser entwickelt ist: nämlich die moderne Sozialarbeit mit ihrer Technik des case-work. Zum Teil aus der eigenen Erfahrungswelt der Fürsorge, sicher aber auch von der Psychoanalyse erheblich mitbeeinflußt, haben amerikanische Sozialarbeiter erkannt, daß eine rein materielle Betreuung und Kontrolle von Klienten eine schlechte Effizienz hat. Es entstand daher eine psychotherapienahe Betreuungsform, die mit dem Schlagwort »Hilfe zur Selbsthilfe« verbunden ist und auf der Basis einer Akzeptierung des Klienten, d. h. der Überzeugung, daß Strategien zur Problemlösung von ihm selbst mit einem Minimum von Aktivität des Betreuers entwickelt werden müssen, sowie einer bewußten Nutzung der emotionellen Beziehung zwischen den beiden Trägern dieser Beziehung einen Nachreifungsprozeß anstrebt (vgl. Bang 1964). Die Nachbarschaft zur passiven Haltung des Analytikers und zur Übertragung fällt natürlich sofort auf. Es wird jedoch im Unterschied zur analytischen Psychotherapie keine Übertragungsneurose im engeren Sinn angestrebt und die Arbeit nicht primär auf Bewußtmachung vergangener Verdrängungen, sondern auf aktuelle Konfliktbearbeitung hin angelegt.

Auch das Konzept der Supervision, das dabei entwickelt wurde, ist äußerst fruchtbringend und erinnert stark an die Kontrollanalysen in der Therapeutenausbildung. Es besteht darin, daß der Sozialarbeiter besonders am Beginn seiner Arbeit die Gelegenheit haben muß, seine beruflichen Probleme, bis zu einem gewissen Grade aber auch seine persönlichen, mit einem erfahrenen Kollegen außerhalb der Berufshierarchie zu besprechen. Diese letztere Bedingung ist deswegen wesentlich, weil sonst die Gefahr bestünde, daß Sorge um Karriere und

Beurteilung ein freies Durcharbeiten der Problematik erschwert oder gar unmöglich macht.
Wenn auch in der intensiven Arbeit am Einzelfall tiefenpsychologische Momente unverkennbar sind, so besteht die grundlegende Zielsetzung dennoch nicht darin, eine Veränderung in der Persönlichkeitsstruktur zu bewirken, sondern in einem aktiven Anpassungsprozeß.
Hier ist ein Hinweis zum Hauptthema diese Buches angebracht: Wenn Psychoanalytiker über Anpassung sprechen, dann meinen sie, unter Hinweis auf Heinz HARTMANN, niemals passive Anpassung, das heißt widerspruchsloses Akzeptieren gegebener sozialer Verhältnisse und Unterwerfung unter diese Verhältnisse, sondern immer deren Gestaltung oder manchmal auch einen Milieuwechsel, allerdings stets unter dem Gesichtspunkt einer rationalen Abschätzung der Möglichkeiten und unter der Priorität einer Vermeidung von Selbstschädigung des Patienten durch diesen Prozeß (HARTMANN 1960 und 1964/65). Dies gilt auch für die Anpassung in der Sozialarbeit. Ich zweifle, ob man Gleiches von der Verhaltenstherapie sagen kann; zumindest scheint mir das Bild in der Literatur ausschließlich auf passive Anpassung hinzudeuten (BEECH 1969; EYSENCK & RACHMAN 1968; WOLPE/ SALTER/REYNA 1964).
Das wichtige Prinzip der Abstinenz gilt ebenfalls für die Sozialarbeit, allerdings nicht derart ausgeprägt, daß nicht Kontakte mit anderen Bezugspersonen sowie aktives Handeln und tätige Unterstützung ausgeschlossen wären, wie in der Regel bei der klassischen Psychoanalyse.
Diese relativ breite Behandlung des case-work scheint mir deswegen angezeigt, weil eine Analyse der eigenen psychotherapeutischen Arbeit gezeigt hat, daß ich mich oft nolens volens aus der Indikation heraus selbst dieser Technik bediene; ich bin überzeugt, daß das Gleiche bei sehr vielen anderen ärztlichen Psychotherapeuten der Fall ist. Entweder ist diese Tatsache ihnen aber nicht hinreichend bewußt, oder es bestehen gewisse Schuldgefühle wegen »unreiner Technik« oder »wilder Analyse«. An der Legitimität solcher Methoden kann jedoch, wenn wir vom Bedürfnis des Patienten ausgehen, kein Zweifel bestehen, und ich vermute, daß in Zukunft bei einer verbesserten psychosozialen Betreuung der Bevölkerung derartige Techniken im Vordergrund stehen werden.
Schließlich sei noch angemerkt, daß eine psychoanalytische Ausbildung, wenn sie nicht auf eine ausschließliche Anwendung der klassischen Methode festgelegt ist, sondern auf offenes Verständnis auch der sozialen Realitäten, die Perfektion solcher Techniken ganz wesentlich verbessert, weil die heikle Frage der Gegenübertragung viel leichter bewältigt werden

kann, wenn der Therapeut selbst analysiert ist und die Dynamik der Begegnung besser versteht.

FREUD war sich dieser Notwendigkeit der Anpassung angewandter Psychoanalyse an die sozialen Bedürfnisse voll bewußt, wie der bekannte und vielzitierte Satz von der Legierung des reinen Goldes der Psychoanalyse mit dem Kupfer der Suggestion beweist. Er hat damit auf den Kern aller Modifikationen hingewiesen. In der Psychoanalyse wird versucht, die Suggestion zu minimalisieren. Man geht dabei von der theoretischen Implikation aus, daß suggestive Einflüsse nicht zu einer Reifung der Persönlichkeit und einer Veränderung der neurotischen Struktur führen könnten. Nun war die Wendung der Psychoanalyse von der Symptombeeinflussung zu einer kausalen Therapie ein ganz wesentlicher Fortschritt in der Verwissenschaftlichung der Psychotherapie. Dieses Prinzip ist jedoch nur dort berechtigt, wo es sich um eine schwere Neurose handelt, d. h. wo es zu einer vollen Internalisierung[1] der Konflikte gekommen ist und die Interaktion mit der Umgebung praktisch jeden Einfluß auf die verfestigten neurotischen Strukturen verloren hat. Dies ist jedoch, epidemiologisch gesehen, nur relativ selten der Fall und gilt meist nur für die Therapeutenselektion der Psychoanalytiker, allerdings mit Einschränkungen, von denen noch die Rede sein wird. Sehr häufig kann nämlich eine Symptombesserung Rückkopplungswirkungen auf das soziale Verhalten und die Resonanz der Persönlichkeit in der Umwelt auslösen, so daß es auf diesem Wege zu Veränderungen in der Persönlichkeitsstruktur kommt, wenn — wie gesagt — keine Charakterpanzerung vorliegt (vgl. REICH 1933). Dafür ein ganz banales Beispiel: Wenn es einer Verhaltenstherapie gelingt, eine phobische Einengung aufzuheben, können unter günstigen Umständen durch den gewonnenen Freiheitsraum so viel Gratifikationen entstehen, daß es zu dauernden Besserungen aufgrund von Modifikationen der Objektrepräsentanzen und zu einer sekundären Ich-Stärkung kommt, ohne daß eine Bewußtmachung der kausalen Verdrängungen notwendig wird. In solchen Fällen läßt sich der gleiche Effekt vielleicht auch durch eine Hypnose erzielen. Da uns hinreichende vergleichende Psychotherapie-Untersuchungen leider noch fehlen, sind wir aber bei solchen Schlüssen bis zu einem gewissen Grade auf klinische Eindrücke angewiesen. In Parenthese sei bemerkt, daß sich diese Erfahrungsquelle manchmal streng wissenschaftlichen Untersuchungen überlegen zeigt, weil experimentelle Bedingungen oft die Situation derart verfälschen, daß eine sinnvolle Forschung an der unbefriedigenden Qualität der

---

[1] Verinnerlichung, z. B. auch von Normen, vgl. T. PARSONS »internalization«. — Der Hrsg.

gewonnenen Daten scheitert. Vermutlich sind, wenn man von der schmalen subjektiven Basis eigener unsystematischer Beobachtung ausgehen darf, autogenes Training, Hypnose und Umkonditionierung als symptomorientierte Behandlungen nicht gleichwertig, sondern haben spezifische Indikationen. Zur Beurteilung dieser Indikationen muß noch eine neue Variable eingeführt werden, nämlich die Erwartungsvorstellung des Patienten und in untrennbarer Interdependenz damit das Klima der Institution und die Erwartungsvorstellung des Therapeuten. GOLDSTEIN hat in seinem Buch hinreichendes Beweismaterial zusammengestellt, um die Rolle dieser Faktoren für Verlauf, Dauer und Ergebnis der Psychotherapie nachzuweisen (GOLDSTEIN 1962).

Selbst MALAN, dem wir aus der BALINT-Schule die beste Darstellung einer psychoanalytischen Kurzbehandlung, der Fokaltherapie danken, hat gewisse Zweifel ausgedrückt, ob nicht der Enthusiasmus des Therapeuten eine entscheidende Rolle für das Therapieergebnis hat (MALAN 1968). Für mich besteht kein Zweifel, daß dieser Faktor ganz entscheidend ist. Das bedeutet, daß wir suggestive Momente erstens nie ganz ausschließen können, und zweitens — wenn dem so ist —, daß wir sogar verpflichtet sind, sie ganz geplant und bewußt zu berücksichtigen. Selbst eine klassische Psychoanalyse, die suggestive Einflüsse durch ständige Übertragungs- und Gegenübertragungsbearbeitung minimalisiert, kann nicht gänzlich frei davon gehalten werden.

Sehr entscheidend ist schließlich die ökonomisch-gesellschaftliche Situation, in der die Behandlung vor sich geht. In einer freien Marktwirtschaft rekrutieren sich Patienten für lang dauernde Psychoanalysen einerseits aus gehobenen Schichten, die sich eine solche Therapie leisten können, und dementsprechend haben sie meist auch ein hohes Bildungsniveau und eine differenzierte Verbalisierungsfähigkeit, andererseits sind sie so hoch motiviert, daß ihnen für eine Heilung kaum ein Opfer zu groß ist. Dies verfälscht das Bild ganz erheblich.

FREUD hat derartige Opfer für eine erfolgreiche Therapie als unvermeidlich angesehen und dafür gute Gründe angeführt. Die Erfahrungen in Ländern mit einem allgemeinen Gesundheitsdienst, wie in England, die von Krankenkassenambulatorien, wie in Berlin und Wien, sprechen aber im Gegensatz zu der FREUDschen Auffassung dafür, daß zumindest psychoanalytisch orientierte Therapien auch ohne Honorierung möglich und sinnvoll sind (vgl. DÜHRSSEN 1962; STROTZKA 1969).

Die zunehmende Einsicht in all diese hier angedeuteten Verknüpfungen hat dazu geführt, daß man immer mehr versucht, die angewandte Technik den gegebenen Voraussetzungen in der Gesellschaft, den Institutionen anzupassen, sie vor allem aber auf die persönlichen Bedingungen bei Patient und Therapeut abzustimmen und eine größere Elastizität im Methodischen zu erreichen. Noch sind wir bei der Indikationsstellung weitgehend auf Intuition angewiesen, aber es ist zu vermuten, daß die vergleichende Psychotherapieforschung, in erster Linie durch die Relativierung der Person des Psychotherapeuten und seiner Rolle, durch die Beobachtung eigener Therapiesitzungen am Videorecorder und die Diskussion darüber, in absehbarer Zeit zu einer Objektivierung führt. Meine eigene Haltung dazu ist wahrscheinlich allzu pragmatisch auf die persönliche Situation zugeschnitten, um hier dargestellt zu werden. Es ist auch nicht erforderlich, auf die verschiedenen Techniken einer psychoanalytischen Kurzbehandlung einzugehen. MALAN als der wichtigste Autor wurde schon erwähnt; es gibt eine reiche Literatur mit ausgezeichneten Beschreibungen der einzelnen Modifikationen von Techniken der Kurztherapie.

Nur die Gruppenbehandlungen sollen als echter Fortschritt etwas eingehender besprochen werden (vgl. FOULKES & ANTHONY 1957; KEMPER 1960). Ich möchte recht subjektiv einen meines Wissens noch wenig diskutierten Sachverhalt herausgreifen. Vermutlich fällt allen Psychoanalytikern auf, daß die Abwehr des Rationalisierens und der Unterwerfung unter den Therapeuten durch die Popularisierung tiefenpsychologischen Gedankengutes (die ja meist auch eine Simplifizierung, Verzerrung und Vulgarisierung bedeutet) deutlich zunimmt. Dadurch wird die Therapie in die Gefahr gedrängt, ein rein oberflächliches Gespräch ohne emotionellen Erlebnischarakter für den Patienten zu werden und somit jede Wirkungsmöglichkeit zu verlieren. Deutungen, die in der Gründerzeit noch einen echten Schock darstellten, werden erwartet und vorweggenommen. Auch die Verschiebung der Bearbeitung auf Widerstand und Übertragung verliert durch zunehmende intellektuelle Selbstverständlichkeit viel an therapeutischer Dynamik. Die asymmetrische Zweierbeziehung hat starken protektiven (d. h. beschützenden – d. Hrsg.) Charakter und kann leicht in die neurotischen Abwehrmechanismen integriert werden. Nur überraschende Änderungen der Situation haben dann eine Chance, zu einer Umstellung zu führen. Eine solche konnte ich z. B. zweimal bei amerikanischen Patienten – denen die fünfzig Minuten auf der Couch (vor allem durch die Vorbehandlung in der Heimat) schon so sehr zur lieben Gewohnheit geworden waren, daß überhaupt kein analytischer Prozeß mehr zustande kam – einfach dadurch erreichen, daß ich den Patienten sich aufsetzen ließ und nur noch einmal in der Woche bestellte, ohne allerdings die Behandlung zu terminieren. Es war bemerkenswert, wie sehr die Therapie dann

wieder einer echten Analyse entsprach, wie Übertragung und Gegenübertragung wieder aktiviert und fruchtbar wurden.
Die Gruppe ist nun ohne Zweifel ebenfalls ein Instrument, das wenigstens vorläufig noch starke affektive Kräfte entbindet. Konflikte von Macht, Intimität, Abhängigkeit, Sich-Darstellen und -Verstecken, das vielfältige Sich-Spiegeln bei ähnlichen und doch unterschiedlichen Schicksalen, das wechselseitige Aufteilen von Übertragungen auf verschiedene konkrete (d. h. mit ihren Eigenschaften nicht nur in der Phantasie des Patienten vorhandene — d. Hrsg.) Personen, die dann selbst wieder agieren, eigener und fremder Rollenwechsel und ähnliches mehr sind neue erregende Erfahrungen, die zur Neuordnung innerer Haltungen in einer ganz anderen Art zwingt als das ruhige Dahinfließen einer konventionellen Analyse. Es ist dabei gleichgültig, ob die Wurzel des Gruppenerlebnisses im Stegreiftheater liegt — wie bei MORENO — oder in der Tradition evangelischer Bekenntnisgruppen, wie bei den Angloamerikanern. Auch für den Therapeuten ist die Orientierung auf Deutungen von Gruppensituationen statt auf psychogenetische Zusammenhänge, also die vorrangige Akzeptierung des »Hier und Jetzt« gegenüber der Lebensgeschichte eine faszinierende Erfahrung. In diesem Punkt läßt sich ebenfalls mit großer Wahrscheinlichkeit voraussagen, daß die Indikation für die verschiedenen Einzel- und Gruppenmethoden in Zukunft besser herausgearbeitet werden kann und daß in einem Wechsel oder einer Kombination der Methoden die optimale Therapiewirksamkeit gefunden wird.
Schließlich sei noch auf die Kombination der Psychotherapie mit medikamentöser Behandlung bei neurotisch larvierten Depressionen, pseudoneurotischen Schizophrenien und minimalen Hirnschäden hingewiesen, die einen größeren Prozentsatz der zu behandelnden Fälle ausmachen, als man früher anzunehmen pflegte. Ein entscheidender Fortschritt ist in der kausalen Behandlung von Familienneurosen in Familiengruppen zu sehen, die H. E. RICHTER in bezug auf das deutsche Sprachgebiet dargestellt hat (RICHTER 1970).
Zusammenfassend läßt sich sagen: Für den psychoanalytisch orientierten Psychotherapeuten repräsentierte sich ein bemerkenswerter Fortschritt in der Neurosenbehandlung
1. durch die Verwissenschaftlichung in der Beobachtung und Ergebniskontrolle therapeutischer Interaktionen,
2. durch die verfeinerte Indikation und elastische Handhabung verschiedener Techniken abgekürzter Verfahren,
3. durch die Entwicklung von Gruppenmethoden.
Die Anwendung aller psychotherapeutischen — auch suggestiver — Techniken wird im Rahmen einer psychoanalytischen Theorie verstanden und interpretiert.

Diese Theorie hat sich, als Voraussetzung der Modifikation des praktischen Handelns, natürlich ebenfalls verändert. Die Ich-Psychologie Heinz HARTMANNs, die Weiterführung der Reifungsstadien der Persönlichkeit durch Erik ERIKSON (1966), die Aggressionsforschung durch MITSCHERLICH (1969), die Systematik bei David RAPAPORT (1961), die sprachanalytische Deutung bei Alfred LORENZER (1971) und die informationstheoretische Darstellung von Ulrich MOSER (1964) sollen nur stichwortartig die Tendenzen neuer Theorieentwicklungen andeuten. Wenn auch die Majorität des psychoanalytischen Schrifttums noch in der FREUDexegese steckengeblieben ist, so sind die Fortschritte doch ganz unverkennbar.

Dem tritt nun die Frage gegenüber, inwieweit aus der Sicht des Verfassers die Verhaltenstherapie als Fortschritt, als Rückschritt, ja sogar als Gefährdung gewertet werden kann. Ein Fortschritt wäre natürlich schon dann gegeben, wenn die Ergebnisse in bezug auf Symptombesserung tatsächlich so hervorragend wären, wie es die ersten Publikationen von EYSENCK und WOLPE andeuteten. Wie wir Psychoanalytiker aber aufgrund unserer Erfahrungen bereits annehmen mußten, hat sich der frühe Optimismus leider nicht bestätigt (vgl. DÜHRSSEN & JORSWIECK 1962). Eine neue Technik, die sich auf die psychologischen Lerntheorien stützt, wäre aber zumindest dort, wo die bisherigen Methoden versagen oder ökonomisch untragbar sind, zu begrüßen. Über gewisse »Kampfeinstellungen«, z. B. die Ablehnung einer Psychologie des Unbewußten, die reine Symptomorientierung als Behandlungsziel mit Wertcharakter und eine oft groteske Überschätzung des Erfolges könnte man sich leicht mit der Erklärung, die Methode sei ja noch jung, hinwegsetzen. Zweifellos stellen sich mit ihr die Vertreter eines frustrierten Berufsstandes, der bis jetzt keine entsprechende Rolle gefunden hat, nämlich die klinischen Psychologien — als gleichberechtigt (wie sie glauben: auch wissenschaftlich überlegen) neben die etablierten ärztlichen Psychotherapeuten. Dies wirft natürlich erneut das alte Problem der Laientherapie in einem veränderten Kontext auf. Man wird, ebenso wie bei den Analytikern, eine sehr enge Teamarbeit mit entsprechend ausgebildeten Ärzten fordern müssen, um nicht Gefährdungen beim Nichterkennen medizinischer Indikationen zu provozieren.

Ein grundsätzlicher Einwand könnte schließlich in folgendem liegen: Eine der möglichen Definitionen von »Neurose« ist die, daß bei diesen Kranken der Mechanismus von Lohn und Strafe als Verhaltensregulativ versagt, weil fixierte irrationale Haltungen das soziale Lernen blockieren. Die Anwendung gerade dieses Prinzips als Theorie einer Therapie erscheint daher primär problematisch. Offenbar wurde dieses Prinzip aber bis jetzt weder ausreichend konsequent noch genügend differenziert angewandt. Wo es geschieht, scheint sich die Grenze der Lernunfähigkeit wesentlich zu verschieben. Es wird indes wohl eine ganze Reihe von Fällen geben — vor allem, wenn starke masochistische und narzißtische Fixierungen vorliegen —, wo auch diese Behandlung, vielleicht noch früher als die Psychoanalyse, an ihre Grenzen kommt.

Eine echte Gefahr sehe ich schließlich in der Verführung zur Manipulation, die in dieser Technik liegt. Ein leicht zu handhabendes Instrument ist eine starke Versuchung, komplizierteren Wegen auszuweichen. Das klassische Beispiel ist die Enuresis (das Bettnässen — d. Hrsg.). Jeder Analytiker würde es als einen schweren Kunstfehler empfinden, wenn man nach der Feststellung dieses Symptoms bei einem Kinde nicht sehr eingehend nach der Psychodynamik forschen würde und, sofern es sich um die Regression nach der Geburt eines Geschwisters handelt, nicht versuchte, zuerst die Eltern zu beraten oder auch zu therapieren, bevor man das Symptom wegkonditionierte. Verantwortliche Verhaltenstherapeuten stimmen einem dabei natürlich zu und schränken die Indikation auf solche Fälle ein, bei denen es sich um eine leerlaufende Gewohnheit handelt oder ein kausaler Eingriff ausgeschlossen ist.

Aber auch diese werden uns Analytikern verzeihen, wenn wir fürchten, daß die Forschungen und Anstrengungen auf ihrem Gebiet entsprechend der sonstigen Haltung dieser Schule vielleicht doch etwas zu bescheiden ausfallen werden. Würde generell die Verhaltenstherapie sich auf jene Indikationen beschränken, bei denen eine kausale Therapie aus inneren oder äußeren Gründen ausgeschlossen ist, dann bestünden von meiner Seite überhaupt keine Bedenken. Der theoretische Anspruch liegt jedoch bei den meisten ihrer derzeitigen Vertreter erheblich höher. Hier gibt es vorläufig noch kaum eine Brücke.

Die Erfolge in der Symptombekämpfung würde ich nicht bezweifeln, da jede intensive Zuwendung Symptomerfolge erzielen wird. Ich würde auch zustimmen, wenn gesagt wird, daß durchaus nicht immer Rückfälle, Symptomwandel oder Persönlichkeitsdeformierungen auftreten müssen, da — wie schon bei den anderen Methoden besprochen — Vorgänge spontanen Reifens durch die Symptomerleichterung ausgelöst werden können. Die Aktivität des Therapeuten und das Dressurähnliche des Vorgangs stellen jedoch eine immense Verantwortung für den Therapeuten dar.

Dessen Passivität in den analytisch orientierten Behandlungen gestattet dem Patienten eine emanzipierte Selbststeuerung der Entwicklung. In der Verhaltenstherapie geht dieser wichtige Faktor fast völlig verloren. Ein Mißbrauch im Sinne von Indoktrination und Manipulation drängt sich zumindest als Möglichkeit auf. Die Ethik des Therapeuten wird in einem Ausmaß strapaziert, das je nach der Situation, in der er sich befindet, verschieden tragbar sein wird. Wir haben eine ähnliche Situation schon einmal erlebt: bei der Umerziehung in China mit den Methoden der Gruppendynamik; und wir sind uns natürlich auch darüber im klaren, daß jedes Instrument mißbraucht werden kann. Manche solcher Instrumente sind jedoch besser zum Mißbrauch geeignet als andere. Ich würde mir also erlauben, meinen Standpunkt in dieser Frage so zu definieren: Die Verhaltenstherapie kann zu einem Fortschritt in der Neurosentherapie werden, wenn sich ihre Vertreter der Begrenzungen und Gefahren voll bewußt sind. Die Mehrzahl der Psychoanalytiker ist, soweit ich dies überblicke, zu einer solchen Zusammenarbeit bereit; wie es auf der anderen Seite steht, kann ich nicht beurteilen.

Literaturverzeichnis

ALEXANDER, F. & T. FRENCH: Psychoanalytical Therapy. New York 1947.
BANG, R.: Die helfende Beziehung. München 1964.
BEECH, H. R.: Changing Mans Behaviour. London 1969.
CREMERIUS, J.: Die Beurteilung des Behandlungserfolges in der Psychotherapie. Berlin, Heidelberg, New York 1962.
CREMERIUS, J.: Die Prognose funktioneller Syndrome. Stuttgart 1968.
DÜHRSSEN, A.: In: Zschr. psychosomat. Med. 2 (1962), S. 94 ff.
DÜHRSSEN, A. & E. JORSWIECK: In: Acta psychoth. 10 (1962), S. 329 ff.
ERIKSON, E.: Identität und Lebenszyklus. Frankfurt/M. 1966.
ERNST, K.: Die Prognose der Neurosen. Berlin 1959.
EYSENCK, H. R.: Behaviour Therapy. London 1960.
EYSENCK, H. R. & S. RACHMAN: Neurosen-Ursachen und Heilmethoden. Berlin 1968.
FOULKES, S. & J. ANTHONY: Group Psychotherapy. London 1957.
GOLDSTEIN, A.: Therapist-Patients-Exspectancies in Psychotherapy. Oxford 1962.
GREENSON, R.: The Technique and Practice of Psychoanalysis. New York 1967.
HARTMANN, H.: In: Psyche 14 (1960), S. 2 ff.
HARTMANN, H.: In: Psyche 18 (1964/65), S. 330 ff.
KEMPER, W.: Psychoanalytische Gruppentherapie. Stuttgart 1960.
LEITNER, I.: In: Dt. Med. Wschr. (1970).
LORENZER, A.: Sprachstörung und Rekonstruktion. Frankfurt/M. 1971.
MALAN, D. H.: Psychoanalytische Kurztherapie. Bern, Stuttgart 1968.
MITSCHERLICH, A.: Die Idee des Friedens und die menschliche Aggressivität. Frankfurt/M. 1969.

Moser, U.: In: Jb. d. Psychoanalyse, Bd. 3. Bern, Stuttgart 1964.
Porter, R.: The Role of Learning in Psychotherapy. London 1968.
Rapaport, D.: Die Struktur der psychoanalytischen Theorie. Stuttgart 1961.
Reich, W.: Charakteranalyse. Berlin 1933.
Richter, H. E.: Patient Familie. Reinbek bei Hamburg 1970.
Schultz, J. H.: Bionome Psychotherapie. Stuttgart 1951.
Stekel, W.: Die Technik der analytischen Psychotherapie. Bern, Stuttgart 1938.
Strotzka, H.: Psychotherapie und soziale Sicherheit. Bern, Stuttgart 1969.
Strotzka, H. u. Mitarbeiter: Kleinburg. Eine sozialpsychiatrische Feldstudie. Wien 1969.
Wolpe, J., A. Salter & J. Reyna: The conditioning Therapies. New York 1964.

Albert Görres

Psychoanalyse und Verhaltenstherapie

Psychoanalyse und Verhaltenstherapie scheinen feindliche Brüder zu sein, die ihre Verwandtschaft nicht wahrhaben wollen, in der doch gerade ihre gegenseitige Abneigung und ihre Rivalität begründet sind. Was sich nah ist, haßt sich gut. Wenn von zwei Brüdern nun noch jeder behauptet, der Vater des anderen zu sein, den er als mißratenen Abkömmling und Schandfleck der Familie betrachtet, wird die Situation vertrackt. Man kann die Verwirrung dieser Familienbande auf zwei Arten zu klären versuchen: Der Praktiker wird nüchtern fragen, welche Methode wirksamer, schneller, billiger, gefahrloser, sicherer helfen könne; bei welchen Indikationen die eine, bei welchen die andere den Vorzug verdiene; ob etwa in allen Fällen eine der beiden Methoden der anderen überlegen sei.
Die letzte Frage wird heute fast nur noch von Schreibtischideologen entweder zugunsten der Psychoanalyse oder zugunsten der Verhaltenstherapie eindeutig entschieden. Stehen sie auf seiten der Psychoanalyse, so wissen sie ganz genau, daß Verhaltenstherapie nur kurz dauernde, oberflächliche Symptomheilungen bewirke oder gar grundsätzlich und immer den Kranken schädige, weil sie ihn seiner Freiheit beraube und zum Dressurobjekt einer Gehirnwäsche mache. Verhaltenstherapie behandelt in dieser Sicht den Menschen als ein Ebenbild der Ratte, sie enthumanisiert ihn, indem sie ihn rattenfängerisch manipuliert; sie ist ein Unterwerfungsinstrument kapitalistisch faschistoider Herrschaft.
Vom Gegenschreibtisch her bedient man sich ähnlicher dröhnender Handfeuerwaffen. Die Psychoanalyse leiste nichts, als den natürlichen Spontanheilungsvorgang von Neurosen beträchtlich zu verzögern. Wo Psychoanalyse doch einmal ausnahmsweise günstig wirke, da sei der Grund, daß in der psychoanalytischen Methode unerkannte verhaltenstherapeutische Bestandteile wirksam seien.
Die wahlkampfähnliche Leidenschaftlichkeit der gegenseitigen Beschimpfungen weist auf irrationale und gefühlsmäßige Motive der Parteibildungen hin. Vermutlich handelt es sich um einen Streit mächtiger Königinnen, die ihre Vorherrschaft nicht aufgeben möchten. In beiden Positionen steckt bei manchen ihrer Vertreter der Anspruch zu wissen, was der Mensch letztlich sei und was sein Handeln letztlich bestimme. Psycho-

analyse und Verhaltenstherapie gebärden sich dann als totale Anthropologien. Jede von ihnen versucht die andere ihren eigenen Kategorien einzuverleiben. Natürlich werden auf beiden Seiten auch handfeste Machtpositionen und Interessen verteidigt. Darüber hinaus spielen vorderhand unüberwindliche wissenschaftstheoretische und philosophische Auffassungen und Vorurteile eine Rolle. So vertreten Psychoanalytiker und experimentelle Psychologen häufig unterschiedliche Meinungen über das, was als korrekte Begriffsbildung und schlüssige Beweisführung in der Wissenschaft anzuerkennen sei.

Die Grundprinzipien der Verhaltenstherapie werden an anderer Stelle dargelegt. Doch mag es nützlich sein, den Vergleich mit der Psychoanalyse durch ein Beispiel zu erläutern.

John B. WATSON, der Begründer des Behaviorismus, hat kurz nach dem Ersten Weltkrieg das folgende, etwas außerhalb der Humanität liegende Experiment durchgeführt. Ein elf Monate alter Knabe namens Albert war gewohnt, mit weißen Ratten zu spielen, jenen weißen Ratten, denen die Psychologie so viel Belehrung verdankt. Er wurde nun von dem Experimentator beim Spiel mit diesen Ratten durch ein plötzliches, künstlich erzeugtes Getöse erschreckt. Der Psychologe hatte hinter Klein-Alberts Rücken mit einem Hammer auf eine Stahlschiene geschlagen. WATSON hat nun erwartet, daß der Anblick der weißen Ratte, ein ursprünglich »neutraler« Reiz, durch die Verbindung mit dem Lärm zu einem bedingten Reiz werden würde, der künftig auch ohne den unbedingten Angstreiz des Lärms die Reaktion der Angst hervorrufen müßte. Das ist auch eingetroffen; der Kleine zeigte fortan die neue bedingte Angstreaktion, sobald er die weiße Ratte erblickte. Er hatte auf dem Wege eines Konditionierungsvorgangs eine Rattenphobie als experimentelle Neurose erworben (WATSON & RAYNER 1920).

Dieses Experiment legt bei aller Künstlichkeit der Situation die Frage nahe, ob nicht viele oder gar alle Phobien auf ähnliche Weise entstanden sein könnten: durch zufällige Kopplung eines unbedingten mit einem bedingten Angstreiz. Wenn man die Erfahrung dieses Experiments mit anderen ähnlichen experimentellen Erfahrungen vergleicht, dann kann man vermuten, daß nicht nur Phobien, sondern auch viele andere Neurosen durch die Bildung bedingter Reaktionen am falschen Platz entstehen. Neurosen wären dann Fehlkonditionierungen. Bei der Phobie unseres kleinen Patienten handelt es sich um einen Fall von sogenannter klassischer Konditionierung wie bei dem allbekannten PAWLOWschen Hund. Kind und Hund sind bei einer solchen klassischen Konditionierung im wesentlichen passiv. Der bedingte Reflex entsteht auch ohne ihr Zutun, und er besteht oft vor allem in einer Reaktion des auto-

nomen Nervensystems; beim PAWLOWschen Hund in der Speichelsekretion, beim kleinen Albert in der Angstproduktion.
Nun kennt die Lerntheorie noch andere für die Therapie wichtige Typen von Konditionierungen, z. B. das operante oder instrumentelle Konditionieren. Das Prinzip ist einfach: Plattwürmer, Ratten und Menschen pflegen jene Aktionen zu wiederholen, für die sie unmittelbar nach der Aktion in irgendeiner Form belohnt worden sind. Wenn eine Katze in einem Versuchskäfig sitzt und beim Herumlaufen zufällig auf einen Hebel drückt, der eine Futterklappe öffnet, dann wird sie diese Verhaltensweise des Hebeldrückens, für die sie belohnt worden ist, wiederholen; zumindest, sobald sie Hunger hat. Hier besteht die erlernte Response nicht in einer Aktivität des autonomen Nervensystems, sondern vorwiegend in einer motorischen Aktion. Operante Responsen sind meist motorische Responsen. Auch ein solcher Zusammenhang der Verhaltensformung kann zu Fehlkonditionierungen führen. Ein Kind, das häufig Beschimpfungen ausgesetzt ist, erlebt möglicherweise als unbedingte Response auf den Schreck und die Demütigung des Beschimpftwerdens ein Gemisch von Angst, Kummer und Wut. Diesem Gefühlszustand entsprechen bestimmte vegetative Erregungsprozesse. Man kann nun im nervösen System entgegengerichtete Prozesse hervorrufen, welche die erstgenannten (man nannte sie früher vereinfachend sympathikotone Prozesse) dämpfen, hemmen oder ganz zum Verschwinden bringen. Diese gegenläufigen, vagotonen Prozesse kann man durch verschiedene Maßnahmen in Gang setzen, z. B. dadurch, daß man dem Kind etwas zu essen oder zu naschen gibt. Wenn also das beschimpfte, bekümmerte und wütende Kind in diesem Zustand Schokolade nascht, wird es durch Verminderung der aus Angst, Kummer und Wut zusammengesetzten Unlust belohnt. Das Kind wird darum nach lerntheoretischen Gesetzen diese Handlungsweise, die operante Response des Naschens, in ähnlichen Situationen wiederholen. Auf diese Weise kann sich eine operante Fehlkonditionierung herausbilden, die wir Naschsucht, vielleicht mit dem späteren Ergebnis der Fettsucht, nennen. Eine im Hinblick auf den unmittelbaren Erfolg der Minderung von Unlust sinnvolle Aktion ist nun zu einer auf lange Sicht schädlichen Aktion geworden.
Übrigens gibt es in der Lerntheorie auch Fehlverhaltensweisen, die nicht durch Fehlkonditionierung, sondern durch das Fehlen von notwendigen Konditionierungen erklärt werden. Das gilt z. B. für jene Fälle von Bettnässen, in denen das »Symptom« von der Säuglingszeit an besteht und nie durch eine Beherrschung der Blasenmuskulatur abgelöst worden ist. Bei solchen Fehlverhaltensweisen, bei denen der Mangel von not-

wendigen Konditionierungen die Symptomatik bestimmt, kann man gleich mit dem Aufbau der neuen erwünschten Responsebildungen beginnen.

Nehmen wir nun einmal an, der im Jahre 1921 von WATSON neurotisierte kleine Albert käme heute als erwachsener Mann mit seiner Kleintierphobie in unsere Behandlung. Wir müßten dann mit ihm nicht seine Kindheitsgeschichte in der psychoanalytischen Übertragung erinnern, wiederholen und durcharbeiten, sondern es genügte, die bedingten Angstreaktionen, die jetzt noch vorhanden sind, jetzt auch zu löschen oder zu hemmen. Das kann man mit der Methode der systematischen Desensibilisierung erreichen, die WOLPE und LAZARUS entwickelt haben (WOLPE 1958; WOLPE & LAZARUS 1966). Diese Methode beginnt mit dem Aufbau einer sogenannten Angsthierarchie. Groß-Albert wird also befragt, was ihm zur Zeit am meisten Angst bereite, was ihn in mittlerem Maß und was ihn nur geringfügig verängstige. Er sagt uns dann etwa: Ganz schlimm wäre eine dicke, fette, lebendige Ratte direkt vor ihm; etwas weniger schlimm eine lebendige Katze oder ein Kaninchen oder ein Mäuschen. Auch sie verursachen ihm Angst, aber nicht soviel wie die Ratte. Geringfügig beängstigend wäre ein Foto von Ratte, Katze oder Kaninchen oder eine Phantasievorstellung von kleinen Pelztieren. Auch da gruselt es ihm noch, aber schon eher angenehm, jedenfalls nicht mehr gefährlich. Nun veranlaßt man den Patienten, die unterste Sprosse dieser Angstleiter zu betreten, indem man ihn auffordert, sich ein ganz kleines, ganz liebes Kaninchen ganz weit weg vorzustellen. Das erregt bei ihm nur eine leise, geringfügig unbehagliche Spannung. Jetzt gilt es, ihm irgendeine Aktivität zu zeigen, eine operante Response einzuüben, die mit dieser Angstspannung unverträglich ist und sie verschwinden läßt, wie die Schokolade des naschenden Kindes den Kummer verschwinden ließ. Derartige Aktivitäten, in der Fachsprache »inkompatible Responsen«, mit Angst unverträgliche Responsen, gibt es vielerlei. Man kann einem Kind z. B. ein Kindergewehr in die Hand drücken und sagen »Piff-Paff«, dann ist die Ratte nicht mehr gefährlich. Oder man kann ihm ein Stückchen Schokolade geben, denn wie die Fluggesellschaften wissen, ist das Lutschen von Bonbons inkompatibel mit leichten Angstaffekten. Oder man kann ihm eine einfache Entspannungsübung zeigen, denn muskuläre Entspannung mindert Angst.

Wenn nun mit einer solchen Prozedur die geringfügige Angst beseitigt ist, kann man sich der nächsten Sprosse zuwenden. Man wiederholt die ganze Geschichte. Statt der Vorstellung des weit entfernten ganz kleinen Kaninchens stellt der Patient sich ein schon näher herankommendes größeres Kaninchen

vor. Diese Angst wird wieder mit einer Entspannungsübung desensibilisiert — und so geht es fort, bis nach Wochen der Patient sein Verhaltenstherapie-Abitur vielleicht damit macht, daß ihm eine Ratte auf den Schoß gesetzt wird und er sie streichelt. Ist das gelungen, so ist seine Kleintierphobie wahrscheinlich bewältigt. So wird jeweils der bisher mit einer Angstresponse gekoppelte bedingte Reiz »Kleintier« mit der neuen Response »Entspannung« gekoppelt, die mit der Angstentwicklung unverträglich ist und sie beseitigt. Bei Löwenphobien empfiehlt es sich allerdings, auf die letzte Stufe zu verzichten.
Nun ist diese systematische Desensibilisierung nur eine der zahlreichen Techniken der Verhaltenstherapie. Das Wichtigste und Kennzeichnende all dieser Techniken ist, daß sie die systematische Anwendung von experimentell nachprüfbaren Lerngesetzen darstellen und insofern nicht etwa eine unfundierte, wenn auch als nützlich erwiesene Praxis anbieten, sondern die Anwendung eines strengen theoretischen Systems.
Bei den beschriebenen Therapiemaßnahmen wird man psychoanalytisch fragen müssen, wo denn bei solchen Prozeduren die Charakterstruktur des Neurotikers bleibe. Wie steht es mit einem Infantilismus, mit prägenitalen Fixierungen des Patienten? Was wird aus seinen verzerrten mitmenschlichen Beziehungen? Was wird aus dem gestörten Gefühlskontakt zu Welt und Personen? Wo bleiben seine Konflikte, seine Leistungsstörungen, die Einschränkungen seiner Liebesfähigkeit? Was wird aus seiner Ich-Schwäche und aus seinem Über-Ich, was weiß die Lerntheorie vom Triebschicksal? Wie steht es mit Besetzung und Gegenbesetzung, mit Verdrängung und Abwehr? Wie werden unbewußte Vorgänge berücksichtigt?
Es ist durchaus möglich, viele Grundbegriffe der psychoanalytischen Neurosen-Theorie lerntheoretisch zu deuten. Die Psychoanalytiker vergelten Gleiches mit Gleichem und versuchen, die lerntheoretischen Auffassungen der psychoanalytischen Theorie einzuordnen. Es scheint aber, als sei dieses Hinundherübersetzen von einer Theoriesprache in die andere bisher nicht sehr fruchtbar geworden. Psychoanalytiker behandeln nach wie vor ohne Rücksicht auf Lerngesetze; Verhaltenstherapeuten kümmern sich wenig um unbewußte Phantasien, Regression, Übertragung und Widerstand. Möglicherweise ist das nur ein Generationenproblem. In dem Maße, in dem sich an der psychoanalytischen Ausbildung Psychologen beteiligen, die von ihrem Studium her eine gründliche Kenntnis der Lerntheorien mitbringen, wird es zu einem Eindringen lerntheoretischer Gesichtspunkte auch in die psychoanalytische Praxis kommen.
Zur Zeit scheint den Vertretern beider Richtungen der zwischen ihnen liegende Graben noch so breit und tief zu sein,

daß die Verständigung schwerfällt. Das ändert sich, sobald man sich zu konkreter Zusammenarbeit in der klinischen Praxis und in ihrer theoretischen Analyse entschließt. Darum ist es vielleicht sinnvoll, wenn ich im folgenden an Stelle der Darlegung von Behauptungen und Überzeugungen einen Bericht über Gespräche gebe, wie sie seit einigen Jahren in der Klinischen Abteilung des Psychologischen Instituts der Universität München geführt werden, in der »gemischt-konfessionelle« Partner, Psychoanalytiker und Verhaltenstherapeuten, zusammenarbeiten. Die Verhaltenstherapeuten sagen in diesem Kreise eindrücklich: Psychoanalyse und alle tiefenpsychologisch fundierten Psychotherapien haben in der Verhaltenstherapie einen Konkurrenten gewonnen, der in der Welt von Stunde zu Stunde an Boden gewinnt. Wenn ihr nicht der Atem ausgeht, dann scheint die Wendung zugunsten der Verhaltenstherapie absehbar.

Welche Gründe können die Verhaltenstherapeuten für diese optimistische Auffassung anführen? Theoretische und praktische. Erstens: Die lerntheoretische Erklärung des menschlichen Verhaltens und seiner Störungen, also der Neurosen, der Psychopathien und vielleicht sogar mancher Psychosen, beruht auf einfachen Grundprinzipien; sie ist wissenschaftlich sparsamer als die Psychoanalyse. Zweitens: Diese Grundprinzipien sind weniger spekulativ, sie sind erheblich besser empirisch-experimentell begründet und sie entsprechen besser den Vorschriften der modernen Wissenschaftstheorie. Drittens: Sie scheinen ausreichend die Mehrzahl der klinischen Fakten im Bereich der Neurosen zu bewältigen und auch allen einwandfreien psychoanalytischen Befunden Rechnung zu tragen.

Zu diesen theoretischen Vorteilen der allgemeinpsychologisch begründeten Verhaltenstherapien kommen praktische. Erstens eine wesentliche Verkürzung der Behandlungszeiten und eine Verminderung der Kosten, zweitens eine größere Erfolgsquote, drittens eine kürzere und weniger kostspielige Ausbildung und die Möglichkeit, die Techniken der Verhaltenstherapie auf einem pragmatischen Niveau ärztlichem Hilfspersonal, Krankenschwestern usw. mitzuteilen, die nicht die ganze Komplikation der Theorien mitkonsumieren müssen, um sich gewisse Techniken aneignen zu können. Das bedeutet natürlich eine erhebliche Vergrößerung des Kreises der Helfer und der Hilfsmöglichkeiten. Viertens eine größere Voraussagbarkeit von Erfolg und Mißerfolg schon nach einer kurzen Behandlungszeit. Fünftens ein geringerer Schaden bei Abbruch einer Behandlung und sechstens eine Erweiterung des Indikationsbereiches in Bezirke, zu denen die Psychoanalyse kaum Zutritt hat, z. B. in den Bereich der Verwahrlosung und Kri-

minalität sowie in den Bereich der Zerebralgeschädigten, der Retardierten, der geistig Behinderten usw.
Ich vermute, daß die Mehrzahl dieser Vorteile in fünf oder zehn Jahren auf der ganzen Welt noch viel deutlicher hervortreten wird, als das heute schon der Fall ist. Dazu kommt auf der anderen Seite ein gewisses Unbehagen in der Psychoanalyse, ein Unbehagen, das auch den Psychoanalytiker manchmal beschleicht. Das Unbehagen ist in zwei Dingen begründet: Einmal wächst in uns der Verdacht uns selbst gegenüber, daß unsere Liebe zur Psychoanalyse in einer gewissen eindrücklichen Plausibilität unserer Erfahrungen aus der Lehranalyse und unsere therapeutischen Erfahrungen begründet ist. Es beschleicht uns die Furcht, daß die Plausibilität hier wie überall die Quelle aller Irrtümer in der Wissenschaft ist. Niemand würde sich je irren, wenn Irrtümer nicht so plausibel wären. Man weist in diesem Zusammenhang auf die Vielzahl der psychoanalytischen Schulen hin, auf die Unentscheidbarkeit der ihnen zugrunde liegenden Hypothesen usw. Wenn man ganz schwarze Stunden hat und etwas vom Dechiffrieren verschlüsselter Texte versteht, dann kann man sich fragen, ob die Techniken der Traumdeutung die Summe jener logischen Kunstgriffe seien, die notwendig sind, jeden beliebigen Unsinn in ein Sinngebilde zu verwandeln. Tatsächlich kann man, wenn man traumähnliche Zufalls-, also Unsinnsgebilde herstellt, auf sie die psychoanalytische Methode der Deutung mit vollem Erfolg anwenden. Das alles sind ungemütliche Sachverhalte, und sie fundieren ein gewisses Mißtrauen gegenüber der Psychoanalyse. Ich will nicht bestreiten, daß sich all diese Einwände möglicherweise bewältigen ließen, und nur referieren, welche Einwände immer wieder vorgetragen werden.
Nun gibt es trotz dieser Überlegungen zugunsten der Lerntheorie und zuungunsten der Psychoanalyse Gründe, an Psychoanalyse festzuhalten. Ich gehe also zu den Argumenten über, die die Psychoanalytiker in unserem Haus ihren verhaltenstherapeutischen Kollegen vorzuhalten pflegen. Die Psychoanalytiker sagen: Diese blitzschnellen Analogieschlüsse, in der Befunde von Ratten und Tauben auf Kleinkinder und große Kinder übertragen werden, gehen uns manchmal etwas zu schnell. Die Übertragung experimenteller Befunde, die an der Ratte gewonnen sind, auf den Menschen ist berechtigt, denn es gibt zweifellos eine Ähnlichkeit zwischen Ratte und Mensch; aber wo bleibt die Unähnlichkeit? Wird die Unähnlichkeit von den Lerntheoretikern genauso ernst genommen und berücksichtigt wie die Ähnlichkeit, werden die Unterschiede gesehen? Das ist nicht nur ein spätromantisches Gerede von menschlicher Würde, sondern es stützt sich auf ganz präzise experimentalpsychologische und allge-

meinpsychologische Überlegungen, die natürlich am besten da ansetzen, wo der Unterschied zwischen Mensch und Ratte am deutlichsten wird, z. B. in der Analyse des Gesprächs, des Denkens, der Einsicht, der Erfindung, der Zukunftsplanung, des Zukunftsbezuges. Und hier, sagen die Psychoanalytiker, sofern sie allgemeinpsychologisch gut unterrichtet sind, haben wir den Eindruck, daß die Lerntheoretiker große gesicherte Bereiche der experimentellen Forschung ignorieren. Ja, sie sagen, man sei von SKINNER um so mehr begeistert, je weniger man z. B. von den Problemen der Denkpsychologie und der Sprachpsychologie wisse. Hinzu kommt ein weiterer Vorwurf. Die Psychoanalytiker und viele andere kritische Beobachter sagen, die Lerntheorie und die Verhaltenstherapie lebten von ihrer begrifflichen Unschärfe, z. B. von dem leichtfertigen Gebrauch der Begriffe »Stimulus« und »Response«, die so arglos erweitert würden, daß sie praktisch mit den Begriffen von Ursache und Wirkung oder Bedingung und Folge in der Psychologie völlig identisch würden und damit ihre Unterscheidungskraft verlören. Die Psychoanalytiker könnten weiter darauf hinweisen, daß Verhaltenstherapie und Lerntheorie nicht selten gerade von der Ungenauigkeit in der Erhebung der Befunde zu leben scheinen, von der Unsauberkeit im Phänomenologischen. Hingewiesen sei auf SKINNERS Analyse der Phänomene der Abstraktion, die mir ein Schulbeispiel für eine solche phänomenologische Schlamperei zu sein scheint (SKINNER 1953, 1957). Es ist dieselbe Ungenauigkeit, mit der bestimmte Kybernetiker Bewußtseinsphänomene als solche mit kybernetischen Begriffen total zu verwalten und zu vergewaltigen versuchen. Ferner weisen die Psychoanalytiker darauf hin, daß die Lerntheorie eine allzu enge Allianz mit billiger Vulgärmetaphysik eingegangen sei, die den Bereich vertretbarer empirischer Forschung weit überschreitet, und daß sich darin ein bedauerlicher Mangel an Problembewußtsein offenbare. Schließlich paßt es den Psychoanalytikern nicht, daß die Lerntheorie und die Verhaltenstherapie in einer so einseitigen Weise die Priorität, ja die Exklusivität experimenteller Methoden vertreten.

Den Psychoanalytikern wird von den Lerntheoretikern vorgeworfen, sie trieben keine experimentelle Wissenschaft und seien zu leichtfertig in der Annahme kausaler Zusammenhänge, die nur in vagen Plausibilitäten gründen, nicht aber methodischer Verifikation unterzogen worden sind. Man muß schlicht zugeben, daß das wirklich ein Mangel ist und heute nicht mehr dem Stand der Forschung entsprechen kann. Dieser Mangel der Psychoanalyse ist aber zugleich die Kehrseite ihrer eigentlichen Stärke. Mir fehlt durchaus der Mut, für die psychoanalytische Libidotheorie, für die Phasenlehre oder für manches andere der traditionellen Lehrstücke auf die Barrikaden zu gehen, aber ich meine, eine Stärke der Psychoanalyse liege darin, daß sie darauf besteht, keine Anthropologie und keine Neurosenlehre könne nur mit experimentellen Methoden auskommen. Sie besteht darauf, daß auch interpretative, hermeneutische Methoden immer und grundsätzlich für jede Psychologie notwendig sind. Der Grund ist einfach der, daß Experimente nicht reden. Nur Experimentatoren reden, und sie reden manchmal auch zuviel. Bevor man ein Experiment ansetzt, muß man eine Frage stellen, und wenn man ein Experiment zu Ende geführt hat, muß man es interpretieren. Diese beiden Vorgänge sind selbst nicht experimentell, sie sind interpretativ. Alles Experimentieren ist notwendig umfangen von Zusammenhängen, die selbst nicht experimentell erhoben und gesichert werden können.

Interpretation wird eindrucksvoll, wenn wir auf die solideste hermeneutische Leistung hinweisen, die wir in der Psychoanalyse kennen, und die ist, wie mir scheint, keineswegs die Traumdeutung. Ich meine einmal die Interpretation gewisser neurotischer Symptome, wie z. B. die Interpretation der beiden Zwangsneurosen, die FREUD in den »Vorlesungen zur Einführung in die Psychoanalyse« (FREUD 1966) deutet; ferner die vielen Interpretationen, die dem Laien die Psychoanalyse am besten zugänglich machen: nämlich jene, die in FREUDS »Psychopathologie des Alltagslebens« enthalten sind, also vor allem die Interpretationen gewisser einfacher Fehlleistungen wie des Vergessens von Namen. In ihnen zeigt sich die Stärke der psychoanalytischen Methode, von solchen Fehlleistungen her den biographischen und charakterologischen Hintergrund einer Person zu erhellen.

Hier liegt ein weiterer Grund, aus dem die Psychoanalytiker, selbst wenn sie viel von experimenteller Psychologie verstehen und alle Forderungen der Experimentalpsychologie als berechtigt anerkennen, zäh und unverdrossen an der Psychoanalyse festhalten. Es gibt gewisse Erfahrungen solcher Interpretationen in der eigenen Lehranalyse, in der ein Mensch den Eindruck gewonnen hat, daß jedenfalls er für seine Person in einer unersetzbaren Weise in seinem Verhalten und Befinden sich selbst durchsichtig geworden ist. Solche Erfahrungen beweisen wissenschaftlich natürlich vor der Öffentlichkeit wenig. Auf der anderen Seite sind sie für den Wissenschaftler, der diese Erfahrungen hat, Gegebenheiten seiner eigenen Biographie, die er nicht einfach außer acht lassen kann und die ihn selbst mit guten Gründen zu der Überzeugung kommen lassen, daß hier ein Verfahren angewendet worden sei, das mindestens in seinem Fall zu einem offenbar zuverlässigen Ergebnis geführt hat. Ich will über den Rang dieses Arguments nicht streiten, wohl aber möchte ich darauf bestehen, daß diese Erfahrung auch für einen kritischen und methodenbewußten Forscher ein eindrucksvolles Motiv sein kann, an der Authentizität seiner Befunde festzuhalten. Wenn man nun aus solchen Gedanken etwas wissenschaftstheoretisch Haltbares machen will, dann darf man darauf hinweisen, daß es außer dem Beweis aus dem Entscheidungsexperiment auch noch die in anderen Wissenschaften, z. B. in der Geschichtsforschung, anerkannte und bewährte Methode des Konvergenzbeweises gibt, in dem eine hohe Wahrscheinlichkeit dadurch zustande kommt, daß eine Fülle von Indizien gemeinsam in eine bestimmte Richtung konvergiert. Dieser Konvergenzbeweis hat nach wie vor eine erhebliche Dignität.

Schließlich weisen die Psychoanalytiker darauf hin, daß in den tiefenpsychologischen Ansätzen das Ganze der menschlichen Person und der Biographie zwar oft vage und unexakt, aber in einer umfassenderen Perspektive sichtbarer wird als in den Lerntheorien, die nur einen Ausschnitt aus den Determinanten des menschlichen Verhaltens erfassen. Ich kann das hier auf dem knappen Raum nur andeuten. Man findet eine eindrucksvolle Fassung dieses Gesichtspunktes in der Arbeit eines der bekanntesten und seriösesten Experimentalpsychologen der Gegenwart, nämlich in dem Buch von J. NUTTIN: »Psychoanalyse und Persönlichkeit« (1956). NUTTIN stellt seine Überlegungen über die Psychoanalyse in einen Zusammenhang, der nicht experimenteller Art ist, sondern den Entwurf einer anthropologischen oder gesamtpsychologischen Konzeption darstellt. Das scheint mir ein vernünftiges Verfahren zu sein, wenn man bedenkt, daß auch die Lerntheorie im Zusammenhang einer solchen anthropologischen Gesamtkonzeption steht, die nur in der Regel als latente Anthropologie verborgen und verschwiegen bleibt.

Weiter meinen die Psychoanalytiker, Neurose sei nicht nur Symptom, sondern immer auch »falsches Bewußtsein«. Neurose ist »falsche Weltauffassung«, sagt FREUD. Wenn ein Hysteriker Neigungen zur Prüderie und zu Verdrängungen des Sexuellen zeigt, dann bedeutet dies, daß er die Wichtigkeit, den Rang und den Wert von Geschlechtlichkeit im Ganzen des Menschseins nicht anerkennen mag. Das ist falsches Bewußtsein — es sei denn, er hätte recht mit seiner Abwertung des Sexuellen. Nehmen wir aber als gesichert an, diese Abwertung sei unangemessen, dann haben wir den Fall eines solchen falschen Bewußtseins in der Neurose. Nur die Psychoanalyse scheint dieser Seite der Angelegenheit gerecht zu werden. Der Sachverhalt ist von FREUD großartig formuliert in einem Satz, den man eigentlich als einen daseinsanalytischen Satz bezeichnen könnte: »Der Neurotiker wendet sich von der

Wirklichkeit ab, weil er sie, ihr Ganzes oder Stücke derselben, unerträglich findet.« (FREUD 1964, Bd. VIII, S. 230) Neurose, mit den Worten Felix SCHOTTLAENDERS formuliert, wäre also ein Protest gegen eine oder mehrere Determinanten des Daseins (SCHOTTLAENDER 1959, S. 47 u. 56). Diese Seite der Neurose wird nach Auffassung der Psychoanalytiker von den Lerntheoretikern nicht ausreichend in Rechnung gestellt. Natürlich läßt sich auch hier wiederum einiges zugunsten der Verhaltenstherapie einwenden, doch würde die Diskussion darüber in diesem Zusammenhang zu weit führen.

Ein letztes Unbehagen an der Verhaltenstherapie läßt sich auf die folgende Formel bringen: Wenn man sich fragt, in welchem Bereich des Menschen die Therapie ansetzt, dann differenzieren sich zunächst von unserer Erfahrung her leicht zwei gegensätzliche Pole. Die gewohnte medizinische Therapie setzt gewissermaßen am materiellen Pol des menschlichen Daseins an; sie ändert biochemische Stoffwechselverhältnisse, etwa als Substitutionstherapie oder als antitoxische Therapie oder wie immer. Der Gegensatz wäre eine Therapie, die direkt einzuwirken versucht, sagen wir einmal auf die »geistigen«, auf die existentiellen Haltungen und Fehlhaltungen des Menschen, also auf die von FREUD beschriebene falsche Abwendung von der Wirklichkeit. In dem Augenblick, wo ein Mensch dazu geführt wird, Wirklichkeit, ihr Ganzes oder Stücke derselben, anzuerkennen und als sinnvoll zu akzeptieren, würden sich zentrale Vorgänge der Umwertung, der Ummotivation ergeben, die nun eine ordnende Auswirkung auf den gesamten Organismus haben können. Zwischen diesem erstgenannten materiell-physikochemischen Bereich der Ordnung und Unordnung und dem personalen, existentiellen, geistigen Bereich von Ordnung und Unordnung gibt es nun vermittelnde Bereiche, die auch ihre eigenen Ordnungs- und Unordnungsformen haben. Sie sind weder mit physikochemischen noch mit geistigen Ordnungsmitteln zu erreichen, also weder der materiellen noch der, sagen wir, »logotherapeutischen« Einwirkung im weitesten Sinn zugänglich.

Dieser Zwischenbereich der vorpersonalen Psychismen oder der seelischen Mechanismen oder der Konditionierungen hat nun eine Eigenständigkeit und Eigengesetzlichkeit. Gerade diese scheint in der Lerntheorie besonders exakt herausgearbeitet worden zu sein. Es ist keine Schande, einen relativ selbständigen Ordnungsbereich wie den der Konditionierungen und Fehlkonditionierungen, den uns die Lerntheoretiker beschreiben, relativ ausschneidend und auswählend unter Zurückstellung anderer Ordnungsbereiche anzugehen, denn Abstraktion ist keine Negation. Wenn die Lerntheoretiker recht haben und die eigentümlichste Unordnung der Neurose vorwiegend in diesem Bereich zu finden ist, wenn vorwiegend Konditionierungsmechanismen das Neurotische an der Neurose ausmachen, besteht kein Grund, sich mit diesen Mechanismen nicht auch selektiv zu befassen. Das Unbehagen, das den Psychoanalytiker bei diesem Verfahren beschleicht, liegt in dem Verdacht, es könnte dieser Bereich von der Verhaltenstherapie so exklusiv betrachtet werden, daß möglicherweise noch wichtigere Momente der Ordnung und Unordnung, die in jenem zentralen und personalen Bereich liegen, vernachlässigt werden. Anders ausgedrückt: Wir kennen Verhaltensänderungen bei Menschen aus mehreren Gründen, einmal durch physikalisch-chemische Veränderungen, dann durch biologisch-vorprogrammierte Veränderungen nach Art der Reifung und des Wachstums, wie sie die Verhaltensphysiologie im Sinn von LORENZ beschreibt. Wir kennen Verhaltensänderungen durch materiell-traumatische Veränderungen der Struktur des Organismus. Wir kennen Verhaltensänderungen durch Lernvorgänge. Auf einer anderen Ebene kennen wir Verhaltensänderungen aufgrund von Einsicht. Nun hat eine solche Verhaltensänderung durch Einsicht erstens sicher auch etwas mit Konditionierungsvorgängen zu tun, zweitens sicher nicht nur etwas mit Konditionierungsvorgängen zu tun, aber — was hat das alles mit der Neurose und ihrer Überwindung zu schaffen?

Es ist denkbar, daß ähnliche Vorgänge, die nicht vorwiegend oder nicht nur in Konditionierungen begründet sind, sondern etwas mit der Deutung des Daseins zu tun haben, auch in der Neurose und in ihrer Überwindung eine Rolle spielen. In der Neurose könnten Fehldeutungen des Daseinssinnes eine Bedingung der Erkrankung und Richtigstellung dieser Fehldeutungen eine Bedingung der Heilung sein. Das wäre beachtenswert, selbst wenn es sich nicht auf alle Neurosen, sondern nur auf einige unter ihnen bezöge. Mögliche Überwindung der Fehldeutung von Sinnbezügen ist schon in der ersten Beschreibung des psychotherapeutischen Prozesses enthalten, in der FREUD das Wirken des Psychotherapeuten kennzeichnet als »das Wirken eines Lehrers, eines Aufklärers, eines Künders einer neueren und besseren Weltauffassung« (FREUD 1964, Bd. I, S. 285). Aus solcher Sicht läßt sich nun freilich das Tun des Verhaltenstherapeuten leicht als das eines Menschen interpretieren, der einen anderen nach dem Bild der Ratte formt und den Menschen sozusagen hinter dem Rücken seiner Freiheit mit Dressurvorgängen manipuliert. So sagt denn auch Alexander MITSCHERLICH, daß die Konditionierungstherapie zu einem Freiheitsverlust führe. Soweit ich Einblick in Verhaltenstherapien gewonnen habe, scheint mir just das Umgekehrte der Fall zu sein, daß nämlich der Abbau freiheitsbeschränkender Konditionierungen zu einem Gewinn von Freiheit geführt hat. In der Tat liegt in der Verhaltenstherapie ein solcher Gewinn. Aber es liegt auch ein Stück Demütigung in ihr, weil sie Einsicht in eine Abhängigkeit des Menschen erzwingt. Der Mensch ist zwar keine Ratte, aber immerhin ein Wirbeltier. So ist von vornherein die Vorstellung, daß bei ihm Verhalten auch von den Gesetzen mitbestimmt wird, die ihn mit anderen Tieren gemeinsam beherrschen, nur für den etwas Anstößiges, der ein Stück Wirklichkeit des Menschen nicht ertragen kann, der gegen eine Determinante seines Daseins, nämlich gegen seine eigene Animalität protestiert.

Wir gingen davon aus, daß in der Lerntheorie zumindest ein ganz fundamentaler Befund der Psychoanalyse radikal mißachtet zu werden scheint, nämlich der eben zitierte daseinsanalytische Grundsatz von Sigmund Freud. Ist dieser neurotische Protest gegen die Determinanten des Daseins, der alle Abwehrmechanismen in seinen Dienst stellen kann, ist dieser Grundprotest gegen ein Stück Wirklichkeit tatsächlich mit ein paar Umkonditionierungen zu bewältigen, oder muß diese Abwehr nicht Punkt für Punkt durchgearbeitet werden? Muß der Patient nicht lernen, wie Freud das ausdrückt, ein Stück Wirklichkeit nach dem anderen entweder zu ertragen und sich darauf einzustellen — insofern ist Psychotherapie in der Tat immer Anpassung —, oder nach Möglichkeit zu verändern — insofern ist Psychotherapie immer auch ein Stück Erziehung zur Weltveränderung —? Können wir uns Bewußtseinserweiterung, reifende Selbsterfahrung und Selbstverständnis ersparen, indem wir uns einer Umkonditionierung überlassen? Auf diese Frage glauben die Lerntheoretiker eine Antwort geben zu können, weil sie annehmen, daß all diese charakterologischen oder daseinsanalytischen oder wie immer zu charakterisierenden Befunde der Analytiker gar nicht neurosenspezifisch, sondern durchschnittlich menschlich sind und sich aus diesem Grund auch bei allen Neurotikern finden. Oder die Lerntheoretiker sagen, daß auch solche Befunde nur kompliziertere, komplexe Formen der Fehlkonditionierung darstellen und darum prinzipiell auch auf dem Wege der Umkonditionierung zu beseitigen sein müßten.

Prüfen wir also dieses Prinzip der Prinzipien der Psychoanalyse, den Satz von Freud: »Der Neurotiker wendet sich von der Wirklichkeit ab, weil er sie unerträglich findet.« Gibt es eine Möglichkeit, auch dieses daseinsanalytische Zentrum der psychoanalytischen Neurosentheorie lerntheoretisch zu deuten? Ist der Prozeß gegen die Determinanten des Daseins auch eine konditionierte Reaktion? Man kann vielleicht sagen, daß der Satz von Freud eine klassische Beschreibung jenes fundamentalen lerntheoretischen Prinzips enthält, das die Verhaltenstherapeuten als »Vermeidungslernen« bezeichnen.

Die Abwendung von der Wirklichkeit in Form der Verdrängung, der Verschiebung, der Projektion, der Umkehrung ins Gegenteil, des Ungeschehenmachens, all diese Abwehrmechanismen können interpretiert werden als die Summe jener inneren Kunstgriffe, jener operanten Responsen, die konditioniert werden, weil ihnen sofort eine Belohnung folgt. Sie werden belohnt, weil sie sofort ein Stück der unerträglichen Wirklichkeit, auf die der Neurotiker in der Konfliktsituation stößt, entweder beseitigen oder mindestens vernebeln. Anders ausgedrückt: Diese fehlkonditionierten Responsen mindern sofort Angst, Scham, Trauer, Unlust, die beim Zusammenstoß mit der unerträglichen inneren oder äußeren Wirklichkeit entstehen. Weil diese Aktivität etwas leistet, weil ihre Belohnungen sofort eintreten, die üblen Folgen aber erst viel später, wird diese operante Response beibehalten, trotz aller üblen späteren Konsequenz.

Meine psychoanalytischen Freunde werden, vielleicht mit Betrübnis, vielleicht mit Schadenfreude feststellen, daß ich inzwischen, von neurotischen Widerständen zur Strecke gebracht, den »rechten Weg« verlassen habe. Der Vorwurf erscheint mir ungerechtfertigt. Wenn auch die lerntheoretische Auffassung der Neurose und ihrer Heilungsprinzipien nicht bei allen Erscheinungen der Neurose und der Psychoanalyse zur Erhellung oder Erklärung herbeigezogen werden kann, so vertieft und vereinfacht sie doch unser theoretisches Verständnis wahrscheinlich in vielen Punkten; zudem macht sie es experimentell prüfbar, und es wäre ganz unsinnig, eine solche Chance auszuschlagen.

Diese Auffassung enthält nun gleichzeitig einige praktische Konsequenzen. Die verhaltenstherapeutischen Behandlungsmethoden ergänzen und vereinfachen unser therapeutisches Instrumentarium. Wie hoffnungslos es beispielsweise ist, neurotische Kinder in größerer Anzahl psychoanalytisch behandeln zu lassen, weiß jeder, der in der Nahkampfpsychagogik steht, etwa in der Erziehungsberatung oder in poliklinischen Instituten arbeiten muß. Hindernis ist der zeitliche und geldliche Aufwand, auch die Widerstände der Eltern stehen dagegen; vor allem aber wären nach kurzer Zeit alle verfügbaren Kinderanalytiker ausgebucht. Für eine nüchterne Rechnung wird die Psychoanalyse die Riesenkluft zwischen Angebot und Nachfrage im Hinblick auf Neurose und Therapie nie überwinden können, auch wenn wir all unsere Energie und alle verfügbaren Mittel in die Ausbildung von Psychoanalytikern investieren könnten.[1] Hier zeigt die Verhaltenstherapie einen

---

1 Vgl. GÖRRES, HEISS, THOMAE, UEXKÜLL: Denkschrift der Deutschen Forschungsgemeinschaft über die Lage der Ärztlichen Psychotherapie und Psychosomatischen Medizin. Wiesbaden 1964.

Silberstreifen am Horizont, weil sie mit weit geringerem Aufwand auskommt. Das alles sind Gesichtspunkte, die für den Praktiker eine gewichtige Rolle spielen. Schließlich ist zu sagen, daß wir angesichts der wissenschaftstheoretischen Bewegung in der Psychologie und Medizin der Gegenwart eine große Chance haben, für diesen Weg der Verhaltenstherapie viele Mitarbeiter zu gewinnen, die für die Psychoanalyse nun einmal nicht zu haben sind.

Auf der anderen Seite habe ich den Eindruck, den ich freilich nicht beweisen kann, daß bei nicht wenigen Neurosen die Psychoanalyse, die freie Assoziation, das analytische Gespräch eben jene Instrumente sind, mit denen gewisse komplizierte, ins Charakterologische gehende Fehlkonditionierungen des Phantasierens, des Denkens, vor allem aber des Fühlens zur Zeit am wirksamsten beseitigt werden. Es gibt zudem Menschen, und zwar nicht wenige, die in der Psychotherapie nicht nur Beseitigung von Symptomen suchen, sondern das ihnen nirgendwo sonst gewährte Gespräch, die Überwindung der Einsamkeit, das erstmalige Finden einer verstehenden Mitmenschlichkeit. Alles das scheint vorerst die Psychoanalyse in einer reicheren Form anzubieten als die Verhaltenstherapie. Das bedeutet, daß die psychoanalytische Therapie nach wie vor für bestimmte, in zentrale Bereiche der Persönlichkeit herabreichende Neurosen die Methode der Wahl bleiben wird. Möglicherweise aber werden wir Psychoanalytiker das, was wir tun, aufgrund der Einsicht in lerntheoretische Gesetze besser verstehen, als wir es vorher verstanden haben. Vielleicht werden wir durch diese Einsichten auch *unser* Verhalten verändern und verbessern. Wir werden uns in der Methode weiterentwickeln.

Schließlich aber habe ich den Eindruck, daß es oberflächliche, relativ harmlose Fehlkonditionierungen in Kindheitskrisen gibt, also neurotische Symptome wie Bettnässen, Nägelkauen, Einkoten usw., die tatsächlich ähnlich gebaut sind wie das künstliche neurotische Symptom in der experimentellen Neurose. Wahrscheinlich können solche Symptombildungen durch Fehlkonditionierung Kerne umfänglicherer neurotischer Fehlentwicklungen abgeben, die man dem Kind durch eine pragmatisch-symptomatisch orientierte Verhaltenstherapie ersparen kann. Es ist aus allen diesen Gründen notwendig, daß Verhaltenstherapie verstanden, daß sie gelehrt, daß sie gekonnt wird.

Ich stelle mir vor, daß wir in der gemeinsamen Arbeit und im gemeinsamen Gespräch zwischen Psychoanalytikern und Verhaltenstherapeuten nicht so bald zu einer Synthese oder einer »psychoanalytischen Verhaltenstherapie« kommen, sondern daß wir auf getrennten Wegen weitergehen. Aber ich verspreche mir von solchen Gesprächen, die der Pluralität der Krankheitsursachen, der Pluralität des methodischen Zugangs, der Pluralität der Indikationen gerecht werden, daß wir möglicherweise eine durch den Einfluß der Psychoanalytiker verfeinerte Verhaltenstherapie entwickeln können, die bestimmte wichtige, bis heute nur in der Psychoanalyse gesehene Phänomene besser berücksichtigt. Ich verspreche mir weiter von einem solchen Gespräch zwischen Psychoanalytikern und Verhaltenstherapeuten eine durch Verhaltenstherapie vereinfachte und verkürzte Form der Psychoanalyse. Wenn eine gewisse Aussicht besteht, das Gespräch zwischen der Verhaltenstherapie und der Psychoanalyse aus dem Jahrzehnt einer rechthaberischen, »konfessionellen« Kontroverse herauszuführen zu dem Versuch, voneinander etwas zu lernen, dann hoffe ich, daß wir vielleicht schon in fünf oder zehn Jahren so weit sein werden, uns gegenseitig etwas zu geben und gegenseitig etwas voneinander anzunehmen. Das wird dann gelingen, wenn wir jene menschliche Grundeigenschaft mäßigen, die wie kein anderes Hindernis der Klärung von Kontroversen im Wege steht und die wie keine andere Eigenschaft Lerntheoretikern und Psychoanalytikern gemeinsam ist: eine sanfte Neigung zur Rechthaberei.

Literaturverzeichnis

FREUD, S.: Ges. Werke Bd. 1. Frankfurt/M. 1964.
FREUD, S.: Ges. Werke Bd. VIII. Frankfurt/M. 1964.
FREUD, S.: Vorlesungen zur Einführung in die Psychoanalyse. In: Ges. Werke Bd. XI. Frankfurt/M. 1966.
NUTTIN, J.: Psychoanalyse und Persönlichkeit. Fribourg 1956.
SCHOTTLAENDER, F.: Das Ich und seine Welt. Stuttgart 1959.
SKINNER, B. F.: Science and human behavior. New York 1953.
SKINNER, B. F.: Verbal behavior. New York 1957.
WATSON, J. B. & R. RAYNER: Conditioned emotional reactions. In: Journal of experimental Psychology 3 (1920), S. 1 ff.
WOLPE, J.: Psychotherapy by reciprocal inhibition. Stanford 1958.
WOLPE, J. & A. LAZARUS: Behavior Therapy Techniques. Oxford 1966.

Standardwerke der Verhaltenstherapie sind in dem Literaturverzeichnis des Beitrags von R. Cohen (S. 103/104) angeführt.

Rudolf Cohen
Grundlagen der Verhaltenstherapie

Verhaltenstherapie gilt als eine der modernsten Formen der Therapie und ist doch zugleich in ihren Grundlagen gewiß die älteste: Seit jeher haben Menschen und ihre Vorfahren versucht, das Verhalten zumindest ihrer jüngeren und schwächeren Artgenossen durch Belohnung, Bestrafung, Nicht-Beachtung oder auch dadurch zu beeinflussen und auszuformen, daß sie alte Inhalte in neuen Zusammenhängen erscheinen ließen. Was ist dann aber das Besondere an der Verhaltenstherapie, was rief in den sechziger Jahren diesen schier unglaublichen Interessenzuwachs hervor, der fast der lawinenartigen Ausbreitung pharmazeutischer Tranquilizer im selben Zeitraum vergleichbar erscheint?

Sieht man von einem weitgehend unbeachtet gebliebenen hausinternen Arbeitsbericht von LINDSLEY, SKINNER und SOLOMON aus dem Jahre 1953 ab, so wurde der Begriff »Verhaltenstherapie« (»behavior therapy«) erst 1958 von LAZARUS und — unabhängig davon — 1959 von EYSENCK eingeführt. Schon heute ist aber die Menge der empirisch fundierten Publikationen zu diesem Stichwort so groß, daß kein Verhaltenstherapeut mehr in der Lage sein dürfte, auch nur die Hälfte der einschlägigen Arbeiten noch einigermaßen regelmäßig zu verfolgen. Entscheidend für diese Hausse war sicher vor allem das in den letzten Jahren rapide gestiegene Interesse der Öffentlichkeit an sozialen Fragen, das den eklatanten Mangel an Therapeuten offenkundig werden ließ und die bereits bestehende Unzufriedenheit mit der Effizienz der herkömmlichen Therapieformen beträchtlich steigerte. Mit spektakulären Erfolgsziffern von anerkannten Wissenschaftlern eingeführt, erhoffte man von der Verhaltenstherapie, was man in den älteren Formen der Psychotherapie vermißte: wirkungsvolle und ökonomische Maßnahmen, mit denen möglichst vielen Patienten geholfen werden kann. Obwohl die Erfolgsziffern in den letzten Jahren gesunken sind, steigen die Kurse noch weiter; vermutlich im Vertrauen auf die vielfältigen Bemühungen, das Ideal der praxis-bezogenen Wissenschaftlichkeit auch weiterhin nicht zum bloßen Image der Verhaltenstherapie absinken zu lassen.

Das Neue und Eigenartige an der Verhaltenstherapie ist eigentlich nur der Versuch, jene Methoden und Erkenntnisse

bei der Behandlung abnormen Verhaltens systematisch einzusetzen und auf ihre therapeutische Brauchbarkeit hin zu überprüfen, die in den letzten Jahrzehnten vor allem von Psychologen und Verhaltensforschern in unzähligen Experimenten über die Gesetzlichkeiten des Lernens erarbeitet wurden. Demgemäß wurde die Verhaltenstherapie auch immer wieder als eine Realisierung der Lerntheorie in der pädagogischen und therapeutischen Praxis beschrieben. Eine solche Charakterisierung ist allerdings in zweierlei Hinsicht problematisch: Erstens gibt es nicht »die« Lerntheorie, sondern es gibt nur eine Anzahl nicht mehr zu bezweifelnder Gesetzmäßigkeiten, deren theoretische Begründung jedoch noch immer Gegenstand lebhafter Kontroversen ist, die mit immer neuen Experimenten ausgetragen werden (vgl. Foppa 1966). Zweitens gewinnen in der Verhaltenstherapie mehr und mehr auch die Erkenntnisse sozialpsychologischer Forschung über die Bedingungen und Prozesse sozialer Einflußnahme sowie über Einstellungsänderungen und Imitationsverhalten an Bedeutung (vgl. Bandura 1970; Krasner 1971). Schließlich erfolgt ja letztlich jede Verhaltenstherapie in einer sozialen Situation, bei der es zu den Obliegenheiten des einen Partners gehört, das Verhalten des oder der anderen modifizieren zu wollen. Die Verhaltenstherapie erscheint somit als systematische Anwendung der Methoden und Erkenntnisse lernpsychologischer Forschung in einer Situation sozialer Einflußnahme.
Es wird immer wieder behauptet, die Verhaltenstherapie stünde im Gegensatz zur klassischen Psychiatrie und zur Psychoanalyse. Wieviel Sinn in einer solchen Aussage steckt, ist schwer zu entscheiden; denn je nach der Fragestellung lassen sich — wie bei einem Vergleich der chinesischen, französischen oder gar englischen Küche — sowohl beachtenswerte Gemeinsamkeiten als aber auch wichtige Unterschiede aufweisen. Ob man solche Unterschiede dann als Ergänzungen begrüßt oder aber als Diskrepanzen polemisch herausstellt, ist eine Frage der Einstellung. In den ersten Jahren der Verhaltenstherapie überwog gewiß die Polemik. Das ist nicht zu verwundern, denn Polemiken gibt es um so mehr, je komplizierter die zur Diskussion stehenden Sachverhalte sind und je weniger Wissen an die Stelle vorgefaßter Meinungen getreten ist. Das menschliche Verhalten und seine Störungen sind aber gewiß komplizierte Sachverhalte, und vorgefaßte Meinungen überwiegen das fundierte Wissen immer noch beträchtlich, auch wenn man alle Erkenntnisse der klassischen Psychiatrie, der Psychoanalyse und der Lernpsychologie zusammennimmt.
Es soll hier nicht auf die zahlreichen Versuche eingegangen werden, verhaltenstherapeutische Erfolge psychoanalytisch zu erklären oder umgekehrt psychoanalytische Gedankengänge

und Behandlungsverläufe lernpsychologisch darzustellen, wie es DOLLARD und MILLER bereits 1950 in eindrucksvoller Weise versucht haben. Wichtiger als solche Übersetzungsspiele, wichtiger aber auch als die Frage nach der Angemessenheit des medizinischen Krankheitsbegriffs für psychische Auffälligkeiten (vgl. ALBEE 1969; SCHEFF 1966; SZASZ 1961) oder eine Diskussion der für die Zukunft gewiß entscheidenden Probleme um die Bedingungen, unter denen gewisse Faktoren für die Entstehung abnormen Verhaltens verantwortlich sind — und über die wir noch so erschreckend wenig wissen —, erscheint mir in diesem Rahmen ein anderer Punkt:

Nachdem im Gefolge der Aufklärung der Glaube an Geister und Dämonen als Ursachen psychischer Störungen aufgegeben worden war, begann man auch in der Psychiatrie — fasziniert von den Erfolgen der Naturwissenschaften — nach den verborgenen Ursachen im Körperlichen zu suchen. Zumindest bezüglich der progressiven Paralyse, der Phenylketonurie[1], des Mongoloismus sowie mancher Formen der Epilepsie waren diese Bemühungen auch von Erfolg gekrönt. Bezüglich der weitaus größeren Gruppen von Neurotikern, Schizophrenen und Depressiven blieben die bisherigen Befunde aber weit hinter den Erwartungen zurück. Noch immer befindet sich der Psychiater somit weitgehend in der Rolle des Rabbi aus Judenwitzen, der gescheite Antworten geben soll, wo sichere Antworten nicht möglich sind. — Parallel zu den Bemühungen der klassischen Psychiatrie suchte auch die Psychoanalyse nach den verborgenen Ursachen abnormen Verhaltens im Inneren des Menschen. Vermutete die klassische Psychiatrie die Ursachen im Körperlichen, so glaubte die Psychoanalyse, innerpsychische Konflikte, die auf bestimmte Probleme der frühen Kindheit zurückzuführen sind, als Ursachen aufweisen zu können. Dank ihrer Bemühungen — sowie mancher Tierexperimente — kann heute kaum mehr bezweifelt werden, daß Erfahrungen der frühen Kindheit nachhaltigen Einfluß auf das spätere Leben und daß Störungen in der frühen Kindheit schwerwiegende Störungen im Erwachsenenalter im Gefolge haben können.

Kein vernünftiger Verhaltenstherapeut wird diese Tatsachen bestreiten. Keiner wird bezweifeln, daß die körperlichen Bedingungen des Organismus — inbegriffen die Prozesse der Reifung, des Alterns oder auch nur etwa die Ermüdung — sowie die jeweilige Lebensgeschichte des Individuums entscheidend die Möglichkeiten des Verhaltens determinieren. Gewohnt an das Studium von Tierexperimenten, wird es auch keinen befremden, daß der weitaus größte Teil dieser Ein-

---

[1] erbliche Störung des Abbaus von Phenylalanin, zu Schwachsinn führend. — Der Hrsg.

flüsse unbewußt erfolgt. Im Unterschied zu den klassisch orientierten Psychiatern und Psychoanalytikern betont aber die Verhaltenstherapie, daß die Art des Einflusses dieser Bedingungen auf das Verhalten außerordentlich unspezifisch ist. Dieselbe Ursache kann verschiedene Verhaltensweisen zur Folge haben, so wie dasselbe Verhalten durch die verschiedensten Ursachen determiniert sein kann. Wie unterschiedlich verhalten sich doch Verliebte — sie reduzieren den Kontakt mit anderen, sie schreiben vermehrt Briefe, sie schauen sich lange an, und vieles andere mehr; nun, auch Depressive reduzieren den Kontakt mit anderen, auch Querulanten schreiben vermehrt Briefe, und verlängertes Anschauen findet sich auch bei Defekt-Schizophrenen. Alle bislang bekannten körperlichen und frühkindlichen Ursachen abnormen Verhaltens stecken nur einen gewissen Rahmen der Möglichkeiten ab; sie besagen aber nicht, was innerhalb dieser Grenzen geschehen wird. Mehr noch: Sie alle sind keine notwendigen Bedingungen spezifischer Störungen des Verhaltens.

Dieser weite Spielraum zwischen körperlichen und frühkindlichen Ursachen einerseits und manifesten Verhaltensstörungen andererseits ist das Arbeitsfeld der Verhaltenstherapie sowie der mit ihr gekoppelten lern- und sozialpsychologischen Forschung. Wenn dieselben Gegebenheiten zu unterschiedlichen Verhaltensweisen führen und recht unterschiedliche Gegebenheiten dieselben Verhaltensstörungen im Gefolge haben können, dann muß es an dem spezifischen Wechselspiel des Organismus mit seiner Umwelt liegen, welche der einem Individuum möglichen Verhaltensweisen realisiert werden. Liegt es aber an dem Wechselspiel mit der Umwelt, welches Verhalten ein Organismus zeigt, so müßte es auch möglich sein, durch eine systematische Beeinflussung dieses Wechselspiels das Verhalten so zu ändern, daß unter den jeweiligen Möglichkeiten eines Menschen die realitäts-angepaßteren und effizienteren gestärkt bzw. die störenderen und ineffizienteren geschwächt werden. Gewiß, bei jedem Menschen sind Grenzen gesetzt, und einige dieser Grenzen sind die Folge frühkindlicher Erlebnisse und körperlicher Ursachen psychischer Störungen. Die Erfolge der Verhaltenstherapie sowie der meisten erzieherischen Maßnahmen bekunden aber eindrucksvoll, wie groß doch in der Regel der Spielraum innerhalb dieser Grenzen ist.

Manche Psychiater und Psychoanalytiker werfen der Verhaltenstherapie vor, sie betreibe nur oberflächliche Kosmetik, sofern sie nicht die verborgenen Ursachen behandle, sondern nur die manifesten Verhaltensstörungen zu beheben trachte, wie sie sich im jeweiligen Wechselspiel mit der Umwelt zeigen; der Würde des Menschen und den geheiligten Prinzipien der Medizin würde nicht Genüge getan, wenn nicht der »ganze Mensch« in der Therapie die Möglichkeit erhält, »sich selbst zu verwirklichen« — was immer das sei und welchen Weg das auch immer nehme. Es ist kaum möglich, den sachlichen Kern solcher Vorwürfe auszumachen, zumal sie meist mit der Forderung verknüpft sind, dem Patienten müsse »Einsicht in zugrunde liegende Probleme« vermittelt werden. Gehört dieses Parfüm der »Einsicht« nicht weit eher in den Bereich der Kosmetik als all die Bemühungen der Verhaltenstherapie?

Wird der Patient als Partner nicht sehr ernst genommen, wenn man gemeinsam mit ihm genau festzulegen sucht, was an seinem Verhalten auf welche Weise geändert werden soll und von ihm nicht jenes unbedingte Vertrauen zu einem ihm kaum näher bekannten Therapeuten fordert, der Behandlung blind zu folgen, wohin diese auch immer führe? Entspricht eine solche offene und gezielte Manipulation nicht mindestens im selben Maße der Würde des Menschen wie jene indirekte und unterschwellige Manipulation im psychoanalytischen Prozeß, bei der weder dem Patienten noch dem Therapeuten bekannt ist, welches Verhalten als Resultat des therapeutischen Prozesses angestrebt wird (vgl. LONDON 1964)? Nur durch die genaue Festlegung scharf umrissener Behandlungsziele — wenn irgend möglich in Zusammenarbeit mit dem Patienten — wird letztlich auch der Therapeut in die Lage versetzt und verpflichtet, dem Patienten und der Gesellschaft Rechenschaft über seine Erfolge abzulegen. Aber auch dort, wo man bei der Definition der Ziele auf die Zusammenarbeit mit dem Patienten weitgehend verzichten muß — wie bei Autisten, Schwachsinnigen oder manchen Psychotikern —, ist eine solche Festlegung in einzigartiger Weise dazu angetan, eine Klärung jener Prozesse herbeizuführen, die in der psychoanalytischen Literatur unter dem Begriff der Gegenübertragung abgehandelt werden.

Schließlich ist zu bedenken, daß es ja in der Regel nicht die verborgenen Ursachen, sondern die manifesten Verhaltensstörungen sind, welche dem Patienten und seiner Mitwelt Schwierigkeiten bereiten und ihn veranlassen, einen Therapeuten aufzusuchen. Gewiß, man verkauft dem Menschen nur den Pullover, nach dem er fragt, und animiert ihn nicht, sich doch eine neue Heizungsanlage mit Umlaufpumpe und allem übrigen zu kaufen. Sollte das der Würde des Menschen zuwider laufen? Wie viele neurotische Störungen lösen sich doch im Laufe des Lebens von ihren ursprünglichen Ursachen und führen gleichsam ein Eigenleben im Organismus (vgl. FENICHEL 1945), und wie viele Abartigkeiten schizophrener Patienten sind keineswegs unmittelbar von der Psychose genährt, sondern haben sich erst im Laufe der Hospitalisierung als hartnäckige Gewohnheiten herausgebildet (vgl. WING & BROWN 1970)! Als indirekte Evidenz für die Häufigkeit, mit der psychopathologische Symptome in einer solchen Autonomie im Sinne FREUDS — unabhängig von verborgenen inneren Konflikten — existieren, kann nicht zuletzt — trotz aller methodischen Mängel — die große Anzahl katamnestischer Untersuchungen angesehen werden, die übereinstimmend bekunden, daß nach Verhaltenstherapien erstens in der Regel keine neuen Störungen auftreten, die als Symptomverschiebungen aufzufassen wären und zweitens mit der Behebung eines spezifischen Symptoms oft auch allgemeinere Anpassungsschwierigkeiten schwinden, die vermutlich weniger Ursachen als vielmehr Folgen des Symptoms und seiner sozialen Konsequenzen waren (vgl. BANDURA 1970; BLÖSCHL 1970; MARKS 1969; PAUL 1968, 1969; RACHMAN & BERGOLD 1970).

Verhaltenstherapie wäre nach diesen Überlegungen überall dort angezeigt, wo Verhaltensstörungen im wesentlichen durch das Wechselspiel mit der jeweiligen Umwelt unterhalten werden und wo es im Verhaltensrepertoire des Patienten noch andere Möglichkeiten gibt, die das Leben des Patienten oder das Leben seiner Mitmenschen weniger beeinträchtigen würden. Wo diese Bedingungen vorliegen, kann den Patienten oft entscheidend geholfen werden; auch ohne eine genaue Kenntnis oder gar Beeinflussung jener Bedingungen, die für die Auslösung der Symptomatik entscheidend gewesen sein mögen. Die diagnostische Aufgabe (vgl. MISCHEL 1968) des Verhaltenstherapeuten ist es dabei, die bislang noch ungenügend entwickelten Möglichkeiten sowie die spezifischen Gesetzlichkeiten des Zusammenspiels mit der jeweiligen Umwelt so genau wie möglich zu erfassen.

Es wäre nun m. E. verfehlt, die Grundlagen der Verhaltenstherapie im weiteren anhand einiger spezifischer Techniken — wie etwa der »systematischen Desensibilisierung« WOLPES — zu erörtern; denn im Gegensatz zu den meisten anderen Therapieformen gibt es für Verhaltenstherapeuten keinen Katalog legitimer bzw. illegitimer Techniken.[2] Es gibt nur einen Satz experimentell wohlfundierter Gesetzlichkeiten des Lernens, die bei der Planung einer jeden Verhaltenstherapie erneut — auch im Hinblick auf die spezielle sozialpsychologische Ausgangslage — bedacht und in ihren Konsequenzen gegeneinander abgewogen werden müssen. Die wichtigsten dieser allgemeinen Gesetzlichkeiten, wie sie zunächst meist in Tierexperimenten erarbeitet wurden, sollen im folgenden kurz

---

2 Für spezifische Techniken und ihre lerntheoretische Begründung siehe BANDURA 1970; BEECH 1970; BLÖSCHL 1970; KANFER & PHILLIPS 1970; YATES 1970.

skizziert werden.³ Wenn dabei zwischen »bedingten Reizen und bedingten Reaktionen« einerseits, »Belohnung, Bestrafung und Nicht-Beachtung« andererseits unterschieden wird, so impliziert diese Kapiteleinteilung keineswegs irgendwelche fundamentalen Unterschiede der zugrunde liegenden Prozesse (vgl. MILLER 1969), sondern reflektiert ausschließlich eine üblich gewordene und weitgehend historisch bedingte Kategorisierung.

BEDINGTE REIZE UND BEDINGTE REAKTIONEN

Seit den Arbeiten PAWLOWS in den zwanziger Jahren wurde in unzähligen Arbeiten immer wieder bestätigt, daß ursprünglich völlig neutrale und irrelevante Reize alle nur möglichen Reaktionen des vegetativen Nervensystems, der Motorik oder auch des Denkens auslösen können, sofern sie nur hinreichend lange oder hinreichend dramatisch mit solchen Reizen gekoppelt auftreten, welche die betreffenden Reaktionen spontan auszulösen geeignet sind. Allein der zeitliche Zusammenhang verleiht ihnen verhaltensauslösende und verhaltenssteuernde Bedeutung. In einem seiner berühmtesten Experimente bot PAWLOW einem Hund immer kurz vor dem Futter einen Glockenton dar. Nach einigen Wiederholungen lief dem Hund schon das Wasser im Munde zusammen, wenn er nur den Glockenton hörte, gleichgültig, ob er danach Futter bekam oder nicht. Der ursprünglich neutrale und irrelevante Glockenton war zum »bedingten Reiz«, die Speichelabsonderung zur »bedingten Reaktion« geworden. Es darf angenommen werden, daß der größte Teil unserer emotionalen Reaktionen zumindest im Erwachsenenalter auf solchen *Konditionierungen* beruht: Obwohl in den Zeitungen Probealarm angekündigt worden war, geraten die meisten Menschen, die den letzten Krieg erlebt haben, in einen ängstlich-gespannten Zustand, wenn sie Luftschutz-Sirenen hören; wir vermeiden Plätze, an denen wir einmal einen Unfall erlitten haben, obwohl kein Grund zur Annahme besteht, der Unfall könnte sich wiederholen; und wir bringen unbekannten Menschen Sympathie entgegen, nur weil sie bestimmte Gesichtszüge, eine Art sich zu kleiden oder eine Redeweise haben wie andere Personen, die wir aus gutem Grund sehr gern hatten.

PAWLOW begnügte sich nun aber nicht mit dem Nachweis solch einfacher Konditionierungen. Sobald sichergestellt war, daß der Hund schon bei dem Glockenton zuverlässig Speichel ab-

---

3 Als detailliertere Darstellung empfohlen: FOPPA 1966; HILGARD & BOWER 1966.

sonderte, zeigte er ihm jedesmal ein schwarzes Dreieck, sobald der Glockenton erklang. Schließlich genügte bereits das schwarze Dreieck, den Speichel vermehrt fließen zu lassen, obwohl es nie zusammen mit Futter dargeboten worden war. Auch der bedingte Reiz zweiten Grades »schwarzes Dreieck« hatte somit die Wirkung des bedingten Reizes »Glockenton« erlangt. Am häufigsten bedient sich bekanntlich die Werbung solcher Konditionierungen höherer Ordnung: Ausgehend von der Erwartung, daß schöne Beine oft mit schönen Erlebnissen verbunden sind, somit Abbildungen schöner Beine (bedingter Reiz) ähnliche Gefühle wie wirkliche Beine hervorrufen können, versucht man etwa Autoreifen dadurch reizvoll zu machen, daß man sie zusammen mit schönen Mädchenbeinen abbildet. Es ist unklar, inwieweit hier tatsächlich das Prinzip der Konditionierung höherer Ordnung zum Tragen kommt oder der Verkaufserfolg auf den Überraschungseffekt zurückzuführen ist. An den Lebensgeschichten von Phobikern wird aber immer wieder mit erschütternder Eindringlichkeit deutlich, wie schnell oft die Anzahl unterschiedlicher, bei dem betreffenden Patienten Angst auslösender Situationen, zunimmt, nur weil sie zufällig einmal mit Bedingungen gekoppelt waren, die schon zu Beginn intensive Angst hervorriefen. — Mit umgekehrtem Vorzeichen versucht die Verhaltenstherapie sich dieses Prinzip zunutze zu machen, indem sie z. B. bei Homosexuellen langsam Interesse an Frauen aufbaut oder im Verfahren der »systematischen Desensibilisierung« bei Phobikern die ursprünglich angstauslösenden Vorstellungen und Situationen schrittweise immer fester mit Gefühlen etwa der Entspannung assoziiert, die unvereinbar mit dem Affekt der Angst sind; und zwar so lange, bis die neue Konditionierung die alte an Stärke übertrifft und die Angst damit verschwindet. Wie bei den freien Assoziationen im Rahmen der Psychoanalyse muß dabei streng darauf geachtet werden, daß die jeweiligen Vorstellungen weder zu geringen Affekt noch aber zu starke Angst hervorrufen, um optimale Bedingungen für den Aufbau neuer Einstellungen durch neue assoziative Verknüpfungen zu gewährleisten.
Eng verbunden mit dem Prinzip der Konditionierung ist das Prinzip der *Generalisierung*: Je ähnlicher sich zwei Reize sind, um so wahrscheinlicher lösen sie dieselbe Reaktion aus. Haben etwa Tiere gelernt, daß sie am Ende eines weißen Ganges Futter, am Ende eines schwarzen Ganges aber einen elektrischen Schlag erhalten, so bleiben sie in graugetönten Gängen um so weiter hinten, je dunkler der Gang ist. Oder zeigt man einem Hund immer einen Kreis, wenn er Futter, immer eine flache Elipse, wenn er einen elektrischen Schlag erhält, so lassen sich — auch ohne, daß nur ein einziges Mal Futter oder elektrische

Schläge verabreicht würden — fast alle Abstufungen von Speichelabsonderungen und Angstverhalten beobachten, je nachdem das dargebotene Bild eher einem Kreis oder einer flachen Elipse ähnelt. Es handelt sich hier um eine Generalisierung konditionierter Reaktionen, die auch in der Entwicklung von Phobien große Bedeutung hat: wird doch meist nicht nur ein bestimmter Hund oder ein bestimmter Lehrer gefürchtet, sondern die Angst bald auf alle möglichen Arten von Hunden bzw. alle möglichen Lehrer und sonstige Autoritätspersonen übertragen. Zahlreiche Untersuchungen sprechen dafür, daß diese Tendenz zur Generalisierung mit dem Grad der allgemeinen Angstbereitschaft eines Menschen (vgl. COHEN 1971) ansteigt.

Das Gegenstück zur Generalisierung ist die *Diskriminierung*. In den genannten Experimenten mit Futter und elektrischen Schlägen hatten die Tiere schnell gelernt, wann mit Futter und wann mit elektrischen Schlägen zu rechnen sei. Sie hatten gelernt, die Unterschiede zwischen schwarz und weiß bzw. zwischen Kreis und flacher Elipse zu beachten und sich in ihrem Verhalten darauf einzustellen. Solche Diskriminierungen bedingter Reize sind für unser aller Leben von ausschlaggebender Bedeutung: Ob wir lebend über eine Straße gelangen, hängt nicht zuletzt von der Unterscheidung zwischen rot und grün an Verkehrsampeln ab; und das Wohlbefinden eines Kindes setzt entscheidend voraus, daß es abzuschätzen gelernt hat, wann man bei den Eltern Wünsche am besten vorbringen kann bzw. wann es besser ist, ihre Gegenwart zu meiden. — Einige Untersuchungen haben gezeigt, daß nicht nur Schwachsinnige, sondern auch viele Neurotiker und Psychotiker oft Schwierigkeiten haben, zwischen wichtigen und unwichtigen Unterschieden in ihrer Umgebung zu diskriminieren. In solchen Fällen gehört es dann notwendig zum therapeutischen Programm, sie solche Differenzierungen — etwa zwischen in gewisser Hinsicht bedrohlichen und harmlosen Situationen — lernen zu lassen. Mitunter kann es auch nützlich sein, neue diskriminierende Reize gezielt einzuführen und systematisch mit dem Auftreten bestimmter Symptome — wie etwa Tics — zu koppeln. Je fester diese Kopplung wird, um so eher läßt sich dann mit einer Reduktion der diskriminierenden Reize auch das Symptom zum Verschwinden bringen.

Kam es in den zuletzt genannten Fällen darauf an, die Diskriminierungsleistung zu schärfen, so ist man in anderen Fällen gerade darum bemüht, jeder Diskriminierung soweit wie möglich entgegenzuwirken. In besonderem Maße gilt das bei den meisten Strafmaßnahmen; will man das unerwünschte Verhalten doch nicht nur für die Dauer der Therapiestunde beseitigen. Das Problem stellt sich aber auch bei anderen Behandlungsformen: Allzu leicht wird der Therapeut, das Behandlungszimmer, die Klinik oder werden auch etwa irgendwelche Medikamente zu diskriminierenden Reizen für das Auftreten angepaßten oder pathologischen Verhaltens, so daß die Erfolge während der Behandlungsstunde nicht auf das Leben draußen übertragen werden. In den meisten Verhaltenstherapien ist man deshalb bemüht, der ursprünglichen Diskriminierung von als hilfreich empfundener Behandlungsstunde und gefürchtetem Alltagsleben systematisch entgegenzuarbeiten. So wird etwa der Ort der Behandlung gewechselt und die Zahl der am therapeutischen Programm beteiligten Personen laufend erweitert. Man kann nicht erwarten, daß ein scheues Kind sich zu Hause genauso frei wie in der Behandlungsstunde verhält, wenn dieses Verhalten bei den Eltern nur auf Ablehnung stößt, oder daß ein abgekapselter Schizophrener durch eine Verhaltenstherapie auch auf der Station allgemein aktiver wird, wenn die Pfleger nur um Ruhe und Ordnung besorgt sind, weil die therapeutischen Ziele mit ihnen nicht im einzelnen abgesprochen wurden. Die Generalisierung eines Behandlungserfolges auf das Alltagsleben darf nicht nur erhofft, sie muß systematisch geplant und schrittweise aufgebaut werden. Verhaltenstherapie kann nur in den seltensten Fällen im stillen Kämmerlein betrieben werden; sie bedarf der gründlichen Abstimmung und Zusammenarbeit mit all jenen, die für das weitere Leben des Patienten von entscheidender Bedeutung sind.

BELOHNUNG, BESTRAFUNG UND NICHT-BEACHTUNG

Bislang wurden im Anschluß an die Arbeiten von PAWLOW jene Gesetzlichkeiten behandelt, nach denen beliebige äußere Reize nur aufgrund ihres zeitlichen und räumlichen Zusammenhanges mit anderen Ereignissen verhaltensauslösende und verhaltenssteuernde Wirkung erlangen. Im Anschluß an die Arbeiten von HULL und SKINNER seien nun noch einige Gesetzlichkeiten erörtert, nach denen äußere Reize als Konsequenzen früheren Verhaltens die Wahrscheinlichkeit zukünftigen Verhaltens determinieren.
Die wichtigste aller verhaltenstherapeutischen Maßnahmen ist die *Belohnung*. Jede unmittelbare Belohnung eines Verhaltens erhöht die Wahrscheinlichkeit, daß das Verhalten in ähnlichen Situationen auch später wieder auftritt. Diese Regel mag banal klingen; sie sich therapeutisch aber wirklich nutzbar zu machen, ist oft außerordentlich schwierig, denn erstens unterscheiden sich die Menschen beträchtlich in dem, was ihnen in

einer bestimmten Situation angenehm ist und somit als Belohnung verwendet werden kann, zweitens gibt es nur ganz wenige Dinge, die auf die Dauer ihren Reiz unverändert beibehalten, und drittens muß die Belohnung, um eine maximale Wirkung zu erzielen, ohne zeitliche Verzögerung verabreicht werden, sobald das gewünschte Verhalten auftritt. Wer ein ungebärdetes Tier zähmen oder einem mutistischen Kind das Sprechen beibringen will, muß immer sofort belohnen, wenn das Tier gerade gehorcht oder das Kind Ansätze zum Sprechen zeigt; Belohnungen, die gegeben werden, wenn das Tier schon wieder umhertollt oder das Kind sich wieder ganz in sich zurückgezogen hat, haben kaum Aussicht auf Erfolg. Erst im Laufe der Behandlung können die Intervalle zwischen Verhalten und Belohnung langsam etwas ausgedehnt werden, nachdem zuvor die für eine Belohnung geforderten Leistungskriterien schrittweise bis zu dem als Ziel gesetzten Niveau angehoben worden sind (»shaping«).

Was aber verwendet man zur Belohnung? Bei Tieren hat man es mit Futter relativ leicht, zumal, wenn das Tier hungrig oder durstig ist. Bei Menschen ist die Situation sehr viel schwieriger. Nicht alle Kinder mögen immer Schokolade, und nicht jeder Patient freut sich, wenn eine Psychologin mit pädagogisch wohlgemeintem Lächeln »gut« sagt. Es ist eines der schwierigsten Probleme der Verhaltenstherapie herauszufinden, was wann für wen ein angenehmer Reiz – ein »Verstärker« – ist. Zwei Regeln können einem bei der Suche nach geeigneten Belohnungen, nach wirkungsvollen Verstärkern, von Nutzen sein:

1. Je häufiger ein Verhalten spontan auftritt – ob dies nun rauchen, essen, schlafen, spazierengehen, lesen oder fernsehen ist –, um so eher kann es als Verstärker für seltenere und schwierigere Verhaltensweisen verwendet werden (PREMACK 1965). Sofern es also gelingt, die spontan häufigeren Verhaltensweisen vom Vollzug der selteneren abhängig zu machen, kann man recht sicher mit einem Anstieg der letzteren rechnen. Problematisch wird die Anwendung dieses Prinzips allerdings, wenn die häufigsten Verhaltensweisen deutlich pathologisch sind, wie etwa bei den Stereotypien autistischer oder schizophrener Patienten, so daß man ihre Gewährung nicht gern als Belohnung hervorheben möchte.

2. Gemäß den bereits besprochenen Gesetzen der Konditionierung und Generalisierung lassen sich »Verstärker zweiten Grades« einführen, die in der Regel leichter zu applizieren sind und weniger schnell ihren Reiz verlieren als die meisten primären Verstärker. Das beste Beispiel für einen solchen Verstärker zweiten Grades ist das Geld: Als Stück be-

druckten Papiers ist es zunächst nicht sehr erstrebenswert; erst durch die enge Assoziation mit einer Vielzahl von primär erstrebenswerten Gütern sowie durch seine nahezu unbegrenzt erscheinenden Eintauschmöglichkeiten erhält es seinen einzigartigen Wert als Verstärker. Es gibt bereits eine ganze Reihe von Kliniken und Schulen, in denen institutionseigene Münzsysteme zur Verhaltenstherapie chronisch schizophrener oder schwachsinniger Patienten erfolgreich etabliert wurden (vgl. AYLLON & AZRIN 1968). Auch dabei gilt es dann, die Zahl interessanter Eintauschmöglichkeiten so groß wie möglich zu halten, damit die Münzen im Laufe der Zeit nicht an Belohnungswert verlieren.

Bei dem Einsatz von Belohnungen ist aber oft nicht nur die Identifizierung dessen schwierig, was einem bestimmten Patienten gerade angenehm und wünschenswert erscheint, sondern auch die Frage, nach welchen Regeln zweckmäßigerweise die Belohnungen an das Verhalten zu koppeln sind (FERSTER & SKINNER 1957). Es wurde bereits erwähnt, daß Belohnungen zumindest anfangs um so eher die gewünschte Wirkung erzielen, je geringer der zeitliche Abstand von dem zu verstärkenden Verhalten ist. Sollen die Belohnungen aber jedesmal erfolgen, wenn das gewünschte Verhalten auftritt? Allgemein gilt: Wird die Belohnung jedesmal gegeben, wenn sich Ansätze in der gewünschten Richtung zeigen, so beschleunigt das den Lernprozeß zwar erheblich, das erlernte Verhalten schwindet aber auch meistens sehr schnell wieder, wenn man mit der systematischen Belohnung einmal aufhört. Wird die Belohnung hingegen nicht jedesmal gegeben, so dauert der Lernprozeß zwar beträchtlich länger, der Erfolg ist aber wesentlich beständiger; zumal, wenn die Verstärkung in unregelmäßigen Abständen oder nach wechselnden Leistungsquoten erfolgt. Meist beginnt man deshalb in der Verhaltenstherapie zunächst mit regelmäßiger Belohnung bei niedrigen und nur langsam steigenden Ansprüchen an das Verhalten, um nach und nach – schritthaltend mit der jeweiligen Erhöhung des individuellen Funktionsniveaus – die Abstände zwischen dem Verhalten und den Belohnungen immer größer oder auch unregelmäßig werden zu lassen. Der Zeitpunkt schließlich, zu dem mit der systematischen Belohnung durch den Therapeuten ganz aufgehört werden kann, hängt davon ab, ob die gewünschten Verhaltensweisen ein Funktionsniveau erreicht haben, das dem Patienten – der nun z. B. wieder sprechen oder ohne Angst auf die Straße gehen kann – erlaubt, aus den Funktionen und ihren Konsequenzen auch außerhalb des therapeutischen Programms hinreichende Befriedigung zu ziehen und die entsprechende Anerkennung zu finden.

Der Umstand, daß seltene Belohnungen in unregelmäßigen Zeitabständen besonders geeignet sind, die betreffenden Verhaltenstendenzen widerstandsfähig gegenüber anderen Einflüssen zu machen, hat natürlich nicht nur wünschenswerte Folgen: Zwei erfolgreiche Einbrüche können mehrere Jahre Haft vergessen lassen, und unser Staat profitiert nicht unerheblich von den Spielbanken, in denen dafür gesorgt ist, daß sich die Einsätze nur selten und nur in unvorhersehbarer Weise lohnen. Erst wenn es gelingt, andere Verhaltensweisen so stark und befriedigend werden zu lassen, daß der frühere Delinquent oder Spieler keine Lust mehr verspürt, jenen Neigungen nachzugehen, die ihn veranlaßten, einen Therapeuten aufzusuchen, darf man darauf hoffen, der stabilisierenden Wirkung zwischenzeitlicher Belohnung zu begegnen. Wer mehrfach versucht hat, das Rauchen aufzugeben, kann ein Lied von den Gefahren intermittierender Verstärkung singen.

Angesichts dieser Probleme bei der Behandlung unerwünschter Verhaltensweisen, die für den Patienten aber lustvoll sind, suchen viele Verhaltenstherapeuten immer wieder — intermittiert verstärkt — ihr Glück mit Strafmaßnahmen. Gemeinhin ist man geneigt anzunehmen, *Bestrafung* sei leichter anzuwenden als Belohnung, zumal sich eine Wirkung von Strafmaßnahmen — wenn überhaupt — in der Regel sofort und sehr nachdrücklich zeigt; für Bestrafung brauche man nur Macht, für Belohnung hingegen sehr viel Wissen über den anderen Menschen. Diese Meinung ist falsch: Prügeln und schimpfen ist zwar leicht — sofern man selber der Stärkere ist —, Bestrafungen aber so einzusetzen, daß sie einen nachhaltigen und gewünschten Einfluß auf das Verhalten haben, ist ungeheuer schwer, weit schwieriger als richtige Belohnung. Wer bestraft, muß damit rechnen,

1. daß zahlreiche unerwünschte Nebenwirkungen wie gesteigerte Aggressivität, Angst oder allgemeines Vermeidungsverhalten auftreten;
2. daß der Patient sehr schnell zu diskriminieren lernt, in welchen Situationen ihm Strafe droht und in welchen er unabhängig von seinem Verhalten straffrei bleiben wird;
3. daß jede Strafmaßnahme sehr schnell ihre Wirkung verliert, sofern man sie nicht unentwegt in ihrer Intensität steigert;
4. daß sich das unerwünschte Verhalten kurzfristig noch einmal beträchtlich steigern kann, wenn man mit der systematischen Bestrafung aufhört.

Im übrigen gilt für Bestrafungen fast noch mehr als für Belohnungen, daß ihre Wirkung um so schwächer ist, je größer der zeitliche Abstand zu dem Verhalten wird, auf das sie

sich beziehen. Mehr und mehr finden diese Gesetzlichkeiten erfreulicherweise — wenigstens in einigen Ländern — auch bei Strafrechtsreformen und vor allem im Umgang mit jugendlichen Rechtsbrechern die ihnen gebührende Beachtung.
Aus all den angeführten Gründen spielen Bestrafungen in den meisten Verhaltenstherapien nur eine sehr untergeordnete Rolle; führen sie doch in der Regel nur zu einer situationsabhängigen Unterdrückung des Verhaltens. Sie wirken wie Rizinus bei Husten: Man traut sich im Moment nicht mehr. Demgemäß haben Bestrafungen in Verhaltenstherapien zumeist nur eine ähnliche Funktion wie Psychopharmaka: Wo man keine anderen Möglichkeiten sieht, positives Verhalten aufzubauen, weil der Patient — etwa ein autistisches Kind mit besonders starken Stereotypien — nahezu ausschließlich mit seinen pathologischen Reaktionen beschäftigt ist, oder aber weil die pathologischen Reaktionen — z. B. eine schwere Sucht oder Selbstverstümmelungstendenzen — allzu nachteilige Folgen für die Zukunft des Patienten haben können, versucht man mit Strafmaßnahmen erst einmal eine Bresche in die pathologischen Abläufe zu schlagen. Wer aber pathologisches Verhalten durch Bestrafung zu unterbrechen sucht, muß sofort damit beginnen, für die entsprechenden Situationen ein der Realität besser angepaßtes Verhalten auszubilden. Bestrafung allein reicht erfahrungsgemäß nur in den seltensten Fällen aus, den Patienten instand zu setzen, die Probleme seiner Umwelt erfolgreicher zu meistern.
Diese Schwierigkeiten beim Einsatz von Strafmaßnahmen veranlassen die meisten Verhaltenstherapeuten, den unerwünschten Verhaltensweisen soweit wie möglich durch *Nicht-Beachtung* zu begegnen. Auch das ist gewiß nicht leicht; abgesehen davon, daß man es sich in manchen Fällen, etwa von Selbstverstümmelungen, gar nicht erlauben kann. In zahlreichen Untersuchungen konnte jedoch mittlerweile eindeutig nachgewiesen werden, daß der systematische und kontinuierliche Entzug aller Zuwendung durch Nicht-Beachtung viele störende Verhaltensweisen zum Verschwinden bringen kann (vgl. BANDURA 1970). Allerdings muß man damit rechnen, daß der Entzug aller Beachtung die Intensität oder Häufigkeit des störenden Verhaltens zunächst kurzfristig steigert. Im wesentlichen dürfte das daran liegen, daß störendes Verhalten nicht selten dazu dient, die Aufmerksamkeit anderer auf sich zu lenken. Erhält das Kind auf andere Weise zu wenig Beachtung, erzwingt es sich die Zuwendung durch Fehlverhalten. Die Zuwendung wird damit entgegen aller Bestrafungs-Absicht zur Belohnung und Verstärkung des unerwünschten Verhaltens, das dann nur durch lang anhaltende Nicht-Beachtung geschwächt oder zum Schwinden gebracht werden kann; vor-

ausgesetzt, daß es keine intermittierende, zwischenzeitliche Belohnung erfährt.

*

Im bisherigen Teil habe ich versucht, die wichtigsten jener Gesetzlichkeiten in ihren Grundzügen knapp darzulegen, die es bei der Planung und Durchführung jeder Verhaltenstherapie zu bedenken und in ihren Wirkungsspektren gegeneinander abzuwägen gilt. Jetzt soll noch kurz ein Problem angeschnitten werden, das mir für die Verhaltenstherapie von besonderer Bedeutung zu sein scheint: die Frage der positiven Definition therapeutischer Ziele.

Zumeist läßt sich sehr schnell und auch recht präzise angeben, was einem am Verhalten eines anderen mißfällt, was einen daran stört, was man für pathologisch hält und was man therapeutisch angehen möchte. Sehr viel schwieriger hingegen ist es zu spezifizieren, welche Verhaltensweisen man anstelle der pathologischen sehen möchte; wenn nicht unbedingt als die einzigen, so doch wenigstens als einige unter anderen. Wie soll sich der Patient nach beendigter Therapie in jenen Situationen verhalten, die bei ihm derzeit in besonderem Maße pathologisches Verhalten auslösen? Was würden wir als gesundes, angepaßtes, produktives Verhalten in solchen Situationen bezeichnen? Unsere Lehrbücher sind voll von detaillierten Beschreibungen abnormer und unerwünschter Erscheinungen, und zumindest jeder Mediziner und Psychologe hat im Verlauf seines Studiums gelernt, gerade solchen Erscheinungen bei seinen Mitmenschen besondere Beachtung zu schenken (vgl. COHEN 1969). Dementsprechend findet man äußerst selten, etwa in Fallakten oder Krankengeschichten, auch die positiven Seiten und Entwicklungsmöglichkeiten von Patienten beschrieben; bestenfalls entdeckt man ein paar unverbindliche Eigenschaftsbegriffe wie »intelligent«, »fleißig« oder »bemüht«, unter denen sich jeder etwas anderes vorstellen kann. Diese Einseitigkeit der Darstellung, diese Akzentuierung des Negativen, resultiert gewiß nicht nur aus dem Umstand, daß Ärzte von ihren Patienten in erster Linie zur Behebung bestimmter Leiden aufgesucht werden: Sie entspricht ebenso einer Denkgewohnheit in unserer Gesellschaft, Positives gleichsam als selbstverständlich hinzunehmen und der Erwähnung weniger wert zu erachten als Negatives. So werden Kinder zumeist sehr viel seltener gelobt als gescholten, und Komplimente sind — von wenigen Ausnahmen abgesehen — sehr viel unspezifischer als Vorwürfe. Wir haben sehr viel schlechter gelernt zu spezifizieren, was wir wollen, als was wir nicht wollen.

Im Gegensatz zu den meisten Formen der Psychotherapie ist

es für die Planung jeder Verhaltenstherapie unerläßlich, möglichst präzise Vorstellungen von jenem Verhalten zu entwickeln, das man später anstelle des pathologischen sehen und daher im Laufe der Behandlung systematisch fördern möchte; ist doch nur unter dieser Voraussetzung ein gezielter Einsatz von Belohnungen möglich, zumal wenn verschiedene Personen in therapeutischen Funktionen an dem Behandlungsprogramm beteiligt sind. Es muß Klarheit und Einstimmigkeit bei allen Beteiligten darüber bestehen, welche Verhaltensweisen verstärkt und welche geschwächt werden sollen. Nur durch die genaue Spezifikation des angestrebten Zielverhaltens — eine Aufgabe, die einem kein Lehrbuch und kein Test abnimmt, und die von Patient zu Patient jeweils neu zu bewältigen ist — werden darüber hinaus Patient und Therapeut in die Lage versetzt, die sozialen und moralischen Implikationen ihrer Zielsetzungen zu durchdenken, um den Gefahren und Versuchungen indirekter Manipulationen soweit wie möglich zu begegnen.

Die positive Definition therapeutischer Ziele ist indes nicht nur unerläßlich für jede Verhaltenstherapie, zweckmäßig für die Reflexion implizierter Wertsetzungen und schwierig wegen der Gegenläufigkeit zu verbreiteten, speziell in der Medizin geförderten Denkgewohnheiten, sie provoziert auch immer wieder heftige Angriffe von seiten psychoanalytisch oder gesprächstherapeutisch orientierter Kollegen. Durch die Festlegung positiv definierter Ziele werde die Behandlung zur autoritären Dressur, die jede freie und spontane Persönlichkeitsentfaltung verhindere; bestenfalls zur pädagogischen Führung oder psychischen Krankengymnastik, aber sie werde niemals den Besonderheiten der Arzt-Patient-Beziehung entsprechen können. Gewiß, die Konzentration der Aufmerksamkeit auf die zu fördernden Aspekte bei kontrollierter Nicht-Beachtung der pathologischen und störenden Elemente (im Rahmen des Möglichen) widerspricht den traditionellen Rollen-Erwartungen und regressiven Wünschen mancher Patienten, die in erster Linie gepflegt und bemuttert oder auch bemitleidet werden wollen; verstößt die Verhaltenstherapie damit aber gegen die Würde des Menschen, verletzt sie damit natürliche Rechte des Patienten? Ich glaube, die Verhaltenstherapie sollte sich durch solche Vorwürfe genausowenig beeindrucken lassen wie durch den abwertend gemeinten Hinweis auf ihre Herkunft aus Tierlaboratorien. Die Frage nach der Ratten- oder Gottähnlichkeit des Menschen und den therapeutischen Konsequenzen ist müßig, solange alle therapeutischen Richtungen noch genug damit zu tun haben, ihre Methoden so zu verbessern, daß möglichst vielen Patienten optimal geholfen werden kann.

Literaturverzeichnis

ALBEE, G. W.: Emerging concepts of mental illness and models of treatment. The psychological point of view. In: Amer. J. Psychiat. 125 (1969), S. 870—876.

AYLLON, T. & N. AZARIN: The token economy: a motivational system for therapy and rehabilitation. New York 1968.

BANDURA, A.: Principles of Behavior Modification. New York 1970.

BEECH, H. R.: Changing Man's Behaviour. Middlesex 1970.

BLÖSCHL, L.: Grundlagen und Methoden der Verhaltenstherapie. Bern, Stuttgart 1970.

CAHOON, D. D.: Symptom-substitution and the behavior therapies. In: Psychol. Bull. 69 (1968), S. 149—156.

COHEN, R.: Zum Begriff der Angst in der Differentiellen Psychologie. Konstanzer Universitätsreden 39. Konstanz 1971.

COHEN, R.: Systematische Tendenzen bei Persönlichkeitsbeurteilungen. Bern, Stuttgart 1969.

FENICHEL, O.: The Psychoanalytic Theory of Neurosis. New York 1945.

FERSTER, C. B. & B. F. SKINNER: Schedules of Reinforcement. New York 1957.

FOPPA, K.: Lernen, Gedächtnis, Verhalten. Köln 1966.

FRANKS, C. M. (ed.): Behavior Therapy. Appraisal and Status. New York 1969.

HILGARD, E. R. & G. H. BOWER: Theories of Learning. New York 1966.

KANFER, F. H. & J. S. PHILLIPS: Learning Foundations of Behavior Therapy. New York 1970.

KRASNER, L.: Behavior Therapy. In: P. H. MUSSEN & M. R. ROSENZWEIG (Eds.). In: Ann. Rev. Psychol. 22 (1971), S. 483—532.

LONDON, P.: The Modes and Morals of Psychotherapy. New York 1964.

LUBORSKY, L., M. CHANDLER, A. H. AUERBACH, J. COHEN & H. M. BACHRACH: Factors influencing the outcome of psychotherapy: A review of quantitative research. In: Psychol. Bull 75 (1971), S. 145—185.

MARKS, I. M.: Fears and Phobias. New York 1969.

MILLER, N. E.: Learning of visceral and glandular responses. In: Science 163 (1969), S. 434—445.

MISCHEL, W.: Personality and Assessment. New York 1968.

PAUL, G. L.: Insight versus desensitization in psychotherapy two years after termination. In: J. consult. Psychol. 31 (1967), S. 333—348.

PAUL, G. L.: Two-years follow-up of systematic desensitization in therapy groups. In: J. abnorm. Psychol 73 (1968), S. 119—130.

PAUL, G. L.: Outcome of systematic desensitization. In: Behavior therapy: Appraisal and status. Hrsg. v. C. M. FRANKS. New York 1969.

PREMACK, D.: Reinforcement theory. In: D. LEVIN (Ed.), Nebraska Symposium on motivation. Lincoln 1965, S. 123—180.

RACHMAN, S. & J. BERGOLD: Verhaltenstherapie bei Phobien. München 1970.

Szasz, T. S.: The myth of mental illness: Foundation of a theory of personal Conduct. New York 1961
Scheff, T. J.: Beingmentally ill: a sociological theory. Chicago 1966.
Wing, J. K. & G. W. Brown: Institutionalism and Schizophrenia. Cambridge 1970.
Yates, A. J.: Behavior Therapy. New York 1970.

Heiner Keupp und Jarg B. Bergold

Probleme der Macht in der Psychotherapie unter spezieller Berücksichtigung der Verhaltenstherapie

I. Ableitung der Problemstellung

In berufsständischen Organisationen von therapeutisch arbeitenden Fachleuten, in ihren Fachjournalen und besonders auch in ihrer populärwissenschaftlichen Öffentlichkeitsarbeit wird therapeutisches Handeln primär als instrumentelles Handeln aufgefaßt und dargestellt. Das bedeutet, daß einerseits der Gesichtspunkt der Effektivität im Vordergrund steht und daß andererseits therapeutisches Handeln an methodischen Kriterien geprüft wird. Gleichzeitig versucht man in der gleichen Dimension der methodischen Kontrolle neue Techniken zu entwickeln. Als gemeinsamen Nenner dieser notwendigen Aktivitäten kann man das spezifische Erkenntnisinteresse der »technischen Verfügung« (HABERMAS 1968, S. 157) herausarbeiten, d. h. eine rein instrumentelle Einstellung.

Therapeutisches Handeln ist aber wie jedes Handeln auch soziales Handeln, das man legitimerweise unter sozialwissenschaftlichen Fragestellungen untersuchen kann. Diese Fragestellungen können aus einem ganz anderen Erkenntnisinteresse formuliert werden, nämlich einem »emanzipatorischen«. Man fragt nach dem Herrschaftsaspekt in sozialen Handlungssequenzen. Man fragt, inwieweit der Freiheitsgrad individuellen Verhaltens vergrößert oder eingeschränkt wird. Auf die Behandlungssituation bezogen, lautet die Frage: Inwieweit wird in der therapeutischen Interaktion Macht ausgeübt, wie wird sie legitimiert und welchen funktionalen Stellenwert hat sie in dem sozialen System, deren Teil die Interaktionspartner sind?

Diesen sozialen Aspekt therapeutischen Handelns wollen wir im weiteren untersuchen. Die Problemstellung lautet also, noch einmal zusammengefaßt: Welche Prozesse sozialer Macht gehen in therapeutische Interaktionen ein — entweder direkt in die Kommunikation zwischen Behandler und Klient oder vermittelt als institutionalisierte Formen sozialer Kontrolle?

An einem Beispiel dürfte die gewählte Fragestellung noch deutlicher werden. Jean-Paul SARTRE berichtete vor kurzem über einen Fall von »emanzipatorischer Gegengewalt« aus der psychotherapeutischen Praxis. Es handelt sich um einen Patienten, der nach vielen Jahren Analyse die Rolle des Passiven, des Objektes der Analyse nicht mehr ertragen kann und nun mit einem Tonbandgerät zu seinem Analytiker kommt. Er will von dem Verhalten seines Therapeuten nicht länger abhängig sein. Er will dessen Verhalten mit dem Tonband festhalten, objektivieren und es dadurch kontrollieren. Es ist ein Versuch der »Umkehrung der Subjekt-Objekt-Beziehung« (SARTRE 1969, S. 705). SARTRE läßt den rebellierenden Patienten sagen: »Diese endlose psychoanalytische Behandlung, diese Abhängigkeit, dieses Untertänigkeitsverhältnis, dieses lange Liegen auf einer Couch, wo der Mensch quasi nackt ist und in das Gestammel der Kindheit zurückfällt, ist *das* nicht die *primäre Gewalt?*« (S. 705). In diesem Beispiel kommt zum Ausdruck, in welchem extremen Machtgefälle die Therapie sich vollziehen kann, bzw. wie der eine Interaktionspartner das Machtverhältnis erlebt. Nach der Auffassung des aktionistischen Klienten wird in der Therapie Macht nicht abgebaut, eher im Gegenteil auf seiten des Therapeuten akkumuliert und zudem auch noch durch die therapeutischen Grundregeln institutionell abgesichert.

Der von SARTRE berichtete Fall stammt aus dem Bereich psychoanalytischer Therapie, und er schneidet in sehr pointierter Form das Problem an, das uns hier beschäftigt. Psychoanalytiker mögen intern die Machtdimension in ihrem therapeutischen Ritual reflektieren. Wir wollen sie für die Verhaltensmodifikation untersuchen. Bei ihr ist sie in der öffentlichen Diskussion längst thematisiert worden.

Da gibt es etwa den Vorwurf von Ronald D. LAING: »Verhaltenstherapie ist ... unvermeidlich eine Technik der Nicht-Begegnung, der Manipulation und der Kontrolle« (1969, S. 46). Hier wird der Verhaltensmodifikation ein extremes Maß an sozialer Machtausübung unterstellt. In eine pessimistische soziale Utopie bezieht Alexander MITSCHERLICH die Verhaltensmodifikation ein: »... der Staat, oder was immer das aktive Machtgebilde sein mag, (wird) ausüben, was heute noch auf Sprechstundenebene als Verhaltenstherapie einstudiert wird: ›Gehirnwäsche‹« (1970, S. 106). Diese Zitate, die mühelos durch ähnlich lautende vermehrt werden könnten (z. B. BIERMANN 1970), verdanken ihre drastische Form vor allem dem polemischen Talent ihrer Autoren, sie spiegeln aber auch die Einstellungen und Befürchtungen einer großen Gruppe sozial engagierter Psychologen und Psychiater wider und sollten deshalb sehr ernst genommen werden. Dies ist ein Grund, sich mit dem Vorwurf des Machtmißbrauches der Verhaltenstherapie auf der Grundlage eines klar explizierten Machtmodells zu befassen. Vor allen Dingen aber sollte man sich damit auseinandersetzen, weil hier — in welch verzerrter Form auch immer — tatsächlich eine reale Gefahr angesprochen wird: die zunehmende Indienstnahme effektiver Techniken der Verhaltenskontrolle und -steuerung zur Aufrechterhaltung der bestehenden Herrschaftsstruktur.

Hermann Kahn, einer der einflußreichsten amerikanischen Zukunftsprognostiker, stellte eine Liste von wahrscheinlichen Erfindungen und Innovationen auf, die für die nächsten Jahre zu erwarten sind. Es tauchen unter anderem folgende Titel auf: »New and possibly pervasive techniques for surveillance, monitoring and control of individuals and organizations; new and more reliable ›educational‹ and propaganda techniques effecting« human behavior – public and private« (zit. nach Habermas 1968, S. 96).
Möglichkeiten zu noch intensiverer Ausbeutung menschlicher Arbeitskraft durch herrschende Interessen und noch effektiverer gesellschaftlicher Normierung menschlichen Handelns sind in diesen Prognosen deutlich angelegt. Die Praktiker der Verhaltensmodifikation werden die Antizipation dieser Entwicklung in ihr Selbstverständnis einbeziehen müssen. Ihre Perspektive hängt von folgender Entscheidung ab: Wollen sie fungible Technokraten werden, die ihr Wissen meistbietend verkaufen, oder reflektieren sie die Folgen der von ihnen entwickelten Möglichkeiten auf ihre inhumanen Implikationen?
Die Notwendigkeit, die Machtdimension der Verhaltensmodifikation zu untersuchen, ergibt sich jedoch nicht nur aus den sich mehrenden Anzeichen dafür, daß sie als Manipulationsinstrument mißbraucht werden könnte. Es gibt auch so etwas wie eine interne Machtproblematik. Diese entsteht dadurch, daß zwischen dem Therapeuten und dem Patienten eine Rollenverteilung stattfindet, die Macht auf der einen Seite und Abhängigkeit auf der anderen verankert. Mit dieser Struktur der Therapiesituation gehen die einzelnen therapeutischen Schulen sehr unterschiedlich um. Uns interessiert die Art, wie sie von manchen Vertretern der Verhaltenstherapie in die Logik des eigenen Vorgehens eingeordnet wird. Paradigmatisch sei der Versuch von Leonard P. Ullmann (1969) dargestellt, mittels eines speziellen Rollenmodells das Problem der Machtverfügung zu lösen. Ullmann führt die ungewöhnliche Analogie zwischen der Verhaltenstherapie und sozialen Bewegungen ein. Dadurch will er der Rollenbestimmung des Therapeuten eine spezifische Akzentuierung geben. Die Funktion des Therapeuten sei dem Führer in sozialen Bewegungen vergleichbar, der die Macht besitzt, Normen und Ziele der von ihm geführten Gruppe entscheidend zu bestimmen. Im Unterschied zu dem Gruppencharakter der Führung in sozialen Bewegungen habe es der Therapeut in der Regel mit einzelnen Personen zu tun, wenn man einmal von den kaum entwickelten Formen verhaltensmodifikatorischer Gruppentherapie absieht. Ullmanns Vorschlag zur Funktionsbestimmung des Verhaltenstherapeuten läßt sich folgendermaßen zusammenfassen: Der Therapeut ist ein mit großer Machtfülle ausgestatte-

ter Rollenträger. Seine Macht soll er zur möglichst effektiven Erreichung von Zielen einsetzen, die er für den Klienten formuliert hat.

Im Vergleich zwischen Führer- und Therapeutenrolle wird die Problemsituation noch einmal in aller Schärfe herausgearbeitet: Wie nützt der Therapeut die ihm rollengemäß zugefallene Machtposition? Kann man sich vorstellen, daß aus ihrer exzessiven Nutzung im Interesse einer effektiven Verhaltens-Umstrukturierung für den Klienten jemals die Möglichkeit entsteht, sein Verhalten selbst zu steuern? Wird der Klient befähigt, vorgegebenen Normen nicht nur zu entsprechen, sondern sie auch nach den eigenen Bedürfnissen umzuformulieren und sich dafür gesellschaftliche Anerkennung zu verschaffen? Oder anders formuliert: Wie kann aus Fremdkontrolle jemals Selbstkontrolle entstehen, die mehr ist als die bloße Verinnerlichung herrschender Normen?

Nachdem nun der Kontext hergestellt ist, innerhalb dessen wir unsere Problemdiskussion führen wollen, sollen im folgenden zwei Themenbereiche erörtert werden:

1. Soll gefragt werden, welchen funktionalen Stellenwert therapeutische Institutionen für ein Sozialsystem haben? Dabei wird unter dem Gesichtspunkt der sozialen Kontrolle untersucht, welchen institutionellen Herrschaftsaspekt Therapieinstanzen realisieren.
2. Soll die Machtdimension der therapeutischen Interaktion herausgearbeitet werden? Dazu führen wir ein sozialpsychologisches Machtmodell ein, das als Leitfaden dienen soll, konkrete therapeutische Probleme zu diskutieren.

II. Therapeutische Institutionen als Formen sozialer Kontrolle

Therapeutisches Handeln wird in soziologischer Betrachtungsweise primär unter Bezugnahme (a) auf die Institutionen, in denen sich dieses Handeln vollzieht, und (b) auf die funktionale Bestimmung dieser Institutionen im Rahmen des gesamten sozialen Systems diskutiert. Jenes Verhalten, dem die therapeutischen Bemühungen gelten, wird im Bezugsystem der funktionalistischen Soziologie als »abweichendes Verhalten« klassifiziert (von Jugendkriminalität, Neurosen, Psychosen bis hin zu kollektiven Gewaltausbrüchen und Gruppendiskriminierungen). Alle gesellschaftlichen Instanzen, die sich mit der »Korrektur« abweichender Verhaltensformen befassen, werden zusammengefaßt unter dem Begriff der »sozialen Kontrolle« (dazu gehören Strafanstalten, Heilanstalten, aber auch

ambulante Behandlungszentren. Vgl. CLINARD 1963; WHEELER 1967).
T. PARSONS, der Hauptvertreter der strukturell-funktionalen Schule in der Soziologie, hat abweichendes Verhalten und soziale Kontrollhierarchien systematisch aufeinander bezogen (1954, S. 249—325). Das Individuum wird bei ihm unter dem Gesichtspunkt der Integration in das bestehende soziale System gesehen. Die primäre Integration geschieht über den Sozialisationsprozeß; durch ihn werden die Strukturen eines den Erfordernissen des bestehenden gesellschaftlichen Systems angepaßten »Sozialcharakters« hervorgebracht und reproduziert. Alle den Systemerfordernissen nicht entsprechenden Verhaltensweisen werden Gegenstand eines zweiten Integrationsvorganges, dem der sozialen Kontrolle. Durch ihn werden Tendenzen zu abweichenden Verhaltensweisen aufgefangen und eliminiert. Wie die Sozialisation bewirkt die soziale Kontrolle die Anpassung des Individuums an Systemerfordernisse und Rollenerwartungen. Die Prozesse sozialer Kontrolle sind diejenigen Mechanismen, mit denen ein soziales System sein wichtigstes Ziel, einen Zustand der Stabilität, zu erreichen sucht. Als stabil ist es definiert, »wenn sich seine Mitglieder innerhalb eines gewissen Spielraumes normenkonform verhalten« (GRAVENHORST 1970, S. 10).
PARSONS unterscheidet zwei Stufen sozialer Kontrolle. Auf der ersten Ebene wird versucht, sozial abweichende Personen in das System zu reintegrieren; gelingt dies nicht, so setzt der Prozeß der sozialen Ausschließung aus der Gesellschaft bzw. aus bestimmten sozialen Gruppen ein. Zunächst versucht man also eine Veränderung der devianten Verhaltensweisen zu erreichen (Instanz: Psychotherapie jeder möglichen Richtung); gelingt dies nicht, so muß verhindert werden, daß sie ausagiert werden können. »Das System schützt sich vor manifest abweichenden Mitgliedern, indem es sie, wie im Falle der Kranken ›isoliert‹ oder, wie im Falle der Kriminellen, ›insuliert‹« (GRAVENHORST 1970, S. 10).
Die strukturell-funktionale Betrachtungsweise ist entscheidend charakterisiert durch die Betonung des gesellschaftlichen Gesamtzusammenhanges, in welchem den einzelnen Strukturelementen bestimmte Funktionen für die Erhaltung des Ganzen zugeschrieben werden.
Bei allen Einwänden, die notwendigerweise gegen dieses Status-quo-Modell gesellschaftlicher Systeme vorgebracht werden müssen (vgl. BERGMANN 1967; SCHWANENBERG 1970), hat es als Denkmodell einen entscheidenden Vorteil: es stellt einen gesellschaftlichen Gesamtzusammenhang her, in dem die Aufgabenzuweisung einer einzelnen Institution ersichtlich wird. Die Aufgaben von Institutionen therapeutischen Handelns

können jetzt nicht mehr allein aus ihren internen Handlungsnormen bestimmt werden. Diese Institutionen haben gleichzeitig eine übergreifende gesellschaftliche Funktion: nämlich die, einen Beitrag zur Systemerhaltung zu leisten. In der Selbstinterpretation therapeutischer Institutionen wird diese Funktion häufig verleugnet. Je indifferenter aber die theoretischen Konzepte therapeutischen Handelns gegenüber ihrer Verflochtenheit mit der jeweiligen Gesellschaft sind, desto größer ist die Wahrscheinlichkeit, daß sie zu Mitteln der Perpetuierung bestehender sozialer Strukturen werden.

Der konservative Gehalt psychiatrischer Denkansätze

Der affirmative Gehalt therapeutischer Institutionen ist vor allem sichtbar geworden, seit sie zum Gegenstand sozialwissenschaftlicher Untersuchungen gemacht worden sind. Vor allem gegenüber der Psychiatrie ist Kritik geäußert worden, die auf folgenden gemeinsamen Nenner gebracht werden kann: Die Psychiatrie diene in Theorie und Praxis der Apologie bestehender gesellschaftlicher Verhältnisse.
Kingsley DAVIS hat schon 1938 in seinem ideologiekritischen Aufsatz »Mental hygiene and the class structure« nachgewiesen, daß die Konzepte der Psychiatrie ein »unconscious system of premises« enthalten, das eng verknüpft ist mit der kapitalistisch-protestantischen Ethik. Den normativen Aussagen psychiatrischer Repräsentanten sei vor allem die »Ideologie der Anpassung mit ihrem harmonischen, konfliktlosen und primitiv konformistischen Gesellschaftsbild« gemeinsam (DREITZEL 1968, S. 15). Die Funktion des Psychiaters besteht für DAVIS in folgendem: »He enforces in a secular way and under the guide of science the standards of the entire society« (1938, S. 64). Die Ideologiekritik wurde von C. Wright MILLS weiter vorangetrieben. 1943 analysierte er die »professional ideology of social pathologists«. Seiner Meinung nach ist diese durch die kleinbürgerliche und provinzielle Enge der Problemsicht charakterisiert. Ein schichtspezifisches Gesellschaftsbild wird zur allgemeinverbindlichen Norm erhoben und der Konformismus mit jenem als therapeutisches Leitbild angesehen. Die Situation scheint sich seit der Analyse von MILLS nur wenig geändert zu haben. In einer Analyse der neueren Literatur kommen E. BEND & M. VOGELFANGER (1970) zu Ergebnissen, die denen von MILLS sehr ähnlich sind.
Die Angriffe auf den Klassencharakter der Psychiatrie werden in jüngster Zeit zunehmend schärfer. R. LEIFER (1966) charakterisiert die von Psychiatrie (und klinischer Psychologie) eingesetzten Therapiemaßnahmen als Mittel, die herrschende

soziale Macht zu stützen. Einer der scharfsinnigsten Kritiker der herrschenden Psychiatrie ist Ronald D. Laing. Psychiatrischer Theorie unterstellt er: Sie »kann nur die Entfremdung fortsetzen, die sie selbst nicht mehr beschreiben kann; sie vertieft sie, sie verhüllt und maskiert sie noch mehr« (1969, S. 54). Als Konsequenz solcher Theorie beschreibt Laing die psychiatrische Praxis als inhumane Entwürdigung des Menschen. Schließlich fragt er sich, »was all dies zu bedeuten hat im größeren Kontext der bürgerlichen Gesellschaftsordnung — das heißt der *politischen* Ordnung, der Art und Weise, wie Menschen Kontrolle und Macht übereinander ausüben« (S. 111 ff).

Die Kritik an der bestehenden Psychiatrie könnte hier noch durch eine Reihe weiterer Zitate belegt werden (z. B. Szasz 1970; Basaglia 1971; Cooper 1971). In allen wird mehr oder weniger explizit die Verflochtenheit psychiatrischen Denkens mit gesamtgesellschaftlichen Ideologien aufgezeigt. Angegriffen wird vor allem die professionelle Ignoranz gegenüber diesem Bezug: Hinter einer wissenschaftlichen Fassade würden im psychiatrischen Bereich die herrschenden Normen der bestehenden Klassengesellschaft unreflektiert reproduziert.

Psychotherapie als Privileg

Neben dem normativen Aspekt hat die therapeutische Praxis noch eine weitere soziale Implikation: Der soziale Status einer Person bestimmt in starkem Maße die therapeutische Indikation. Dies war eine der Hypothesen, die A. B. Hollingshead & F. C. Redlich (1953; 1958) in einem groß angelegten Forschungsprojekt untersucht haben. Bei einer Gruppe von annähernd zweitausend Patienten kamen sie zu folgender prozentualer Zuordnung von sozialer Schichtzugehörigkeit und Form der Therapie:

Soziale Schicht	Psychotherapie	Organische Therapie	Institutionelle Verwahrung ohne Therapie
I	73,7 Prozent	10,5 Prozent	15,8 Prozent
II	81,7 Prozent	11,4 Prozent	6,9 Prozent
III	52,7 Prozent	28,7 Prozent	18,6 Prozent
IV	31,7 Prozent	37,1 Prozent	31,8 Prozent
V	16,1 Prozent	32,7 Prozent	51,2 Prozent

Die statistische Prüfung dieser Daten ergab einen systematischen Zusammenhang zwischen der Position eines Patienten in der Klassenstruktur und der Wahrscheinlichkeit, mit der er eine bestimmte Form von Therapie erhält. Aus dem Ergebnis dieser Untersuchung läßt sich folgender Schluß rechtfertigen: Das psychotherapeutische Angebot ist das Angebot für die bürgerlichen Sozialschichten.
Die nachgewiesene Überrepräsentation von Angehörigen der untersten sozialen Schichten in psychiatrischen Institutionen (FARIS & DUNHAM 1939; FRIED 1969; MOORE u. a. 1963; RUSHING 1969 u. a.) widerspricht dieser These nicht. Gerade die Untersuchung von HOLLINGSHEAD & REDLICH macht deutlich, daß die dort gebotene Versorgungsleistung nicht mehr als eine institutionelle Verwahrung ist. Gezielte, auf die Probleme des einzelnen Patienten abgestellte therapeutische Programme gibt es dabei kaum.
Die beschriebene Situation hat sich zumindest für die USA etwas verändert, seit der Präsident in einer Kongreßrede im Jahr 1963 betont hat, daß es notwendig sei, die Versorgung psychisch gestörter Bürger zu verbessern. Die Häufung psychischer Störungen in den sozial deprivierten Schichten der Gesellschaft sei besonders auffällig und müsse durch spezielle Behandlungsprogramme schrittweise abgebaut werden. Diesem Appell folgten sehr bald Projekte, die sich gezielt mit der therapeutischen Versorgung von Angehörigen der Unterschicht befaßten (z. B. FREEDMAN 1964; HERSCH 1966; KOSA u. a. 1969). Die Grundzüge eines dieser Projekte wurden unter dem Titel »New treatment approaches for low income people« publiziert (RIESSMAN u. a. 1964). Die oben formulierte These, daß das psychotherapeutische Angebot ein Angebot für die bürgerliche Klasse sei, wird jedoch durch diese durchaus positiven Bemühungen nicht widerlegt. Sie stützen vielmehr diese These. Dies aus zwei Gründen:
1. Die Tatsache, daß man sich jetzt gezielt um das Morbiditätsproblem in der Unterschicht bemüht, beweist das Bestehen eines sozialen Rasters beim Zugang zu therapeutischen Institutionen, der Unterschichtsangehörige ausgesprochen benachteiligt.
2. Wenn jetzt zunehmend für psychisch Gestörte aus der Unterschicht neue Behandlungsansätze entwickelt werden, so beweist dies, daß die traditionellen psychotherapeutischen Verfahren nur für Personen mit einer spezifischen sozialen Prägung geeignet waren. Hinzu kommen Zweifel, ob diese neuen Behandlungsansätze das Ziel verfolgen, soziale Ungleichheit von ihrer Wurzel her zu beseitigen. Für uns hat es eher den Anschein, als würden sie soziale Ungleichheit verfestigen, denn sie machen schichtspezifische Angebote, deren

Konsequenz weniger die Überwindung als die Befriedung von Schichtgrenzen zu sein scheint. Nach wie vor bleibt also die Annahme bestehen, daß die psychotherapeutischen Institutionen nach einem sozialen Selektionsprinzip arbeiten.

Welche Faktoren bestimmen die Selektion?

Wie wir gesehen haben, funktioniert diese Auswahl nicht nach Kriterien, die eindeutig und nachvollziehbar expliziert worden sind. Sie vollzieht sich implizit über die Diagnose, über die Beurteilung der Therapiefähigkeit, und durchzieht weitgehend unreflektiert die gesamte klinische Urteilsbildung. In einer zusammenfassenden Darstellung der Beziehung sozialer Faktoren zur Psychotherapie schreibt Jürgen RUESCH: »Die gegenwärtig üblichen Methoden der individuellen Psychotherapie sind Methoden, die zum Gebrauch unter Leuten bestimmt sind, die annähernd zur gleichen Sozialschicht gehören und allgemein eine größere Anzahl von Einstellungen teilen« (zit. nach BRILL & STORROW 1967, S. 489). Zu einer sehr ähnlichen Einschätzung gelangt Manfred PFLANZ: »Es kann nach den vorliegenden Ergebnissen mit Wahrscheinlichkeit angenommen werden, daß die gegenwärtige Psychotherapie fast spezifisch auf Mittelschichtideologien ausgerichtet ist, so daß die Kommunikation des (meist der Mittelschicht. angehörenden) Psychotherapeuten ... mit Personen der Unterschicht in der Regel unzureichend ist« (1969, S. 1145).
Die Frage nach den Mechanismen dieser sozialen Selektion soll nun spezifischer gestellt werden. Verschiedene Faktoren wurden in der Literatur bereits aufgeführt:
a) Häufig wurde das *Informationsdefizit* genannt. Angehörige der unteren Sozialschichten haben nur ein sehr undifferenziertes Bild von therapeutischen Institutionen (MECHANIC 1968) und suchen in der Regel nur bei somatisierten Störungen einen praktischen Arzt auf. Dessen Hilfestellung besteht auch bei psychischen Störungen meist allein in einem reichhaltigen Tablettenangebot. Die Überweisung an psychiatrische Institutionen findet nur in sehr ernsten Fällen statt, in denen abweichendes Verhalten bereits die Form unverständlicher Idiosynkrasien angenommen hat. Das Informationsdefizit mag eine selektive Wirkung haben, kann jedoch den Selektionsmechanismus allein nicht erklären, denn selbst dort, wo groß angelegte Aufklärungsarbeit über Psychohygiene betrieben wurde, sind die schichtspezifischen Unterschiede nicht verschwunden (DOHRENWEND 1969).
b) Auch die Selektionswirkung des *finanziellen Faktors* ist aufgeführt worden. Es dürfte kaum umstritten sein, daß dieser Faktor beim Zugang zu therapeutischen Institutionen trotz der

Leistungen der Krankenkassen noch immer eine große Rolle spielt. Aber auch er kann die Selektionswirkung nicht ausreichend erklären. Deutlich wurde dies bei einem Versuch von N. G. Brill & H. A. Storrow (1967), die die finanzielle Beschränkung des Zuganges zu psychotherapeutischer Behandlung eliminierten. Bei der Einschätzung der Theraphiefähigkeit durch Psychotherapeuten zeigte sich die deutliche Tendenz, daß die Prognose für eine erfolgreiche Psychotherapie bei Unterschichtangehörigen signifikant ungünstiger ausfiel als für Klienten aus oberen Sozialschichten. Dieses Ergebnis zwingt uns zur Suche nach weiteren sozialen Faktoren, die den Mechanismus der sozialen Selektion erklären können.

c) Der Zusammenhang zwischen Schichtzugehörigkeit und Therapiezugang wird erst dann verständlicher, wenn wir Bedingungen aufzeigen, die für die Charakterisierung sozialer Schichten zentraler sind. Als Ausgangspunkt dafür kann man die Stellung einer sozialen Gruppe im Produktionsprozeß wählen. Für den im Produktionsprozeß stehenden Arbeiter sind die Erfahrungsmöglichkeiten durch seine Arbeitswelt in einer spezifischen Weise strukturiert. Diese unterscheidet sich wesentlich von der kognitiven Struktur, die sich bei Menschen herausformt, die außerhalb der materiellen Produktion stehen (Knupfer 1953). Den unterschiedlichen Erfahrungsmöglichkeiten entsprechen differentielle Sprachcodes. Auf der psychologischen Ebene geben diese wahrscheinlich am besten die Unterschiede im sozioökonomischen Status wider (Oevermann 1968).

Betrachtet man zum Beispiel die beiden von Basil Bernstein (1966) beschriebenen schichtspezifischen Sprachformen, so wird deutlich, daß die Kommunikation zwischen zwei Personen, die nicht den gleichen Code beherrschen, sehr schwierig ist. Mit der Erwähnung dieses Ergebnisses aus der Soziolinguistik (ausführlicher hierzu: Hartig & Kurz 1971) soll darauf hingewiesen werden, daß Sprache Kommunikation nicht nur ermöglicht, sondern sie durch schichtspezifische Sprachstile auch beschränkt. Dieser Sachverhalt ist für die Psychotherapie, die sehr auf das Medium der Sprache angewiesen ist, von besonderer Bedeutung. Für Therapieformen, die ausschließlich auf der sprachlichen Ebene ablaufen, ist dies nachgewiesen worden (Bernstein 1964). Aber auch in der Interaktion zwischen Verhaltenstherapeuten und ihren Klienten hat die Sprache eine wichtige Funktion. Ein Klient kann seine Umweltsituation zum Beispiel nur in einer Sprache beschreiben, die sehr schwer in das Bezugssystem des Therapeuten zu übersetzen ist. Umgekehrt kann die Übermittlung der therapeutischen Prozeduren so schwierig sein, daß kein gemeinsames Bezugssystem für die therapeutische Arbeit gefunden werden kann. Diese Kommunikationsschwierigkeiten können derart einschneidend sein, daß erstens der Therapeut einen Klienten für nicht therapiefähig hält und die Therapie daher gar nicht erst beginnt oder daß es zweitens zu einem Abbruch der Interaktion während der Therapie kommt.

Sprache stellt also eine Form sozialer Kontrolle dar. Sie determiniert in starkem Maße die Möglichkeiten eines Individuums in einer Gesellschaft. Sie steuert die soziale Mobilität, den Zugang zu Bildungseinrichtungen und — wie wir gesehen haben — auch den Zugang zu psychotherapeutischen Hilfsquellen. Sie ist wahrscheinlich eines der relevantesten Kriterien der Therapiefähigkeit und stellt eine Steuergröße dar, die dafür verantwortlich ist, daß im therapeutischen Bereich das Klassensystem unserer Gesellschaft reproduziert wird. Statt Lernrückstände und Störungsformen, die durch schichtspezifische Sozialisationsprozesse und Erfahrungsmöglichkeiten bedingt sind, mit Hilfe gezielter therapeutischer Maßnahmen abzubauen, werden sie zu Selektionsfaktoren für die Therapie.

Zur Vermeidung von Mißverständnissen sollte noch einmal betont werden, daß nicht die Sprache als Sprache selektiert, sie hat vielmehr eine Vermittlungsfunktion. Sie spiegelt in symbolischer Form typische Merkmale sozialstruktureller Bedingungen wider. Diese sind damit auch die letztlich kausal wirkenden Faktoren. Sie liegen dem Selektionsmechanismus zugrunde. Dadurch, daß Kriterien der Therapiefähigkeit aus bestimmten Formen sprachlicher und kognitiver Differenziertheit abgeleitet werden, stabilisieren sich die sozialen Strukturen, die jene Formen produziert haben.

Die Dialektik mikro- und makrosozialer Analyse

Gibt es Möglichkeiten, diesen Mechanismus sozialer Selektion außer Kraft zu setzen? Die Frage ist nicht leicht zu beantworten. Dem therapeutischen Handeln ist hier eine prinzipielle Grenze gesetzt: Der Selektionsmechanismus hat seine objektive Basis in einem Bereich, der nicht Gegenstand therapeutischen Handelns sein kann, zumindest nicht psychotherapeutischen Handelns. Diese Basis ist gesellschaftlicher Natur. Sie strukturiert sowohl das Klassensystem einer Sozialordnung als auch die Möglichkeiten und Grenzen therapeutischer Intervention. Die konkrete Basis unserer Gesellschaft sind die kapitalistischen Produktionsverhältnisse mit ihrem Grundantagonismus: der gesellschaftlichen Form der Produktion und der privaten Aneignung ihres Wertes. Die prinzipielle Grenze psychotherapeutischer Anstrengungen ist damit gezogen: Ein klassenunabhängiges Angebot und ein klassenunabhängiger

Gebrauch von psychotherapeutischen Hilfestellungen können erst realisiert werden, wenn die Ursachen beseitigt sind, die eine Gesellschaft zu einer Klassengesellschaft machen.
Diese Einsicht kann nun allerdings nicht heißen, daß der Psychotherapeut resignativ bestehende Strukturen hinzunehmen hätte oder daß er so lange zu warten hätte, bis — von ihm unbeeinflußt — gesellschaftliche Veränderungen eingetreten sind, die die aufgezeigte Grenze überwunden haben. Therapiemaßnahmen können zwar mit Sicherheit nicht ein Ersatz für soziale Revolutionen sein, sie sind aber andererseits auch nicht nur systemstabilisierend wirksam. Für sie gilt wie für alle Reformen: »Eine Reform ist ... nicht unbedingt reformistisch, wenn sich ihre Forderungen nicht danach richten, was in einem gegebenen System und in einer vorhandenen Ordnung möglich ist, sondern nach dem, was möglich gemacht werden muß, um menschliche Bedürfnisse und Ansprüche zu erfüllen« (GORZ 1967, S. 12).
So verstanden, könnten richtig angesetzte therapeutische Interventionen soziale Veränderungspotentiale freisetzen. Voraussetzung dafür ist, daß dem Therapeuten und dann schrittweise auch dem Klienten die Analyse der Bedingungen gelingt, welche die soziale Situation des Klienten strukturieren. Daß eine solche Analyse nicht gelingen kann, wenn das Individuum als in sich geschlossene Monade betrachtet wird, braucht nicht weiter erörtert zu werden. Mit weniger Zustimmung kann man bei dem Hinweis rechnen, daß auch eine mikrosoziale Analyse noch nicht ausreicht. Vor allem die Sozialpsychiatrie hat einem großen Teil der therapeutisch arbeitenden Fachleute zu der Erkenntnis verholfen, daß die Primärgruppe eines Individuums von erheblicher Bedeutung ist (z. B. RYLE 1965; WILLIAMS 1967; RICHTER 1970). Diese Erkenntnis war notwendig, und ihre Richtigkeit ist nach der Vielzahl der empirischen Belege, die zu ihrer Untermauerung gesammelt worden ist, kaum zu bezweifeln. Sie wird aber verzerrt und schließlich falsch, wenn man die mikrosozialen Bedingungen verabsolutiert und zu Primärfaktoren macht; Bedingungen, die keiner weiteren Begründung bedürfen. Ein typisches Beispiel dieser Art von Fehler ist die Behauptung, die Familie sei die Keimzelle der Gesellschaft. Die Familie ist eine Einheit, ein mikrosoziales System, aber sie ist nicht letzte Einheit oder Baustein, aus dem sich Gesellschaft konstituiert. Die Wandlungen der Familie, die sich durch die Geschichte hindurch vollzogen haben, ließen sich dann nur noch als familienendogene Prozesse beschreiben, und das wäre absurd angesichts der Abhängigkeit dieser Wandlungen des Systems Familie von allgemeingesellschaftlichen Veränderungen (vgl. HORKHEIMER u. a., 1936).

Wird die Dialektik von Mikro- und Makrosystemen in den Sozialwissenschaften zugunsten einer verabsolutierten Betrachtung der mikrosozialen Ebene verleugnet, so ist die Folge die moderne Version des Psychologismus, nämlich der »Sozio-Psychologismus« (BARAN 1967). Dieser Sozio-Psychologismus erkennt die prägende Wirkung der unmittelbaren sozialen Umwelt an, nicht aber deren Determination durch übergreifende gesellschaftliche Gesetze.

An einem Beispiel soll die hier angesprochene Problematik verdeutlicht werden. Ein Arbeiter mit der typischen Unterschicht-Erfahrungswelt kommt mit bestimmten Verhaltensstörungen zu einem Verhaltenstherapeuten. Methodisch sauber wird der Verhaltenstherapeut eine Verhaltensanalyse erarbeiten und dabei eine Reihe von funktionellen Abhängigkeiten zwischen der Störung und dem sozialen Milieu, in dem sie entstanden sind, ermitteln. Die soziale Distanz zwischen dem Arbeiter und dem Therapeuten könnte letzteren vielleicht motivieren, Literatur über das spezielle subkulturelle Milieu der Unterschicht zu studieren (z. B. SHOSTAK & GOMBERG 1964; COHEN & HODGES 1963; WALD 1966), um ein größeres Problemverständnis zu erreichen. Auf der Grundlage der gesammelten Informationen wird er nun ein Behandlungsprogramm entwickeln, das die Störungen beseitigen soll und sich vielleicht auch die Modifikation der unmittelbaren Umweltsituation zum Ziel setzt. Nehmen wir an, das Therapieprogramm habe im Sinne seiner Zielformulierung Erfolg: dieser wird wahrscheinlich darin bestehen, daß die Symptomatik beseitigt ist, die der Anlaß für die Therapie war. Im Sinne einer kurzfristigen Prävention werden wahrscheinlich auch einige Veränderungen an der Familien- oder Arbeitsgruppenkonstellation eingeleitet worden sein. Auf der fachlich-instrumentellen Ebene wird der Erfolg leicht skalierbar sein, Effektivitätskriterien bieten sich dafür an. Das berufliche Ethos wird dem Therapeuten noch ein weiteres Erfolgskriterium bereitstellen: Leiden beseitigt zu haben. Dies ist sicher ein persönlich befriedigendes Ergebnis. Man könnte und sollte aber noch ein ganz anderes Bewertungssystem einführen und das Behandlungsresultat auf seine sozialen Implikationen hin untersuchen. Wie sieht der Therapieerfolg bei dem genannten Arbeiter in dieser Beurteilung aus? Er könnte wahrscheinlich wieder zu einem anerkannten Mitglied in dem subkulturellen Milieu werden, dem er entstammt. Er wird seinen normalen Arbeitsvollzügen gerecht werden können. Er wird im großen und ganzen die Rollenerwartungen erfüllen, die unsere Gesellschaft in einen Arbeiter setzt. Den »Erfolg« der Therapie kann man nach diesem Bewertungssystem zusammenfassend charakterisieren als Anpassung an die bestehende Klassengesellschaft.

Die Therapie mußte notwendigerweise zur Anpassung führen, weil Normen und Zielvorstellungen therapeutischen Handelns nicht allein aus der Therapeut-Patient-Beziehung legitimiert werden können. Die Bedeutung des normativen Aspekts kann nur aus dem gesellschaftlichen Gesamtzusammenhang verständlich gemacht werden. Die berufsständische Selbstinterpretation blendet in der Regel den Kontext gesellschaftlicher Interessen aus, in dem fachliches Handeln funktionale Bedeutung hat. Das humanistische Pathos, mit dem häufig therapeutisches Standesethos zelebriert wird, hat Verschleierungsfunktion, wenn es von den konkreten gesellschaftlichen Verhältnissen losgelöst ist. Der Therapeut ist Funktionsträger in der Gesellschaft, die ihm über seine soziale Rolle bestimmte Aufgaben zuweist. Es ist nicht vorweg gesichert, daß diese institutionellen Aufgaben sich in Kongruenz mit dem humanistischen Anspruch der subjektiven Berufsauffassung befinden. Die institutionell formulierten Aufgaben der Therapie sind durch folgende Fragen kritisch zu prüfen: Worin besteht die Legitimität der bestehenden Institutionen? Welchen gesellschaftlichen Interessen entspricht man mit der Übernahme therapeutischer Aufgaben?

Die Hauptpunkte dieses Abschnitts sollen noch einmal zusammengefaßt werden:

1. Institutionell gesehen, hat therapeutisches Handeln die Funktion, »abweichendes« Verhalten zu korrigieren. Verhaltensänderungen haben Systemerfordernissen einer Gesellschaft zu entsprechen. Wird die Legitimität dieser Systemerfordernisse nicht geprüft, so wird therapeutisches Handeln leicht zu einem Instrument der Stabilisierung bestehender gesellschaftlicher Verhältnisse.
2. Die Psychiatrie hat sehr früh Kritiker gefunden, die ihr nachzuweisen versuchten, daß sie eine konformistische bürgerliche Wissenschaft sei, deren therapeutisches Angebot primär den oberen Sozialschichten gilt. Diese These findet in zahlreichen Untersuchungen Bestätigung: In der psychotherapeutischen Praxis sind Angehörige der unteren Sozialschichten deutlich unterrepräsentiert.
3. Der schichtspezifische Selektionsmechanismus in therapeutischen Institutionen ist in der Struktur einer Klassengesellschaft begründet. Er ist deshalb letztlich auch nur mit dieser Klassengesellschaft selbst zu überwinden. Trotz dieser prinzipiellen Grenze wäre es verfehlt anzunehmen, therapeutische Interventionen könnten nur affirmativen Charakter haben. In die Therapie einbezogene Gesellschaftsanalyse könnte die Formulierung des Behandlungszieles in einer Weise beeinflussen, die die Notwendigkeit der Veränderung bestehender gesellschaftlicher Verhältnisse einsichtig macht.

III. Machtprozesse in der direkten therapeutischen Interaktion

Nachdem der gesellschaftliche Kontext aufgezeigt worden ist, in dem sich therapeutisches Handeln vollzieht und in dem es einen funktionalen Stellenwert hat, soll nun spezifischer auf die therapeutische Interaktion eingegangen werden. Die hierzu beschreibenden mikrosozialen Prozesse können nicht unabhängig gesehen werden von dem Zusammenhang, den wir im vorhergehenden Abschnitt hergestellt haben. Zunächst aber sind noch einige terminologische Bemerkungen zu dem zentralen Konzept dieser Arbeit notwendig, dem der sozialen Macht.

Macht ist ein Bestandteil jeder gesellschaftlichen Beziehung. Häufig wird der Begriff verwendet, um die ein Gesellschaftssystem prägenden Herrschaftsverhältnisse zu charakterisieren. In dieser Vagheit ist der Begriff als Ausgangspunkt der Analyse konkreter Sozialbeziehungen kaum brauchbar. Zur begrifflichen Präzisierung hat es sich als notwendig erwiesen, die Konzepte Macht und Herrschaft auseinanderzuhalten. Herrschaft kann mit Werner Hofmann definiert werden als die »institutionell gesicherte Nutznießung eines Teiles der Gesellschaft gegenüber einem anderen« (1967, S. 13). Herrschaft ist nach dieser Definition das konstituierende Merkmal einer auf Ausbeutung beruhenden Klassengesellschaft. Macht ist dagegen ein Mittel der Herrschaftssicherung und kann sich in sehr vielfältiger Form manifestieren. Nach Hofmann bezeichnet »Herrschaft... ein soziales *Grundverhältnis*, Macht dagegen spielt sich im Bereich der gesellschaftlichen Beziehungen ab« (1967, S. 13 ff). Herrschaft und Macht sind unabdingbar aufeinander bezogen, können aber analytisch getrennt werden. In der Sozialpsychologie werden soziale Beziehungen beschrieben; daher ist ihr Gegenstand der Machtprozeß. Ein Problem ist jedoch dabei zu bedenken: In der sozialpsychologischen Konzeptualisierung werden Sozialbeziehungen häufig formalisiert und verlieren dadurch ihre inhaltliche Bestimmung. Soziale Macht wird in einer solchen Fassung nicht mehr auf ein herrschaftlich strukturiertes soziales Grundverhältnis bezogen, ihre Kennzeichnung erschöpft sich in der Deskription von sozialen Oberflächenerscheinungen. Von dieser Position wollen wir uns klar absetzen. Uns scheint es notwendig, die Herkunft sozialer Machtausübung im Einzelfall immer aus der historisch-spezifischen Gesellschaftsordnung abzuleiten. Eine formale Beschreibung sozialer Machtprozesse ist damit nicht überflüssig geworden, sie muß nur in ihrer dialektischen Abhängigkeit von der inhaltlichen Bestimmung gesehen werden.

Eingedenk dieses Vorbehaltes können wir uns jetzt der Definition des sozialpsychologischen Machtbegriffes zuwenden. Soziale Macht ist ein Merkmal von Interaktionssequenzen, das die Veränderungen begründet, die im Verlauf solcher Sequenzen auftreten. Macht fungiert als erklärendes Konstrukt, um etwa in einer Zweierbeziehung Verhaltensänderungen bei einem Interaktionsteilnehmer auf vorhergehende Handlungen seines Partners beziehen zu können, d. h. um einen Vorgang sozialer Beeinflussung erfassen zu können (B. E. COLLINS 1970, S. 5 ff). Generell könnte man unter Macht die Verfügung über positive bzw. negative Sanktionen verstehen. Nach HUMMELL ist die soziale Macht eines Akteurs um so größer, »je mehr verschiedene Deprivationszustände er einer anderen Person beseitigen kann bzw. je größer die Reichweite der von ihm kontrollierbaren Aktivitäten ist« (1969, S. 1194). Auf diesem Allgemeinheitsniveau ist es einsichtig, daß man mit dem Machtkonzept solche traditionellen Gegenstandsbereiche wie Lernen, Einstellungsänderung, Führerschaft, Konformitätsverhalten, aber auch das ganze komplexe Therapiegeschehen erfaßt. Dort geht es ja auch um Veränderungsprozesse im Verlauf sozialer Interaktion. Die Probleme, die mit der Konzipierung und empirischen Überprüfung eines in dieser Weise angelegten Machtmodelles verbunden sind, können hier nicht abgehandelt werden. Wir verweisen auf die einschlägige sozialpsychologische Literatur (CARTWRIGHT 1959; RAVEN 1965; SCHOPLER 1965; WRONG 1968). Hier wollen wir nur das wohl am klarsten explizierte Modell sozialer Macht darstellen und es in heuristischer Absicht auf Probleme der psychologischen Behandlung anwenden.

Ein sozialpsychologisches Machtkonzept

Als Determinanten sozialer Macht lassen sich nach SECORD & BACKMAN (1964, S. 274 ff) drei Variablenklassen identifizieren:
1. Machtquellen,
2. die Abhängigkeit von diesen Machtquellen und
3. die Verfügbarkeit von Alternativen zu diesen Machtquellen.

ad 1.: *Machtquellen*
Im Prinzip kann jedes Bedürfnis oder jeder Wunsch einer Person zu einer Machtquelle für eine andere Person werden, nämlich zur Macht über die Befriedigung dieser Bedürfnisse und Wünsche. Eine darauf bezogene Typologie von Machtquellen haben FRENCH & RAVEN (1959) vorgeschlagen. Sie unterscheiden zwischen:

reward power, also der Möglichkeit, Belohnungen zu vermitteln;
coercive power, der Möglichkeit, Sanktionen und Strafen jemandem aufzuerlegen;
referent power, die auf dem Wunsch beruht, sich mit jemandem zu identifizieren;
expert power, der Möglichkeit, durch bestimmte Kenntnisse und Fähigkeiten in einer bestimmten Situation Einfluß auszuüben; und
legitimate power, die durch Normen und Werte in einem sozialen System bestimmten Rollenträgern verliehen wird.

Diese Machtquellen schließen sich gegenseitig nicht aus. Es ist anzunehmen, daß sie zum Teil aufeinander reduziert werden können (z. B. »referent power« auf »reward power«). Sie können in einer Person vereinigt sein und damit deren Machtpotential erhöhen. Auf welchen gemeinsamen Nenner diese einzelnen Größen jedoch zusammengefaßt werden können, um dadurch das akkumulierte Maß der Machtverfügung zu bestimmen, ist methodisch sehr umstritten (SCHOPLER 1965). Diese Frage ist hier indes von untergeordneter Bedeutung, da es nur um die möglichst klare, idealtypische Beschreibung von denkbaren Machtpotentialen geht.

ad 2.: *Die Abhängigkeit von Machtquellen*
Eigenschaften und Fähigkeiten einer Person konstituieren nur dann eine Machtquelle, wenn sie einige Relevanz für die Befriedigung von Bedürfnissen einer anderen Person haben oder die Stärke des Strafreizes, der von ihnen ausgehen kann, konforme Unterordnung bei einer anderen Person notwendig macht. Zum Beispiel steigt die »expert power« eines Arztes in dem Maße, wie ein Patient seine Hilfe braucht.

ad 3.: *Die Verfügbarkeit von Alternativen*
Zu einer Moderatorvariable, die das Ausmaß der Abhängigkeit einer Person B und damit die Möglichkeit der Machtausübung einer Person A gegenüber B bestimmt, werden einige Elemente in der Situation von B. Besonders gilt dies für die Zahl und den Wert von alternativen Beziehungen, die B mit anderen Personen unabhängig von A aufnehmen kann. Die Macht eines Medizinmannes über erkrankte Eingeborene ist beispielsweise so lange ungebrochen, wie es zu ihm keine Alternative gibt. In dem Maße, wie Missionsärzte verfügbar wurden, nahm die Macht von Medizinmännern ab.

Die drei aufgeführten Variablengruppen des Machtmodells (Machtquellen, die Abhängigkeit von ihnen und die Verfügbarkeit von Alternativen) stehen in einem Interdependenzverhältnis zueinander. Eine einzelne Variable kann nur dann in ihrer Wirkungsweise kontrolliert werden, wenn wir von der Beschaffenheit der beiden anderen Kenntnis haben. Die Konstellation dieser Variablen in einer Interaktion hat Prozeßcharakter, der aus den Versuchen der Interaktionspartner abzuleiten ist, das jeweils bestehende Machtgefüge zu verändern. Diese Versuche faßt man unter dem Begriff der »Machtstrategien« zusammen. Ihr Ziel besteht darin, Machtpositionen bzw. Ungleichheit abzubauen, zu festigen oder auszudehnen (vgl. EMERSON 1962).

Die Anwendung des Machtmodells auf die Verhaltensmodifikation

Wir wollen die Vorgänge in der Verhaltensmodifikation jetzt mit Hilfe dieses Machtmodelles zu analysieren versuchen. Seine Bedeutung soll dabei in zwei Schritten herausgearbeitet werden. Zuerst wollen wir fragen, wo die Gefahren der Verhaltensmodifikation liegen, d. h. die Aspekte der Techniken aufzeigen, die einen allzu leichten Mißbrauch durch Herrschende ermöglichen. In einem zweiten Schritt wollen wir dann nach Möglichkeiten suchen, einen solchen Mißbrauch zu verhindern. Wir werden aufzuzeigen versuchen, daß auch solche Ansätze innerhalb der Verhaltensmodifikation möglich sind.

Daß die Techniken der Verhaltensmodifikation leicht zur Manipulation mißbraucht werden können, wurde bereits eingangs in den Zitaten von LAING und MITSCHERLICH angedeutet. Diese Gefahr ist deshalb besonders groß, weil die Verhaltensmodifikation die Entwicklung von Techniken anstrebt, mit deren Hilfe menschliches Verhalten in möglichst kurzer Zeit wirkungsvoll verändert werden kann. Damit die Techniken außerdem noch einfach anzuwenden sind, sollen sie die Manipulation möglichst weniger Bedingungen erfordern, d. h. sich auf die wichtigsten, einflußreichsten beschränken.

Mit dieser Zielsetzung wird jedoch ein Zustand angestrebt, der demjenigen ähnlich ist, den HOLZKAMP (1972, S. 27) als »Angleichung der Alltagsrealität an die experimentell-psychologische Realität« gekennzeichnet hat. Die Situation wird durch Informationsentzug so weit labilisiert, daß der Einfluß der gelenkt eingeführten Information maximal wird, oder die Intensität der lenkenden Variablen wird so weit erhöht, daß alle übrigen Informationen bedeutungslos werden. Ein Extrembeispiel hierfür stellen Überlegungen dar, Verhaltens- oder Einstellungsänderungen mit Hilfe sensorischer Deprivation oder Restriktion zu beschleunigen. Nach entsprechender Deprivationszeit steigt das Bedürfnis des Individuums nach Informa-

tion in einer Weise an, daß jede ihm nun dargebotene Information wesentlich intensiver und bereitwilliger aufgenommen wird.
Auf die Möglichkeiten manipulativer Kontrolle, die Herrschende mit Hilfe solcher Techniken ausüben können, wurde von HOLZKAMP ausführlich hingewiesen. Wir wollen noch auf ein weiteres Problem aufmerksam machen, das durch die Entwicklung verhaltensmodifikatorischer Techniken akzentuiert worden ist.
Die Verhaltensmodifikation stellt den expliziten Versuch dar, zweckrationales Handeln in den Bereich der Therapie einzuführen. Zweckrationales Handeln wollen wir dabei mit HABERMAS (1968) entweder als instrumentelles Handeln oder als rationale Wahl definieren. Für die Verhaltensmodifikation ist vor allem instrumentelles Handeln kennzeichnend. Nach HABERMAS richtet sich solches Handeln nach technischen Regeln, die auf empirischem Wissen beruhen, und impliziert in jedem Fall bedingte Prognosen über beobachtbare Ereignisse (S. 62). Zwar entspricht die Praxis therapeutischen Handelns in der Verhaltensmodifikation heute nur begrenzt dieser Definition, doch ist dieser Zustand zweifellos angestrebt.
Im Unterschied zu dem erstrebten Ziel, zweckrational zu handeln, liegt der Untersuchungsgegenstand der Verhaltensmodifikation, d. h. die Problematik, die im Rahmen der Therapie angegangen werden muß, häufig im Bereich des kommunikativen Handelns. Der Patient zeigt ein Verhalten, das die geltenden Normen verletzt, und leidet an Sanktionen, die dadurch ausgelöst werden. Gewiß, in manchen Fällen ist bei bestimmten Patienten, zum Beispiel Schwachsinnigen, auch die Möglichkeit zu instrumentellem Handeln gestört. Dort kann die Verhaltensmodifikation an verhältnismäßig genau definierten Punkten eingreifen, und dieses Eingreifen wird dann auch von den meisten Kritikern akzeptiert. Die eigentliche Problematik tritt aber dort auf, wo mit Hilfe eines Verfahrens, das auf zweckrationalem Handeln beruht, kommunikatives Handeln verändert werden soll. Die grundlegende Frage ist also, ob die beiden Formen des Handelns einander ausschließen oder ineinander überführbar sind, ob Verhaltenserwartungen, die auf gesellschaftlichen Normen beruhen, mit Hilfe von Regeln zweckrationalen Handelns erworben und verinnerlicht werden können.
In der Verhaltensmodifikation ist dieser Doppelcharakter therapeutischen Handelns nicht reflektiert worden. Die bisherige Forschung war bemüht, Methoden zu entwickeln, mit deren Hilfe Verhalten möglichst effizient verändert werden kann, d. h. Bedingungen zu spezifizieren, unter denen solche Veränderungen am leichtesten auftreten. Sie hat aber keine Me-

thoden entwickelt, mit deren Hilfe anzugeben wäre, welche Verhaltensweisen bei einem bestimmten Individuum in einem bestimmbaren gesellschaftlichen Kontext auszubilden wären. Es stellt sich die Frage, ob bei dem Problem der therapeutischen Zielbestimmung nur ein aufholbares methodologisches Defizit vorliegt oder ob wir hier an prinzipielle Grenzen instrumentellen Handelns stoßen. Die gegenwärtige Praxis kann wohl noch keine schlüssige Antwort geben. In ihr herrscht noch immer naiver Dezisionismus vor. Zielbestimmungen verdankt sie vorwissenschaftlichen Einstellungen, Vorurteilen und dem keiner Ideologiekritik unterzogenen »gesunden Menschenverstand«.

Diese Situation ist für alle psychotherapeutischen Verfahren kennzeichnend. Sie wird nur bei Verfahren wie der Psychoanalyse oder der nicht-direktiven Therapie nicht so deutlich sichtbar. Analysiert man zum Beispiel Erfolgskriterien, wie sie von KNIGHT (1941) oder JAHODA (1958) aufgestellt wurden, so wird deutlich, wie vage und nichtssagend diese Ziele sind. Sie stellen nichts als die abstrakte Verbrämung einer Einstellung dar, die man polemisch als »Pflänzchenideologie« bezeichnen kann. Diese Einstellung besagt, daß der Therapeut, wie ein guter Gärtner, nur den Boden richtig bestellen und dem Pflänzchen Licht und Wasser geben muß, dann werde von selbst, d. h. durch die natürlichen Wachstumskräfte, ein großer, starker Baum bzw. eine gereifte Persönlichkeit daraus.

Bei dieser Einstellung wird übersehen, daß der Mensch als gesellschaftliches Wesen sich nicht aus sich selbst heraus entfaltet, sondern ein Produkt der gesellschaftlichen Einflüsse und der in Normen festgelegten Zielsetzungen ist und daß diese Zielsetzungen einem historischen Prozeß unterliegen.

Welche Bedeutung haben diese Überlegungen nun für die Verhaltensmodifikation? In der Verhaltensmodifikation wurde der Zwiespalt zwischen wissenschaftlich fundierten Methoden zur Verhaltens- und Einstellungsänderung und vorwissenschaftlich fundierter Zielsetzung besonders deutlich. Dies scheint uns ein Vorteil zu sein, da die Notwendigkeit einer Besinnung über die Zielsetzung besonders deutlich wird. Es würde den Rahmen dieses Beitrags übersteigen, das Problem der Zielsetzung in allen für die Verhaltensmodifikation relevanten Aspekten zu diskutieren. Wir wollen vielmehr eine solche Diskussion anregen und im Bereich der Machtproblematik einen Beitrag dazu leisten.

Für die Analyse der Beziehungen während einer Verhaltensmodifikation scheint uns die Typologie von FRENCH & RAVEN besonders geeignet zu sein, weil sich ihre Begriffe unmittelbar in das Begriffssystem der Verhaltensmodifikation übersetzen lassen. Die Fragen nach den Verstärkern, die dem Therapeuten für einen speziellen Patienten zur Verfügung stehen, und nach dem Verhaltensrepertoire des Klienten, mit dessen Hilfe sich dieser Verstärkungen verschaffen kann, stehen am Ausgangspunkt jeglicher Behandlung.

Die Situation des Patienten

Auf einer sehr allgemeinen Ebene kann man zwei Klassen von Verhaltensmustern unterscheiden, die — über einen komplizierten Prozeß — ein Individuum schließlich zum Patienten machen:
1. Bestimmte Verhaltensmuster indizieren geringe Verfügbarkeit über Machtquellen und fehlende Machtstrategien. Personen mit diesen Verhaltensmustern können sich in den sozialen Konstellationen, in denen sie leben, wenig Anerkennung, d. h. wenig soziale Verstärkung verschaffen. Sie sind nicht in der Lage, einengende Bedingungen zu beseitigen oder sich aus ihnen zu lösen. Fehlende Machtverfügung manifestiert sich als ein Verhaltensmuster passiver Anpassung oder Apathie.
2. Eine andere Klasse von Verhaltensweisen ist durch Machtstrategien charakterisiert, die von der Gesellschaft als inadäquat definiert werden. Bei verschiedenen neurotischen Störungen wäre es verfehlt anzunehmen, dem Individuum stünden überhaupt keine Machtquellen oder -strategien zur Verfügung. Eine Frau mit funktionellen Herzbeschwerden zum Beispiel, kann ihre ganze Familie mit Hilfe dieser Störung beherrschen. Hier wird aber auch deutlich, wie gesellschaftliche Bedingungen zur Entstehung solcher inadäquater Machtstrategien oder Verhaltensrepertoires beitragen. Vergröbernd kann man sagen, daß die nicht berufstätige Frau selbst in unserer heutigen Gesellschaft kaum soziale Macht besitzt, d. h. kaum Möglichkeiten hat, das Verhalten ihrer Umwelt nach ihren Wünschen zu verändern. Es müssen deshalb zwangsläufig andere Machtstrategien (zum Beispiel hysterische Anfälle, Herzbeschwerden, Frigidität usw.) auftreten, die dafür sorgen, daß die Umwelt im Sinne der agierenden Frau reagiert. Ein anderes Beispiel für einen ähnlichen Prozeß stellen Rentenneurosen dar. Ein Individuum, das sich nicht in eine Leistungsgesellschaft eingliedern kann, entwickelt eine andere Strategie zur Befriedigung seiner finanziellen Bedürfnisse.

Zur psychologischen Behandlung kommen solche Personen allerdings nur, wenn die Inadäquatheit ihrer Strategien entlarvt wird, wenn die Umwelt zum Beispiel durch ärztliche Diagnose feststellt, daß das Individuum mit Hilfe dieser Strategie versucht, soziale Macht zu erwerben, die ihm nach den Normen dieser Gesellschaft nicht zusteht. Es beginnt dann an den Reaktionen der Umwelt auf seine ehemals erfolgreichen Machtstrategien zu leiden. Diese kann es darüber hinaus jetzt nicht mehr verändern, da inzwischen Lernprozesse abgelaufen sind, die nur dann reversibel sind, wenn die Umwelt entscheidend umstrukturiert wird. Das gerade ist aber in der Regel nicht der Fall. Das Individuum befindet sich jetzt in einer Situation, die für eine große Gruppe von Störungen kennzeichnend ist. Es leidet daran, daß seine Umwelt sein Verhalten nicht akzeptiert bzw. dieses Verhalten nicht selbst zeigt. Untersucht man zum Beispiel das Sprechverhalten von Individuen, die als Stotterer oder Nicht-Stotterer gekennzeichnet werden, so ergibt sich eine erhebliche Überlappung, d. h., es gibt Individuen mit der gleichen Stärke der Sprachstörungen, die einmal als Stotterer und einmal als völlig »normal« Sprechende gelten (YATES 1970). Wer als Stotterer zur Behandlung kommt, das entscheidet die soziale Umwelt. Pointiert könnte man sagen: Der Stotterer leidet nicht daran, daß er stottert, sondern daß seine Umwelt nicht stottert.

Der ablaufende Prozeß läßt sich in folgender Weise kurz zusammenfassen: Das Individuum entwickelt als Reaktion auf eine in bestimmter Weise strukturierte Umwelt eine Machtstrategie bzw. bestimmte Verhaltensmuster. Dieses Verhaltensmuster wird von der Umwelt nicht akzeptiert, d. h. diese reagiert mit sozialer Ablehnung. Da das Verhaltensmuster inzwischen nicht mehr veränderbar ist, beginnt das Individuum unter dieser Ablehnung zu leiden und lernt, sich selbst als »krank« zu verstehen. Bei einer Reihe von Individuen läuft diese Kette allerdings nicht vollständig ab. Kinder, Kriminelle oder Homosexuelle zum Beispiel beginnen oft nicht unter der sozialen Ablehnung zu leiden, sondern werden durch die soziale Umwelt als »krank« klassifiziert. Für jemanden, der mit dem Etikett »krank« versehen wurde, bedeutet dies die Verpflichtung, sich einer angemessenen Form der Behandlung zu unterziehen (SCHEFF 1966). Damit erfolgt die Zuweisung zu einer Form von »expert power«: die »Krankenkarriere« (GOFFMAN 1961) ist somit initiiert. Es fragt sich nun, welche Alternativen für ein Individuum bestehen, das einmal durch den »labeling«-Prozeß erfaßt worden ist.

Die durch unser sozialpsychologisches Machtmodell offerierte Freiheit der Wahl von Alternativen ist im Fall des »Kranken« zumindest in dreifacher Hinsicht beschnitten:

1. Der soziale Definitionsvorgang, der ein Individuum zur Übernahme der »Krankenrolle« (PARSONS) zwingt, nimmt dem Betroffenen die Möglichkeit, mit seinem »kritischen«

Verhalten uneingeschränkt Bezugsgruppen zu suchen, in denen es soziale Anerkennung finden könnte (z. B. bei Homosexualität).
2. Ist einmal die Entscheidung getroffen, daß eine psychologische Behandlung unumgänglich ist, dann hängt die Zuweisung zu einer bestimmten Behandlung von der Anzahl der möglichen Behandlungsmethoden für die spezifische Störung ab. Da die Zahl der Behandlungsformen (z. B. Psychoanalyse, Gesprächspsychotherapie oder Verhaltensmodifikation) faktisch außerordentlich beschränkt ist, ja die Indikationsstellung manchmal überhaupt nur eine Behandlungsform zuläßt, ist die Verfügbarkeit von Alternativen erneut stark reduziert.
3. Angenommen, die gewählte Behandlungsmethode war schließlich die Verhaltensmodifikation, dann stellt sich die weitere Frage: Wie viele Psychologen, innerhalb bestimmter raumzeitlicher Koordinaten, beherrschen die Techniken der Verhaltensmodifikation und sind zu einem erschwinglichen Honorar bereit, die Behandlung zu übernehmen?

Durch diesen sequentiellen Verlust von Alternativen wird das Maß der Machtverfügung des Therapeuten entscheidend bestimmt.

Der Therapeut

Die Macht des Therapeuten zu Beginn der Behandlung ist also desto größer, je stärker der Patient unter der sozialen Umwelt leidet oder je größer der Zwang ist, der durch diese Umwelt auf den Patienten ausgeübt wird und je weniger Behandlungsalternativen es gibt. Dies führt dazu, daß der Therapeut bei verschiedenen Patienten über recht verschiedene Machtquellen verfügt. In jedem Fall besitzt er gegenüber dem Patienten die »expert power«, d. h. dieser erwartet von ihm Kenntnisse und Fähigkeiten, mit deren Hilfe die Störungen, unter denen der Patient leidet, beseitigt werden können. Gleichzeitig kommt dem Therapeuten noch »legitimate power« zu, d. h. er ist Träger einer speziellen sozialen Rolle, deren Funktion es ist, von der Norm abweichendes Verhalten in Richtung dieser Norm zu verändern. Diese Rolle wird zum Beispiel daran deutlich, daß der Therapeut ohne weiteres in den Intimbereich des Individuums eindringen darf, der für jeden anderen verschlossen bleibt.

Zusätzlich erhält er noch »reward« und »coercive power« von der Umwelt oder vom Patienten selbst delegiert. Diese beiden Machtquellen können aber, wie bereits angedeutet, von Behandlung zu Behandlung recht verschieden sein. In Erziehungsheimen und Gefängnisen werden beide Machtquellen von gesellschaftlichen Institutionen an den Therapeuten delegiert; in der Aversionstherapie delegiert der Patient selbst die coercive power an ihn, während bei kleineren Störungen des allgemeinen Wohlbefindens, unter denen der Patient nicht besonders leidet, der Therapeut geringere Verfügungsgewalt über diese beiden Machtquellen hat. In solchen Fällen spielen mehr informelle Belohnungen und Bestrafungen während der therapeutischen Interaktion eine Rolle. Es hat sich zum Beispiel in verschiedenen Untersuchungen gezeigt, daß zustimmendes Kopfnicken, Schweigen oder Kopfschütteln des Therapeuten einen erheblichen Einfluß auf den Patienten haben können.

Es scheint uns ein Kennzeichen der Verhaltensmodifikation zu sein, daß versucht wird, das Machtpotential des Therapeuten so weit wie möglich zu erhöhen, um die Effizienz der Behandlung zu steigern. Der Verhaltenstherapeut wird also bei jeglicher Art der Behandlung versuchen, so viele Machtquellen wie möglich von der Umwelt oder vom Patienten selbst delegiert zu bekommen. Diese Macht setzt er dann zu einer gezielten Veränderung des Verhaltens ein. Ein ähnlich expliziter Versuch, soziale Macht auf der Seite des Therapeuten zu konzentrieren, findet sich nur noch in der psychoanalytischen Kinderpsychotherapie. Die Konzeption von Anna FREUD mag das belegen. In der Einleitungsphase der Therapie soll durch den Einsatz einer Reihe von »Verlockungstechniken« (LEBOVICI & DIATKINE, 1955) die Machtposition des Therapeuten aufgebaut werden. Anna FREUD schreibt: »Der Kinderanalytiker aber darf alles andere sein als ein Schatten«, er soll für das Kind »eine interessante Person« sein, »mit allen imponierenden und anziehenden Eigenschaften ausgestattet« (1966, S. 47). Der Analytiker soll dadurch in die Lage versetzt werden, die Rolle des kindlichen Ich-Ideals zu übernehmen und völlig über das Kind zu verfügen. Die Gefahr des Machtmißbrauchs, die in dieser Bestimmung der Therapeutenrolle liegt, sieht Anna FREUD sehr deutlich: »Es ist allerdings wahr, daß man ein Kind, das man auf die beschriebene Weise an sich gebunden hat und dem man unentbehrlich geworden ist, zu allem veranlassen kann«(a.a.O., S. 40).

Wo so viel Macht bewußt in der Hand des Therapeuten konzentriert wird, erscheint es notwendig, erstens die Ziele genau zu reflektieren, für die sie eingesetzt wird, und zweitens, Methoden zu spezifizieren, um sie im Laufe oder am Ende der Behandlung abzubauen. Beides ist bisher in der Verhaltensmodifikation kaum geschehen. Wir wollen einmal den therapeutischen Prozeß im Hinblick auf diese Gesichtspunkte betrachten.

Der Ablauf der Behandlung

Wie bereits dargestellt, versucht der Therapeut zu Beginn der Behandlung möglichst viel soziale Macht auf sich zu vereinigen. Dies geschieht aber nicht nur durch Delegation von der Umwelt oder vom Patienten, sondern auch durch die Strukturierung der Behandlungssituation. Unter diesem Aspekt kann man zum Beispiel ein Entspannungstraining als Mittel zur Rollendefinition ansehen. Es wird klar festgelegt, wer in dieser Situation der Beeinflussende und wer der Beeinflußte ist.

Beim Entwurf der Behandlungsstrategie wird man vor allen Dingen versuchen, diejenigen Störungen anzugehen, unter denen der Patient am stärksten leidet. Das sind nach unserer obigen Analyse diejenigen, die auf die stärkste soziale Ablehnung der Umwelt treffen. Damit beginnt man aber die Behandlung bei einem Verhalten, das bereits das Ergebnis ungünstiger Umweltbedingungen ist. Gewiß versucht die Verhaltensmodifikation häufig auch die Umwelt des Patienten direkt zu verändern, um so auf sein Verhalten Einfluß auszuüben. Es ist ja gerade ihre Grundannahme, daß das Verhalten durch die Variablen der Umwelt gesteuert wird. Doch bezieht sie fast immer nur die unmittelbare Umwelt in die Analyse ein. Die Wirksamkeit übergreifender sozialer Prozesse wird nicht gesehen.

Ein Beispiel für diese Problematik stellt die Behandlung einer jungen Frau mit einer Reihe von schweren Zwangserscheinungen dar. Im Laufe der Verhaltensanalyse wird deutlich, daß die Störungen vor allem durch die eheliche Situation aufrechterhalten werden. Der Ehemann versucht mit allen ihm zur Verfügung stehenden Mitteln, die Patientin in die der Konvention entsprechende Rolle der Hausfrau und Mutter zu drängen. Die Zwangserscheinungen werden dadurch verstärkt, daß der Ehemann nur, wenn sie »krank« ist, akzeptiert, daß sie diese Rolle nicht in der konventionellen Weise übernimmt.

Die Behandlung kann nun darauf abzielen, die Einstellungen und Verhaltensweisen des Ehemannes zu verändern, so daß er seine Frau nicht mehr in dieser Weise einzuschränken versucht. Es kann auch versucht werden, den Freiheitsspielraum der Ehefrau zu erweitern, ihr eine Halbtagsbeschäftigung zu verschaffen usw. Mit all diesen Maßnahmen verändert man nur die unmittelbare Umwelt der Patientin und läßt die dahinterliegende soziale Struktur unberührt, auf welche die Störung eine Reaktion ist. Erst wenn Therapeut und Patient politisch tätig würden, um die Rolle der Frau in unserer Gesellschaft zu analysieren und zu verändern, fände eine Behandlung statt, die ein ausreichend breites Spektrum der sozialen Umwelt einbezieht, um sowohl therapeutisch als auch prophylaktisch wirksam sein zu können.

An diesem Beispiel wird auch deutlich, wie willkürlich die Auswahl der Strategien getroffen werden muß, die als adäquat für den Patienten angenommen werden. Die Kriterien dieser Auswahl müssen so lange willkürlich sein bzw. auf vorwissenschaftlichen Einstellungen beruhen, wie keine übergreifenden sozialen Entwürfe bestehen, die eine gezielte Auswahl erlauben.

Im weiteren Verlauf der Behandlung setzen sich die bisher angedeuteten Probleme fort. Es gibt noch verhältnismäßig wenige Techniken, bei denen die Bedingungen zur Veränderung von Verhalten nicht vom Therapeuten gesetzt und gehandhabt werden. Die beiden Rollen des Beeinflussenden und des Beeinflußten bleiben also während des ganzen Verlaufs der Behandlung bestehen. Es gibt bisher auch noch keine Regeln für den systematischen Abbau der Macht. Zwar kann man sagen, daß die delegierte Macht am Ende der Behandlung zurückgenommen wird, doch wird man kaum fehl gehen mit der Annahme, daß für das Erleben des Patienten eine solche Delegation von Macht an einen Therapeuten wiederholbar bleibt. Das bedeutet, daß der Patient wiederum gelernt hat, Machtbeziehungen nicht zu reflektieren, sondern sich ihnen zu unterwerfen, und daß somit das Herrschaftssystem der Gesellschaft im Mikrobereich erneut bestätigt wurde. Wir wollen daher versuchen, Möglichkeiten zur Lösung eines Teils der aufgezeigten Probleme zu untersuchen.

Wir sind davon ausgegangen, daß es noch keine Regel zum Abbau der Macht in der Verhaltensmodifikation gibt, daß ein solcher Abbau im Laufe der Therapie aber dringend notwendig erscheint. Eine derartige Relativierung der Macht könnte auch zum Modell für Verhalten außerhalb der Behandlung werden. Der Klient sollte im Verlauf der Behandlung lernen, Machtbeziehungen zu analysieren und abzubauen.

Es scheint uns nun in der Verhaltensmodifikation möglich, deren Methoden von Anfang an in einer Art einzusetzen, die zu einer Relativierung der Macht führt. Die Entspannungstechnik von JACOBSON zum Beispiel läßt sich sehr suggestiv handhaben, also in einer Weise, in der das Machtgefälle zwischen Therapeut und Klient ganz deutlich wird. Sie kann aber auch so angewandt werden, daß der Therapeut nur kurze Anspannungs- und Entspannungsanweisungen gibt und es im übrigen dem Patienten überläßt, selbst ein Gefühl für den Entspannungszustand der Muskeln zu entwickeln. Bald kann er dann das Entspannungstraining überhaupt dem Klienten überlassen. Ein solches Vorgehen scheint nicht nur vom Blickpunkt des Machtabbaus sinnvoll, sondern auch in der Verhaltensmodifikation nützlich, da es die Generalisation der Entspannung vom Therapieraum in die normale Umwelt des Klienten erleichtert. Der Klient lernt, die Entspannung selbst zu handhaben und sie in jenen alltäglichen Situationen anzuwenden, in denen er sich unsicher fühlt. Er erfährt auf diese Weise, daß er selbst, ohne fremde Hilfe, mit solchen Situationen umgehen kann.

Eine in dieser Art praktizierte Entspannung ist nur eine in einer Reihe von Techniken, die unter dem Namen »Selbstkontrollmethoden« zusammengefaßt werden können und vor allem von KANFER (1970) entwickelt wurden. All diese Techniken beruhen darauf, daß der Klient in die Prinzipien eingeführt wird, die sein eigenes Verhalten steuern, und daß er dann Methoden kennenlernt, mit deren Hilfe er selbst in der Lage ist, sein Verhalten in eine von ihm gewünschte Richtung zu verändern.

Selbstkontrollmethoden können bis zu einem gewissen Grade das Problem des Machtgefälles in der Therapie lösen. Sobald der Klient solche Methoden zur Verfügung hat, wird er schnell vom Therapeuten unabhängig; bereits in einem frühen Stadium der Behandlung wird dann die Machtfülle des Therapeuten auf die expert power eingeschränkt. Sie können aber nicht das Problem der Zielsetzung in der Therapie lösen. Ein Klient, der im Laufe der Behandlung wirksame Methoden zur Selbststeuerung erlernt, wird diese häufig von sich aus für Ziele einsetzen, die aus dem herrschenden Normensystem abgeleitet sind; dies um so mehr, je stärker er unter der sozialen Ablehnung leidet. Als Beispiel hierfür sei eine junge Frau genannt, die unter schweren sozialen Ängsten litt. Wenn sie mit mehreren fremden Personen sprechen mußte, wurde sie rot und zitterte, sie konnte nicht in einem Lokal essen usw. Auf die Frage, warum sie zur Behandlung komme, antwortete sie: »Ich will Karriere machen, und die Ängste hindern mich daran.«

Der Verhaltenstherapeut könnte dieser Frau unter anderem dadurch helfen, daß er ihr Entspannungsmethoden verfügbar macht, mit deren Hilfe die Ängste abgebaut würden. Diese Techniken der Angstreduktion bringen jedoch therapeutisches Handeln noch nicht auf jene Ebene der sozialen Auslösebedingungen, die den Ängsten zugrunde liegen. Eine solche Bedingung könnte zum Beispiel darin bestehen, daß der in unserer Gesellschaft auf den einzelnen ausgeübte Konkurrenzdruck schließlich zu Angstreaktionen als adäquate Reaktionen führen muß. Selbstkontrollmethoden sind, isoliert eingesetzt, deshalb unzureichend, weil sie nur selten an der eine Störung auslösenden Sozialkonstellation ansetzen. Bei ihrer alleinigen Anwendung besteht die Gefahr, daß psychische Störungen und ihre Beseitigung einzig auf der Ebene subjektiver Befindlichkeit gesehen werden. So verstanden, hat Selbstkontrolle eine rein »autoplastische Funktion«, d. h. sie löst Konflikte zwischen Individuum und Gesellschaft immer durch Veränderung des Individuums bei Invarianz der gesellschaftlichen Strukturen.

HOLZKAMP (1972) hat für die psychologische Forschung generell ein Relevanzkriterium aufgestellt, das sinnvoll auch auf therapeutisches Handeln übertragbar ist. Danach wäre therapeutisches Handeln emanzipatorisch relevant, sofern es »zur Selbstaufklärung des Menschen über seine gesellschaftlichen und sozialen Abhängigkeiten beiträgt und so die Voraussetzungen dafür schaffen hilft, daß der Mensch durch Lösung von diesen Abhängigkeiten seine Lage verbessern kann« (S. 32). Geht man von diesem Relevanzkriterium aus, so sind Methoden der Selbstkontrolle nur dann Mittel zur Auflösung von Machtabhängigkeiten, wenn sie untrennbar verbunden sind mit einer Analyse der gesellschaftlichen Situation des Individuums und der vorgegebenen Normen, aus denen der einzelne seine konkreten Handlungsziele ableitet. Die Relativität dieser Normen, ihr historischer Charakter und ihre Abhängigkeit von der sozioökonomischen Struktur der Gesellschaft gilt es aufzuweisen.

Was unter der Analyse der gesellschaftlichen Situation des Individuums hier verstanden wird, wird deutlicher, wenn wir der Argumentation von HOLZKAMP noch weiter folgen. Er versucht die Umrisse für eine kritische Psychologie zu entwickeln, die dem Kriterium der emanzipatorischen Relevanz genügt: und zwar als eine Lehre von den sekundären Abhängigkeiten des Menschen. Im Unterschied zu primären Abhängigkeiten, denen der Mensch quasi naturgesetzlich unterliege, definiert HOLZKAMP sekundäre Abhängigkeiten als solche, »die der Mensch zur Vereinfachung seines kognitiven Feldes im Interesse der Angstvermeidung, der Reduzierung von Spannungen zwischen der objektiven Lage und der subjektiven Befindlichkeit selbst geschaffen hat. Diese sekundären Abhängigkeiten können dadurch entstehen und persistieren, daß der Mensch das Bewußtsein dieser Abhängigkeiten verliert, daß ihm die Abhängigkeiten nicht mehr als von ihm selbst geschaffen erscheinen, sondern durch Attributierungs- bzw. Objektivationsprozesse als naturgegeben, schicksals- oder gottgewollt und deswegen unveränderlich quasi ›von außen‹ entgegentreten« (S. 33). Da sekundäre Abhängigkeiten sich zu naturgegebenen Konstanten verdinglichen können und damit ihren Charakter als veränderbare Größen verlieren, wirken sie »im Sinne einer Aussöhnung des Individuums mit den bestehenden Verhältnissen« (S. 33 f). Einer kritisch orientierten Psychologie stellt HOLZKAMP nun die Aufgabe, diese Abhängigkeiten soweit wie möglich einsichtig zu machen und schritt-

weise aufzulösen. Damit soll der Weg frei gemacht werden zur Verbesserung der objektiven Lage des Menschen.
Im Modell sekundärer Abhängigkeiten können psychische Störungen überwiegend als Zustandsbilder beschrieben werden, bei denen das System bestehender sekundärer Abhängigkeiten seine Funktion nicht mehr vollständig erfüllt. Diese Funktion besteht definitionsgemäß in der »Reduzierung von Spannungen zwischen der objektiven Lage und der subjektiven Befindlichkeit«. Bei psychischen Störungen reichen die erlernten Techniken der Angstbewältigung nicht mehr aus, einen erträglichen Zustand subjektiver Befindlichkeit zu gewährleisten. Vom Therapeuten wird erwartet, daß er diesen Zustand wiederherstellt. Die Rolle, die dem Therapeuten durch diese Erwartungen übertragen wird, setzt ihn in zweifacher Weise mit dem System sekundärer Abhängigkeiten in Beziehung:

1. Über die funktionale Analyse der psychischen Störungen kann er Einblick in die Funktionsweise bestimmter Formen solcher Abhängigkeiten gewinnen.
2. In der Rollenbeziehung zwischen dem Therapeuten und dem Patienten konstituiert sich selbst ein Abhängigkeitsverhältnis.

Das Abhängigkeitsverhältnis in der therapeutischen Rollenbeziehung ist aus dem Funktionsverlust des bisher wirksamen Systems sekundärer Abhängigkeiten bei dem Patienten entstanden. Das gibt der therapeutischen Interaktion einen besonderen strategischen Stellenwert für die Vermittlung von Einsichten über die Bedeutung von sekundären Abhängigkeiten. Die Form dieser Vermittlung ist ein Hauptproblem therapeutischen Handelns.
Von diesen Überlegungen ausgehend, kann man sich nun fragen, wie die Therapie aufgebaut sein muß, damit ein Klient seine sekundären Abhängigkeiten durchschauen und Handlungsalternativen für solche Situationen entwickeln kann. Wir glauben nicht, daß dies vollständig im instrumentellen Bezugssystem verhaltensmodifikatorischer Techniken geschehen kann. Erst in einem System kommunikativen Handelns können die überwindbaren Eigenschaften von Normen erhellt werden, die in solchen sekundären Abhängigkeiten begründet sind. In der symbolisch vermittelten Interaktion, die kommunikatives Handeln charakterisiert (HABERMAS 1968, S. 62), können Abhängigkeitsmuster transparent gemacht werden, eine Einsicht, die über die therapeutische Interaktion schrittweise hinaus auch auf allgemeinere gesellschaftliche Zusammenhänge übertragbar ist.
Voraussetzung für diesen Prozeß ist die Bereitschaft des Therapeuten, bereits die therapeutische Situation und damit sich

selbst durch den Klienten in Frage stellen zu lassen, d. h. mit dem Durchsichtigmachen von Abhängigkeitsmustern in der unmittelbar gegebenen Situation zu beginnen. Der Therapeut darf sich nicht auf seine Therapeutenrolle zurückziehen und den Klienten einer Selbstreflexion überlassen, sondern das Verhältnis zwischen beiden muß der »Norm der Reziprozität« (GOULDNER 1960) unterworfen werden. Der Therapeut muß für den Klienten ein Partner werden, mit dem zusammen die Analyse und Veränderung der gesellschaftlichen Wirklichkeit ein gemeinsam verfolgtes Ziel werden können. Die Einstellungen und Überlegungen des Therapeuten müssen dem Klienten vermittelt werden; er muß sich mit ihnen auseinandersetzen können. In dem Maße, wie sich die therapeutische Situation in ein kommunikatives System verändert, wird die Macht des Therapeuten abgebaut und mit einem gewissen Generalisationseffekt zugleich die Abhängigkeit von anderen Machtträgern. Diesem ersten Schritt sollte ein weiterer im Rahmen einer Gruppenbehandlung folgen. Die Aufgabe der Gruppenbehandlung bestünde wiederum darin, daß die Mitglieder der Gruppe in einem System kommunikativen Handelns ihr Verhältnis zueinander und zu ihrer gesellschaftlichen Umwelt reflektieren und durch Annehmen oder Verwerfen normativer Zielsetzungen zu eigenen Zielen gelangen.

Mit dem Vorschlag, das instrumentell-technische System der Verhaltensmodifikation in ein kommunikatives System einzugliedern, ist keine Antwort auf die Frage verbunden, ob sich das eine System in ein anderes überführen läßt. Beide Systemansätze haben bei klarer Aufgabenzuweisung ihr Eigenrecht, und es besteht kein Grund, den einen zugunsten des anderen aufzugeben. »Das technische Kontrollinteresse muß ... im humansozialen Bereich keinesfalls notwendigerweise mit dem emanzipatorischen Interesse kollidieren« (HOLZKAMP 1972, S. 32). Eine Kollision zwischen emanzipatorischem und instrumentellem Interesse ist nur dann notwendig, wenn instrumentelles gleichzeitig manipulatorisches Interesse ist. Dieses manipulatorische Moment ist daran erkennbar, daß »die Kontrolle lediglich den partikularen Interessen einer in irgendeinem Sinne mächtigen Gruppe oder Klasse von Kontrollierenden dient, wobei den Kontrollierten das Bewußtsein, daß sie gegen ihre Interessen oder unabhängig von ihren Interessen kontrolliert werden, vorenthalten ist« (HOLZKAMP 1972, S. 32). Die instrumentelle Dimension therapeutischen Handelns gewährleistet die Wirksamkeit dieses Handelns. Dessen kommunikative Dimension soll der manipulativen Indienstnahme entgegensteuern und dem Patienten eine emanzipatorische Zielformulierung ermöglichen. Instrumentelle und kommunikative Dimension stehen in

einem dialektischen Verhältnis zueinander. Werden sie voneinander isoliert, ist eine Therapie notwendigerweise entweder ineffektiv oder manipulativ.
Kurz zusammengefaßt nahm die Argumentation in diesem Abschnitt folgenden Gang:
1. Die Einführung eines sozialpsychologischen Modells soll die Analyse der Machtbeziehungen in einer Therapie erleichtern. Die Machtkonstellation in einer therapeutischen Interaktion ist ableitbar aus den Machtquellen des Therapeuten, der Abhängigkeit des Patienten vom Therapeuten und den Alternativen, die ein Patient zum Therapeuten hat. Aus der Beschaffenheit dieser drei Variablengruppen läßt sich das Machtpotential des Therapeuten ableiten.
2. Im Sinne eines möglichst effektiven Einsatzes therapeutischer Techniken versucht der Verhaltenstherapeut ein Maximum an Machtverfügung zu erlangen. Dieses technisch-instrumentelle Kontrollinteresse birgt die Gefahr manipulatorischen Mißbrauchs in sich und kann auch nicht den emanzipatorischen Anspruch therapeutischen Handelns realisieren. Ansatzpunkte zur Verwirklichung dieses Anspruchs innerhalb der Verhaltenstherapie gilt es aufzuzeigen.
3. Die Verhaltensmodifikation verfügt bereits über einige systematisch einsetzbare Methoden, um die Abhängigkeit des Patienten vom Therapeuten zu verringern (zum Beispiel Selbstkontrollmethoden). Andere könnten so gehandhabt werden, daß sie das Machtgefälle in der Therapie nicht verfestigen (zum Beispiel Entspannungsmethoden). Der isolierte Einsatz dieser Verfahren kann jedoch noch nicht das Problem der Zielformulierung für die Therapie lösen; vor allem ist durch solche Verfahren die gesellschaftliche Abhängigkeit des Individuums therapeutisch noch nicht thematisiert.
4. Die Analyse der gesellschaftlichen Situation des Patienten als therapeutische und prophylaktische Aufgabe kann nur in einem System kommunikativen Handelns gelingen. Dies bedeutet für den Therapeuten die Bereitschaft, seine rein instrumentelle Therapeutenrolle aufzugeben und für den Patienten Partner zu werden. In einem kommunikativen System therapeutischer Interaktion kann paradigmatisch der Mechanismus sozialer Abhängigkeit durchschaubar gemacht werden. Mit der schrittweisen Generalisierung der Einsichten aus der Therapie auf größere Zusammenhänge der sozialen Wirklichkeit kann schließlich der emanzipatorische Anspruch therapeutischen Handelns weiter verwirklicht werden.
5. Instrumentelle und kommunikative Dimension therapeutischen Handelns sind notwendigerweise aufeinander bezo-

gen. Sie bilden eine dialektische Einheit. Die Verabsolutierung der einen oder anderen Dimension führt entweder zur Ineffektivität der Therapie oder macht aus ihr ein Instrument der Manipulation.

IV. Schlussbemerkung

Zum Abschluß soll kurz die Frage aufgeworfen werden, welche Funktion das Ausklammern des Machtproblems aus der Diskussion um psychologische Behandlungsformen hat. Wenn man die Praxis therapeutischen Handelns in ihren heute vorherrschenden Formen überblickt, wird sichtbar, daß nicht nur Macht ausgeübt wird — das wäre zum Teil unumgänglich und legitim —, sondern daß man sich auch — bis auf wenige Ausnahmen (z. B. Bauer & Richartz, 1970) — wenig Gedanken über den sozial-funktionalen Stellenwert dieser Machtdimension gemacht hat. In die fachimmanente Diskussion wird kaum einbezogen, daß in der Therapie auf dem Weg über die Therapeut-Klient-Interaktion immer wieder Abhängigkeitsmuster gegenüber Instanzen verstärkt werden, die mit sozialer Macht ausgestattet sind. Die relativ formale Darstellung von Machtprozessen, die das beschriebene sozialpsychologische Modell kennzeichnet, weist hier über sich hinaus auf den gesellschaftlichen Herrschaftsaspekt, der letztlich den Machtvollzügen in direkten Interaktionen zugrunde liegt. In mikrosozialen Abläufen wie der therapeutischen Interaktion werden bestimmte, in einem Gesellschaftssystem typische Grundmuster reproduziert. In einer Gesellschaftsordnung, die durch ihren Machtapparat bestehende Herrschaftsverhältnisse absichern muß, tendieren auch soziale Beziehungen dazu, das in ihnen vorhandene Machtgefälle zu erhalten und abzusichern. Die subjektiven Intentionen des Therapeuten mögen dem völlig entgegenstehen: sein faktisches Handeln wird davon nicht frei sein, und das um so weniger, je geringer sein gesellschaftliches Bewußtsein ausgeprägt ist. Der emphatische Begriff »therapeutischen Helfens« klingt zwar humanistisch sehr engagiert, ist aber so lange nur Absichtserklärung und wenig indikativ für die funktionale Bedeutung des Handelns, wie sein gesellschaftlicher Stellenwert nicht durchschaut wird. Die Diskussion des Machtproblems in der Verhaltensmodifikation könnte das Nachdenken über das gesellschaftliche Selbstverständnis therapeutischen Handelns fördern.

Literaturverzeichnis

BARAN, P. A.: Unterdrückung und Fortschritt. Essays. Frankfurt/M. 1967.

BASAGLIA, F. (Hrsg.): Die negierte Institution oder die Gemeinschaft der Ausgeschlossenen. Frankfurt/M. 1971.

BAUER, M. & M. RICHARTZ: Angepaßte Psychiatrie als Psychiatrie der Anpassung. In: Das Argument 60 (1970), S. 152—162.

BEND, E. & M. VOGELFANGER: A new look at Mill's critique. In: J. E. CURTIS & J. W. PETRAS (Hrsg.), The sociology of knowledge. London 1970, S. 557—568.

BERGMANN, J. E.: Die Theorie des sozialen Systems von Talcott Parsons. Frankfurt/M. 1967.

BERNSTEIN, B.: Social class, speech systems, and psychotherapy. In: British Journal of Sociology 15 (1964), S. 54—64.

BERNSTEIN, B.: Elaborated and restricted codes: An outline. In: Sociological Inquiry 36 (1966).

BIERMANN, G.: Unsere angepaßten Kinder. In: Selecta XII (1970).

BRAUNSDORF, M.: Beitrag zur Entzauberung des Arzt-Patient-Verhältnisses. In: Das Argument 60 (1970), S. 105—128.

BRILL, N. G. & H. A. STORROW: Soziale Schicht und psychiatrische Behandlung. In: A. MITSCHERLICH u. a. (Hrsg.), Der Kranke in der modernen Gesellschaft. Köln/Berlin 1967, S. 483—490.

CARTWRIGHT, D. (ed.): Studies in social power. Ann Arbor, Mich. 1959.

CLINARD, M. B.: Sociology of deviant behavior. New York 1963.

COHEN, A. K. & H. M. HODGES: Characteristics of the lower-blue-collar-class. In: Social Problems 10 (1963), S. 303—334.

COLLINS, B. E.: Social psychology. Reading, Mass. 1970.

COOPER, D.: Psychiatry and anti-psychiatry. London 1967. (Deutsch: edition suhrkamp. Frankfurt/M. 1971.)

DAVIS, K.: Mental hygiene and the class structure. In: Psychiatry 1 (1938), S. 55—65.

DOHRENWEND, B. P.: The challenge in retrospect and prospect-oriented view. In: L. C. KOLB, V. W. BERNARD & B. P. DOHRENWEND (Hrsg.), Urban challenges to psychiatry. Boston 1969. S. 461—474.

DREITZEL, H. P.: Die gesellschaftlichen Leiden und das Leiden an der Gesellschaft. Stuttgart 1968.

EMERSON, R. M.: Power-dependence relations. In: American Sociological Review 27 (1962), S. 31—41.

FARIS, R. E. L. & W. H. DUNHAM: Mental disorders in urban areas. Chicago 1939.

FREEDMAN, L. Z.: Psychopathology and poverty. In: A. B. SHOSTAK & W. GOMBERT (ed.), Blue-collar world. Englewood Cliffs, N. Y. 1964, S. 363—371.

FRENCH, J. R. P. & B. RAVEN: The bases of social power. In: D. CARTWRIGHT (Hrsg.), Studies in social power. Ann Arbor, Mich. 1959, S. 150—167.

FREUD, A.: Einführung in die Technik der Kinderanalyse. 4. Aufl. München 1966.

FRIED, M.: Social differences in mental health. In: J. KOSA u. a. (ed.), Poverty and health. Cambridge, Mass. 1969, S. 113—167.

GOFFMAN, E.: The moral career of the mental patient. In: E. GOFFMAN, Asylums. Essays on the social situation of mental patients and other inmates. New York 1961, S. 125—169.

GORZ, A.: Zur Strategie der Arbeiterbewegung im Neokapitalismus. Frankfurt/M. 1967.

GOULDNER, A. W.: The norm of reciprocity. A preliminary statement. In: American Sociological Review 15 (1960), S. 161 ff.

GRAVENHORST, L.: Soziale Kontrolle abweichenden Verhaltens. Frankfurt/M. 1970.

HABERMAS, J.: Technik und Wissenschaft als »Ideologie«. Frankfurt/M. 1968.

HARTIG, M. & U. KURZ: Sprache als soziale Kontrolle. Neue Ansätze zur Soziolinguistik. Frankfurt/M. 1971.

HERSCH, C.: Mental-health services and the poor. In: Psychiatry 29 (1966), S. 236—245.

HOFMANN, W.: Stalinismus und Antikommunismus. Zur Soziologie des Ost-West-Konfliktes. Frankfurt/M. 1967.

HOLLINGSHEAD, A. B. & F. C. REDLICH: Social class and mental illness. New York 1958.

HOLLINGSHEAD, A. B. & F. C. REDLICH: Social stratification and psychiatric disorders. In: American Sociological Review 18 (1953), S. 163—169. (Wiederabgedruckt in: S. P. SPITZER & N. K. DENZIN (Eds.), The mental patient: Studies in the sociology of deviance. New York 1968, S. 102—111.)

HOLZKAMP, K.: Zum Problem der Relevanz psychologischer Forschung für die Praxis. In: Kritische Psychologie. Frankfurt/M. 1972 (Fischer Taschenbuch Bd. 6505), S. 9—34.

HORKHEIMER, M. (Hrsg.): Studien über Autorität und Familie. Paris 1936.

HUMMELL, H. J.: Psychologische Ansätze zu einer Theorie sozialen Verhaltens. In: R. KÖNIG (Hrsg.), Handbuch der empirischen Sozialforschung. Band II. Stuttgart 1969, S. 1157—1277.

JAHODA, M.: Current concepts of positive mental health. New York 1958.

KANFER, F. H. & J. S. PHILLIPS: Learning foundations of behavior therapy. New York 1970.

KNIGHT, R. P.: Evaluation of the results of psychoanalytic therapy. In: American Journal of Psychiatry 98 (1941), S. 434—444.

KNUPFER, G.: Portraits of the underdog. In: R. BENDIX & S. M. LIPSET (Hrsg.), Class, status and power. New York 1953, S. 255 bis 263.

KOSA, J., A. ANTONOVSKY & I. K. ZOLA (Eds.): Poverty and health. A sociological analysis. Cambridge, Mass. 1969.

LAING, R. D.: Phänomenologie der Erfahrung. Frankfurt/M. 1969.

LEBOVICI, S. & R. DIATKINE: Die Bilanz der Kinderpsychotherapie in Frankreich. In: Praxis der Kinderpsychologie und Kinderpsychiatrie 4 (1955).

LEIFER, R.: Community, psychiatry and social power. In: Social Problems 14 (1966).

LORENZER, A.: Sprachzerstörung und Rekonstruktion. Vorarbeiten zu einer Metatheorie der Psychoanalyse. Frankfurt/M. 1970.

MECHANIC, D.: Medical sociology. A selective view. New York 1968.
MILLS, C. W.: The professional ideology of social pathologists. In: American Journal of Sociology 49 (1943), S. 165—180.
MITSCHERLICH, A.: Versuch, die Welt besser zu bestehen. Fünf Plädoyers in Sachen Psychoanalyse. Frankfurt/M. 1970.
MOORE, R. A., E. P. BENEDEK & J. G. WALLACE: Social class, schizophrenia and the psychiatrist. In: American Journal of Psychiatry 120 (1963), S. 149—154.
OEVERMANN, U.: Schichtenspezifische Formen des Sprachverhaltens und ihr Einfluß auf die kognitiven Prozesse. In: H. ROTH (Hrsg.), Begabung und Lernen. Stuttgart 1968.
PARSONS, T.: The social system. London 1954.
PFLANZ, M.: Medizinsoziologie. In: R. KÖNIG (Hrsg.), Handbuch der empirischen Sozialforschung. Bd. II. Stuttgart 1969, S. 1125—1156.
RAVEN, B. H.: Social influences and power. In: I. D. STEINER & M. FISHBEIN (Hrsg.), Current studies in social psychology. New York 1965.
RICHTER, H. E.: Patient Familie. Reinbek bei Hamburg 1970.
RIESSMAN, F., J. COHEN & A. PEARL (Hrsg.): Mental health of the poor: New treatment approaches for low income people. New York 1964.
RUSHING, W. A.: Two patterns of realitionship between social class and mental hospitalization. In: American Sociological Review 34 (1969), S. 533—541.
RYLE, A.: Neurosis in the ordinary family. London 1965.
SARTRE, J.-P.: Der Narr mit dem Tonband oder die psychoanalysierte Psychoanalyse. In: Neues FORUM XVI (1969), S. 705—709.
SCHEFF, T. J.: Being mentally ill. A sociological theory. Chicago 1966.
SCHOPLER, J.: Social power. In: L. BERKOWITZ (Hrsg.), Advances in experimental social psychology. New York/London 1965. Vol 2, S. 177—218.
SCHWANENBERG, E.: Soziales Handeln — Die Theorie und ihr Problem. Bern/Stuttgart/Wien 1970.
SECORD, P. F. & C. W. BACKMAN: Social Psychology. New York 1964.
SHOSTAK, A. B. & W. GOMBERG (Hrsg.): Blue-collar world. Studies of the American worker. Englewood Cliffs, N. Y. 1964.
SZASZ, T. S.: Psychiatric classification as a strategy of personal constraint. In: L. D. ERON (Hrsg.), The classification of behavior disorders. Chicago 1966, S. 123—170.
SZASZ, T. S.: Ideology and insanity. Essays on the psychiatric dehumanization of man. New York 1970.
ULLMANN, L. P.: Behavior therapy as social movement. In: C. M. FRANKS (Ed.), Behavior therapy: Appraisal and status. New York 1969, S. 495—523.
WALD, R.: Industriearbeiter privat: Eine Studie über Lebensformen und Interessen. Stuttgart 1966.
WHEELER, S.: Deviant behavior. In: N. J. SMELSER (Hrsg.), Sociology: An introduction. New York 1967, S. 601—666.
WILLIAMS, F. S.: Family therapy: A critical assessment. In: American Journal of Orthopsychiatry 37 (1967).

Winder, C. L. u. a.: Dependency of patients, psychotherapists' responses, and aspects of psychotherapy. In: Journal of Consulting Psychology 26 (1962), S. 129—134.

Winett, R. A.: Attribution of attitude and behavior change and its relevance to behavior therapy. In: Psychological Record 20 (1970), S. 17—32.

Wrong, D. H.: Some problems in defining social power. In: American Journal of Sociology 73 (1968), S. 673—681.

Yates, A.: Behavior therapy. New York 1970.

Diskussion

Teilnehmer: 1. Professor Dr. Peter Fürstenau, Gießen (*Fü.*)
2. Professor Dr. Hans Strotzka, Wien (*Str.*)
3. Professor Dr. Dr. Albert Görres, München (*Gö.*)
4. Professor Dr. Rudolf Cohen, Konstanz (*Co.*)
5. Dr. Jarg B. Bergold, Bern (*Be.*)
Moderator: Claus Hennig Bachmann, Salzburg (*CHB*)

CHB: Gibt es zwischen der Verhaltenstherapie oder Verhaltensmodifikation — man mag sie, da entscheidende Merkmale auf der Lerntheorie basieren, auch Lerntherapie nennen —, zwischen dieser Art von Psychotherapie also und der Psychoanalyse Freudscher Herkunft theoretische Berührungspunkte? Sind hinlänglich begründete Indikationen möglich für die eine oder andere Therapieform? Oder wäre vielleicht das Beharren auf theoretischen Gemeinsamkeiten, gar die von psychoanalytischer Seite gelegentlich angedeutete Idee der Kooperation im Interesse des Kranken gar nicht wünschenswert? Diese Fragen sollen unsere Diskussion stimulieren.
Eine Laien-Beobachtung zuvor: Wenn man anhand dessen, was in die Öffentlichkeit dringt, zu verfolgen sucht, wie die Vertreter beider Disziplinen — der Verhaltenstherapie und der Psychoanalyse — übereinander sprechen, so ist ein merkwürdiges Phänomen zu beobachten. Auf der einen Seite belegen sie einander mit recht massiven Angriffen, die es scheinbar völlig ausschließen, daß die eine Disziplin mit der anderen methodisch etwas zu tun haben könne, daß eine gegenseitige Unterstützung möglich ist. Auf der anderen Seite gibt es zum Beispiel hier in München die von Ihnen, Herr Görres, geleitete Abteilung für Klinische Psychologie am Psychologischen Institut der Universität, die es sich in praktisch-therapeutischer Arbeit gerade zum Ziel gesetzt hat, eine Art harmonischer Zweigleisigkeit herzustellen, wenngleich — wie ich glaube — diese »Harmonie« keineswegs ganz ungestört und sich auch des Antipodenhaften der beiden Disziplinen voll bewußt ist. Und Sie, Herr Cohen, der Sie eine Ausbildung in analytischer Psychotherapie absolviert haben, aber als Klinischer Psychologe verhaltenstherapeutisch tätig sind, vertraten in einem Gespräch die Ansicht, daß es zwischen beidem — Verhaltens-

therapie und Psychoanalyse — zumindest theoretische Gemeinsamkeiten geben könne. Wir wollen versuchen, darauf unser Augenmerk zu lenken.

Nicht unerheblich ist wohl, daß während der letzten fünf Jahre in der Verhaltenstherapie gewisse Wandlungen vor sich gegangen sind; gleichzeitig machen sich Veränderungen im Bereich der Psychoanalyse bemerkbar. Eine sehr wichtige ist dabei die Ausweitung ins soziale Feld. Andererseits erhebt sich die Frage, ob nicht ein überholter, dogmatischer Status der Psychoanalyse heute noch in vielen Lehrbüchern und Behandlungsformen tradiert wird. Die Verhaltenstherapie wiederum hat sich von ihren frühen Ansätzen, der Konzentration auf bestimmte Verhaltensausschnitte entsprechend dem Lernexperiment, entfernt — ist das eindeutig ein Gewinn, oder verläßt sie damit ihre eigenen Grundlagen? Und wie steht es — nach dem ersten Enthusiasmus — mit den Erfolgsaussichten heute? Eine Gemeinsamkeit von Verhaltenstherapie und Psychoanalyse endlich scheint mir dadurch gegeben zu sein, daß das »Objekt«, die Bezugsperson in jedem Fall der seelisch Kranke ist.

Gö.: Zunächst ist das Objekt nicht einfachhin der Kranke, sondern man könnte das sogar enger fassen und sagen: beide, Psychoanalytiker und Verhaltenstherapeut, haben es mit der Entstehung von Verhaltensveränderungen zu tun. Und weiter haben es beide mit der Veränderung von Verhaltensstörungen zu tun. Das ist noch eine etwas engere Gemeinsamkeit. Und beide haben über diese Gebiete, Entstehung von Verhaltensveränderungen und Beseitigung unerwünschter Verhaltensveränderungen teils verschiedene, teils gemeinsame Theorien; vielleicht kann man sogar sagen, teils verschieden, teils gemeinsame Handhabungen der Praxis.

Co.: Wir haben der Psychoanalyse im wesentlichen die Erkenntnis zu verdanken, daß die Erfahrungen, die ein Mensch im Laufe seines Lebens macht, entscheidend dazu beitragen, welche Art von Verhalten er später zeigen kann. Wir wissen auf der anderen Seite, daß das Verhalten, das ein Mensch später wirklich zeigt, keineswegs direkt ableitbar ist von dem, was er in seiner frühen Kindheit erlebt hat, sondern daß dazwischen noch ein erstaunlich großer Spielraum an Freiheit ist. Was wir der Lerntheorie verdanken, worauf wir Verhaltensmodifikationen, Verhaltenstherapien im wesentlichen aufbauen, das ist die Frage, wie ist das, was jetzt im Moment geschieht, eigentlich determiniert. Insofern ergänzt sich beides vorzüglich.

CHB: Das ist der Standort der Verhaltenstherapie, aber ist es nicht so, Herr Strotzka, daß dieser Bezug zur Kindheit in der Psychoanalyse auf gar keinen Fall aufgegeben werden kann, ohne daß sie sich selber in Frage stellt?

Str.: Wir Psychoanalytiker sehen in der Verhaltensmodifikation einen Rückschritt gegenüber einer jahrzehntelangen Entwicklung, die weggeführt hat von einer reinen Betrachtung des aktuellen Symptoms. Denn wie in der übrigen Medizin ist die Behandlung eines Symptoms nicht so sinnvoll und für die Dauer eines Therapieerfolges nicht so aussichtsreich wie eine kausale Behandlung. Wir glauben, daß die Psychoanalyse genügend theoretisches und klinisches Material gesammelt hat, um die Bedeutung des Symptoms nur im Lichte der Vergangenheit zu sehen, und daß die frühkindlichen Erlebnisse das Verhalten entscheidend determinieren. Wenn wir in der Therapie nicht zurückgehen zu diesen entscheidenden Erlebnissen, also nicht in einer Art therapeutischer Regression wieder Kontakt bekommen mit den emotionellen Vorgängen, die zu der Fehlentwicklung geführt haben, ist die Chance einer Dauerbesserung nur sehr gering.

Co.: Ich glaube, das ist nur der eine Teil, was Freud und seine Schüler geleistet haben. Der andere Teil ist ja die Autonomie des Ich: daß das Symptom sich weitgehend verselbständigen kann, dann eine eigene Rolle im Lebenshaushalt eines Menschen spielt, und daß es sehr schwer vorherzusagen ist, inwieweit das, was ursprünglich zu diesem Symptom geführt hat — im Sinn von Abwehr, im Sinn von Konflikt und ähnlichem — zwanzig Jahre später noch erhalten ist; oder aber, inwieweit es eigene Bedeutung angenommen hat im Sinne des »Autonomie«-Begriffs von Hartmann.[1] Die Verhaltenstherapeuten setzen im wesentlichen bei dem an, was die Schüler Freuds herausgearbeitet haben als die Selbständigkeit, die Symptome oft im Leben eines Menschen bekommen können, und versuchen ihm zu helfen, sich davon zu lösen.

Be.: Es sind zwei Stichworte gefallen: einerseits »Krankheit« und andererseits »Symptom«, und das ist ein Punkt, wo sich Verhaltenstherapie und Psychoanalyse sehr unterscheiden. Die Verhaltenstherapie nimmt an, daß man eben nicht von »krank« im Sinne eines medizinischen Modells sprechen und deswegen auch nicht sinnvoll von Symptom reden kann; daß

---

[1] Heinz HARTMANN gehört einer New Yorker Analytikergruppe an, die sich um die Ich-Psychologie verdient gemacht hat. Hartmann beschrieb die Verselbständigung der Symptome: sie werden unabhängig von dem Konflikt, der sie hervorgebracht hat. — Der Hrsg.

es ein Fehler ist, das medizinische Modell von dem Virus und Bazillus, der irgendwelche Symptome hervorruft, auf das Psychische zu übertragen, sondern daß im Laufe des Lebens Lernprozesse einsetzen, die zwar einmal in der Kindheit begonnen haben, aber in der aktuellen Situation möglicherweise von ganz anderen Bedingungen aufrechterhalten werden.

Ein vergleichbares Beispiel wäre ein historischer Prozeß. Wir sind hier in München: Nehmen Sie einmal an, wir wären jetzt im Jahre 1940, und jemand brächte den Plan auf, das Dritte Reich zu stürzen, Hitler zu ermorden. Es hätte ihm wenig genützt, wenn er Geschichte studiert und festgestellt hätte, daß hier in München irgendwann sieben Hanseln im Hofbräuhaus gesessen und die Gedanken zum Dritten Reich entwickelt haben; was er vielmehr gebraucht hätte, wären aktuelle Machtmittel gewesen. Er hätte die Armee hinter sich gebraucht, oder er hätte ein gutes Zielfernrohr gebraucht, um Hitler umzubringen. Der historische Prozeß ist übertragbar auf das Modell der Verhaltenstherapie: Therapeutisch relevant sind die gegenwärtigen Machtmittel.

Fü.: So wie ich die Verhaltenstherapie verstanden habe, hat sie gerade Schwierigkeiten mit solchen integrativen Konzepten von übergreifenden Zusammenhängen, und ich glaube, daß eben deswegen Herr Cohen bemüht war, den psychoanalytischen Symptombegriff auf ein verselbständigtes isoliertes Datum hin zu interpretieren — wohin ich ihm als Psychoanalytiker nicht folgen würde. Ich glaube, daß Hartmann zwar solche Möglichkeiten durchaus beschrieben hat, daß man aber vom Bereich der klinischen Praxis her doch sehr schnell bei den einzelnen Symptomen sehen kann, wie sie in größeren charakterstrukturellen Zusammenhängen stehen, die sehr eng auf die Erlebnisse in der Vergangenheit des betreffenden Patienten bezogen sind und deswegen nicht ohne weiteres als isolierte Daten genommen werden können.

Co.: Ich stimme Ihnen da völlig zu. Nur glaube ich, da ist kein Widerspruch. Ich habe gesagt, daß sich Symptome verselbständigen können; daß sie damit immer noch Verhalten des ganzen Menschen sind, bleibt davon unberührt. Das ist mir gerade so besonders sympathisch bei der Verhaltenstherapie: Man hat da nicht die ganzen theoretischen Probleme, etwa den Streit über die Anteile von »Über-Ich« oder »Es«, von »Oraler« oder »Genitaler Phase«[2], sondern geht von Anfang

---

2 »Über-Ich«: nach FREUD »... der Träger des Ich-Ideals, an dem das Ich sich mißt...« (S. FREUD: Gesammelte Werke. Frankfurt/M, Band XV, Seite 71), seiner Funktion nach »... die Vertretung aller moralischen Beschränkungen...« (ebd., Seite 73).
»Orale« bzw. »Genitale Phase«: erste und letzte sexuelle Entwicklungsphase. — Der Hrsg.

an davon aus, daß das nicht voneinander trennbar ist, sondern eben der ganze Mensch reagiert in einer Situation. Warum er so reagiert, wird verständlich aus seiner Vergangenheit, aber der Vergangenheit nur insoweit, als sie gegenwärtig ist im Wert der Reize, die ihn im Moment umgeben und sein Verhalten bestimmen.

Str.: Ich muß noch einmal auf das »historische« Beispiel von Herrn Bergold zurückkommen. Es erscheint mir insofern charakteristisch, als es keinem Analytiker einfallen würde, ein solches Beispiel zu verwenden, denn es hat mit Krankheit, mit psychopathologischem Geschehen nichts zu tun, und wir glauben, daß die Psychoanalyse sich eben des Krankhaften annimmt.

Co.: Was ist denn krankhaft? Im Bereich des Neurotischen kann der Begriff beträchtlich variieren. Nehmen wir ein anderes Beispiel: Zu Ihnen, Herr Strotzka, kommt ein Patient, den in seiner Militärausbildung unerträgliche Angst befällt, wenn er auf Puppen schießen soll. Auf Scheiben kann er schießen und trifft auch; nur wenn es sich um eine Puppe handelt, fängt er an zu zittern. Ich glaube, das ist ein Fall, wo es in bezug auf die Frage, ob das nun krankhaft ist, soziale Determinanten gibt; genauso, wie es die ganz klare Entscheidung für den Therapeuten gibt, zumindest für den Verhaltenstherapeuten: nehme ich diesen Mann in Behandlung oder nicht. Der Verhaltenstherapeut hat, weil er nicht vom Konzept der Krankheit ausgehen kann, eine moralische Entscheidung zu fällen. Der Analytiker hingegen könnte sagen: Dieser Mensch hat eine Schwierigkeit, also behandle ich ihn und sehe, wie er sich entwickelt, wenn er einmal mit sich selber konfrontiert ist. Und ich setze darauf, daß er sich zum Besten entwickelt. Diesen Optimismus teilen wir Verhaltenstherapeuten nicht, sondern da würden wir sagen: Entweder, ich will, daß der Mensch auch auf eine menschenähnliche Figur schießen kann, oder ich will das nicht.

Str.: Und das gibt Ihnen eine erschreckende Macht, die bei uns Psychoanalytikern nicht so ausgeprägt ist. Dadurch, daß wir viel passiver bleiben als Sie, geben wir dem Patienten die Möglichkeit zu einer emanzipativen Entwicklung, und Sie manipulieren ihn, Sie entscheiden sich ...

Co.: Genau! Wir manipulieren ihn, aber bewußt, indem wir ausmachen mit ihm, wo soll das hinführen. Das ist ein Punkt, der mir beim Vergleich von Psychoanalyse und Verhaltenstherapie ziemlich viel zu denken gibt. Die Verhaltenstherapiepeuten sind gezwungen, zusammen mit dem Patienten zu entscheiden, wie sieht das Ziel aus, wo will man hin? Im Fall der Analyse haben beide ein Vertrauen, verpflichten sich gleichsam zu diesem Vertrauen, und schauen, wohin führt jetzt dieses gegenseitige ...

Str.: Aber das Ziel bleibt offen.

Co.: Ja, das bleibt offen, und das kann zu einem miserablen Zustand führen.

Be.: Grundlage ist etwas, was ich »Pflänzchenideologie« nenne; nämlich: »Der Herrgott wird's schon richten!« Irgendwie wird sich dieses Pflänzchen schon entfalten und zu einem großen starken Baum werden oder zu einer gereiften Persönlichkeit.

Str.: Ich bin Ihnen dankbar, daß Sie glauben, der Herrgott hilft den Psychoanalytikern ... (Gelächter) Wir haben das Gefühl, daß schon eine empirisch unterbaute Theorie uns hilft.

CHB: Nach dem, was Herr Cohen vorhin gesagt hat, könnte es ja einfach so sein, daß für Verhaltenstherapie und Psychoanalyse verschiedene Indikationen gelten. Nun wurden aber von beiden Seiten einige recht massive Unterstellungen geäußert. Beispielsweise hat Herr Strotzka, indem er darauf hinwies, daß in der Psychoanalyse die emotionelle Beziehung eine ausschlaggebende Rolle spielt, der Verhaltenstherapie gewissermaßen unterstellt, daß das Emotionelle darin weniger belangvoll ist, und dieser Eindruck ist auch in der Öffentlichkeit entstanden, daß es sich dabei um ein kaltes, formalistisches Verfahren handele, bei dem die Therapeuten beliebig ausgewechselt werden können; letzten Endes — das wird von der Verhaltenstherapie nicht einmal grundsätzlich bestritten — könne der Therapeut auch durch einen Computer ersetzt werden. Ähnlich haben Sie, Herr Bergold, der Psychoanalyse unterstellt, daß dort ein überholtes Krankheitsmodell zugrunde liege: die Vorstellung, daß ein Fehlverhalten auf einen Virus zurückzuführen und aus diesem einen Punkt die ganze Neurose zu heilen sei. Sind das unaufhebbare Gegensätze oder aufklärbare Mißverständnisse?

Be.: Bestimmte Techniken der Verhaltenstherapie sind durchaus anwendbar ohne einen Therapeuten. Man kann zum Beispiel die Desensibilisierung — das ist eine Methode zur Verminderung von Angst — durch ein Tonband vornehmen lassen oder auch durch einen Computer. Es gibt jetzt in Amerika eine Reihe von Untersuchungen in dieser Richtung. Aber auch in der Verhaltenstherapie brauchen Sie die Beziehung zwischen dem Therapeuten und dem Patienten. Das läßt sich aus keiner Therapie ausschalten; eine Therapie ist immer eine kommunikative Beziehung.

Fü.: Da widersprechen Sie sich doch: Einmal sagen Sie, der Therapeut kann ausgeschaltet werden, andererseits sagen Sie, daß Therapie eine personale oder kommunikative Beziehung ist.

Be.: Er kann zum Teil ausgeschaltet werden, bei Anwendung einzelner Techniken.

Fü.: Ah ja, das ist fast überall so, daß der Computer bestimmte begrenzte Funktionen übernehmen kann, nachdem er programmiert worden ist.

Co.: Und darauf bezog sich das Beispiel: Der Therapeut kann sehr gut durch einen Rechner ersetzt werden bei dem Versuch, den Patienten dauernd an dem Niveau von Angst zu halten, das er gerade ertragen kann, das — wie der Analytiker sagen würde — gerade von seinem Ich verkraftet werden kann. Aber um zu erreichen, daß der Patient diese Technik akzeptiert, muß zunächst einmal die Beziehung zwischen ihm und dem Therapeuten hergestellt werden. Darin, daß diese Beziehung von ganz fundamentaler Bedeutung ist, stimmen alle Verhaltenstherapeuten überein. Das ist allerdings ein Punkt, in dem sich in den letzten fünf Jahren sehr viel gewandelt hat in der Verhaltenstherapie. Man hat eingesehen, daß die Verhaltenstherapie, wenn sie mit Recht in Anspruch nehmen will, wissenschaftlich zu sein, sich nicht nur auf Lernexperimente konzentrieren sollte, sondern auch all die wissenschaftlichen Erkenntnisse mit einbeziehen muß, die sozialpsychologischer Art sind. Beides zusammen erst ermöglicht heute, glaube ich, einen Satz von relativ effizienten Regeln des therapeutischen Umgangs, mit denen man als Verhaltenstherapeut arbeitet.

Gö.: Sie sind schon sehr in der Praxis. Es gibt aber, glaube ich, noch eine Vorfrage, der wir einige Aufmerksamkeit widmen sollten: Ist eigentlich die der Verhaltenstherapie zugrunde liegende Theorie der Neurose die richtigere, die wahrere, zutreffendere als die psychoanalytische? Oder haben beide Theorien bestimmte zutreffende, bestimmte unzutreffende Bestandteile, die möglicherweise einander ergänzen? Was mich bei meiner ersten Begegnung mit der Verhaltenstherapie sehr beeindruckt hat, war zunächst, daß es so etwas gibt wie Tierneurosen und daß man bei Tierneurosen nicht die ganze Klaviatur der Ich-Entwicklung und der Über-Ich-Entwicklung — all das also, was für den Menschen bedeutsam ist — ins Spiel führen kann, daß es aber trotzdem Neurosen sind. Das zweite sehr wichtige Faktum war, daß man nach den lerntheoretischen Vorstellungen Neurosen experimentell auch beim Menschen, nicht nur beim Tier, herstellen kann. Und das scheint mir zu zeigen, daß in diesen Vorstellungen ein sehr solider Kern von Theorie enthalten ist und daß man mit dieser zutreffenden Theorie über die Neurosenentstehung möglicherweise weit kommt. Nun sind diese Vorstellungen sehr viel einfacher als die psychoanalytischen, und das empfiehlt sie natürlich aus dem wissenschaftlichen Sparsamkeits-Grundsatz, nur so viele Faktoren anzunehmen, wie man unbedingt braucht.

Str.: Sie haben den Punkt berührt, der uns Psychoanalytiker so bedrückt: die Simplifizierung, die in der psychologischen Lerntheorie und in der Behandlung liegt. Die Wurzeln zu der Verhaltenstherapie liegen doch in zwei Faktorengruppen: erstens in der berechtigten Kritik vor allem der experimentellen Psychologie an der mangelnden Verwissenschaftlichung der Psychoanalyse. Zweifellos trifft uns hier ein Vorwurf, der aus vielen Gründen berechtigt ist, den wir aber bemüht sind abzubauen. Zweitens wird die Verhaltensmodifikation getragen von einem Berufsstand, der frustriert ist und zu einer Geltung, zur Aktion drängt: das sind die Klinischen Psychologen. Und mit der Wisenschaftlichkeit und Methodik, die sie gelernt haben, drängen sie jetzt in ein Aktions- und Aufgabenprogramm, das sehr wesentlich ist. Das Hauptverdienst der Verhaltenstherapie wird also sein, daß sie uns Psychoanalytiker zwingt, wissenschaftlicher zu werden.
Aber diese Parallele zu den Tierneurosen und zu der experimentellen Herstellung der Neurosen, von der wir zugeben, daß durchaus neuroseähnliche symptomatische Bilder erzeugt werden können, ist etwas, das uns ungeheuer beunruhigt; denn, ich sage Ihnen da sicherlich nichts Neues, die Problematik der Ambivalenz zum Beispiel kommt in den Experimenten sehr schlecht zutage ... (Widerspruch von Bergold und Cohen)

Be.: Die klassische Neurose bei Pawlow[3] ...

Co.: Genau; die Neurose bei Pawlow besteht doch darin, daß

---
[3] I. P. PAWLOW (1849—1936), russischer Physiologe, Nobelpreisträger, entdeckte den »Bedingten Reflex«, Grundlage des sog. »klassischen Konditionierens«: Beim »Pawlowschen Hund« beginnt sich bereits Speichel abzusondern, wenn das Tier einen Ton (neutraler Reiz) vernimmt, der zuvor mit dem Futterreiz (unbedingter Auslöser) verbunden war. — Der Hrsg.

dem Tier etwa beigebracht wird: beim Kreis wird Futter gegeben und bei der Ellipse ein Schock verabreicht. Wenn Kreis und Ellipse dann näher aneinandergerückt werden, entsteht »neurotisches« Verhalten.

Str.: Aber das ist es ja, was uns so kränkt, daß Sie selbstverständlich das Oberflächenphänomen der Ambivalenz erzeugen können, aber die unendliche Verwurzelung der Ambivalenz in unzähligen Erlebnissen mit anderen Personen unberücksichtigt lassen.

CHB: Darf ich Sie bitten, den psychoanalytischen Begriff der Ambivalenz mit einem Beispiel zu belegen?

Str.: Die Ambivalenz ist das uns allen sehr bekannte Phänomen, daß wir fast nie eindeutige Gefühle und Einstellungen haben, d. h. daß wir nicht nur lieben oder nur hassen, sondern immer, wenn wir lieben, auch ein bißchen hassen und umgekehrt. Dieses merkwürdige, widersprüchliche Gefühls- und Einstellungssystem hat eine lange Vorgeschichte bis in früheste Entscheidungen von Nehmen und Hergeben, von Schlukken und Ausscheiden usw.

Co.: Wobei interessant ist, daß Sie sagen, wir alle haben normalerweise diese Ambivalenz, und sich nun eben die Frage erhebt, wann nennen wir so etwas krankhaft. Herr Görres sagte vorhin, bei den Tierneurosen hätten wir es leichter, weil wir nicht über die Ich-Entwicklung und Über-Ich-Entwicklung nachzudenken brauchten: diese Bemerkung habe ich bedauert, denn ich finde gerade ...

Gö.: Ihr Dackel hat auch ein Über-Ich, da haben Sie recht.

Co.: Und ich habe den Eindruck, daß es sehr reizvoll ist, im psychoanalytischen Sinn sich zu überlegen, inwieweit die Konfliktbildung bei Schaf oder Dackel durch Ich-Entwicklung und Über-Ich-Entwicklung entscheidend begründet ist.

Gö.: Ich meinte damit etwas anderes. Man könnte beispielsweise argumentieren: Die Psychoanalyse hat den Menschen genau studiert und ungemein viel über ihn herausgebracht, über seine Ambivalenz, die verschiedenen Stadien seiner Entwicklung, was sich in ihr gefühlsmäßig und intellektuell und willentlich vollzieht usw. Aber ist, was sie dabei herausgebracht hat, eigentlich das, was zur Neurose führt? Und ist das, was zur Neurose führt, nicht vielleicht etwas viel Primitiveres, Elementareres, also zum Beispiel das, was experimentell in der

Lerntheorie angegangen wird? So daß man denken könnte – das ist nicht meine These, aber eine erwägenswerte Überlegung –, ob die Psychoanalyse und der Psychoanalytiker in der Analyse nicht viel genauer den Menschen und seine Geschichte kennenlernen als die möglicherweise sehr wenigen entscheidenden Faktoren seiner Neurose.

Be.: Die Verhaltenstherapie interessiert sich doch eigentlich gar nicht für die Entstehung der Neurose. Die experimentellen Neurosen sind so etwas wie eine Zugabe aus der experimentellen Psychologie. Ich würde darum entgegengesetzt sagen, daß uns die Psychoanalyse sehr viel gegeben hat über die Entstehung von Neurosen, über die Familiensituation und das gesamte Klima bei der Neurosen-Entstehung. Bloß würde ich von der verhaltenstherapeutischen Seite her hinzufügen: das hat uns nichts genützt, um eine brauchbare Therapie zu entwickeln. Die Psychoanalyse hat uns etwas gegeben für die Prophylaxe, nicht aber für die Therapie.

Gö.: Wenn man – was Psychoanalytiker und Verhaltenstherapeuten ja in der Theorie tun – die Entwicklung des Menschen und seiner Neurose wie eine Wurst in Salamischeibchen aufschneidet, dann bekommt der Lerntheoretiker eine Lerngeschichte und der Psychoanalytiker eine biographische Anamnese. Man kann nun die verschiedenen Scheibchen, die Entscheidendes zur Neurosenentstehung, zur Charakterformung und Verhaltensformung beigetragen haben, aus dem Zusammenhang lösen und die Ursachen des heutigen Zustandes aufzeigen. Das ist eine theoretisch sehr wichtige Frage der allgemeinen biographischen Psychologie, und davon haben doch Psychoanalytiker und Lerntheoretiker sehr verschiedene Vorstellungen.

Be.: Sie haben Vorstellungen, die überhaupt nicht miteinander vergleichbar sind; und zwar insofern nicht, als die Lerntheorie bis zum Augenblick noch nichts anderes aufzeigen kann als Mikro-Lernprozesse: Wie wird ein ganz bestimmtes Verhalten unter ganz bestimmten Bedingungen erworben? Sie hat aber bisher kaum die großen sozialen Prozesse einbezogen, die sich die Psychoanalyse anschaut. Diese Prozesse laufen über Monate, über Jahre, während die Verhaltensmodifikation und die dazugehörigen Theorien über Neurosen-Entstehung sich auf Prozesse beziehen, die in Minuten ablaufen.

Co.: So läßt sich das nicht vereinfachen. Es gibt viele Lerntheoretiker, die sich sehr langwierige Prozesse angesehen haben, und es gibt vorzügliche psychoanalytische Arbeiten, die genau untersucht haben, was in einem bestimmten Moment geschieht.

Gö.: »Ein Kind wird geschlagen« von Freud, das ist eine Arbeit, die sich auf Sekunden und Minuten ...

Be.: Das sind aber nur einzelne Arbeiten.

Co.: Nur, wenn Herr Strotzka mit Recht gesagt hat, daß der Beitrag der Lerntheoretiker im Verhältnis zu dem, was Freud selber auch seine »Mythologie« genannt hat, so primitiv und mager wirkt, dann ist es so, als wollte man die Chinesische und die Französische Küche miteinander vergleichen und den Vergleich einem Ernährungswissenschaftler überlassen. Der erzählt dann, wieviel Eiweiß ist darin, wieviel Fett, und wie wirkt was. Mit anderen Worten: Der Ernährungswissenschaftler der Lerntheorie reduziert die Speisen auf ihre Bestandteile, und es wird primitiv. Aber wird es damit falsch? Ich glaube, nein. Übersieht man damit etwas? Ja!

Str.: Jetzt kommen wir einander ja näher. Wir sind mit dem Effizienzgrad unserer Therapien wirklich nicht zufrieden. Sie sind zu langwierig, sie sind zu mühsam, sie sind in ihrem Ergebnis recht problematisch. Aber mit den Gruppen-Methoden, mit der Familien-Therapie, alles analytisch orientiert, mit der analytisch orientierten Kurztherapie aus der Balint-Schule, Malan usw.[4] — auch mit Behandlungstechniken im Wiener Ambulatorium[5] — haben wir unseren Effizienzgrad und unsere Möglichkeit der Ökonomie zweifellos verbessert. Ich würde sagen, die Verhaltenstherapie hat ihre klare Indikation: dort, wo aus inneren und äußeren Gründen eine kausale analytische Behandlung versagt; da bleibt für sie sehr viel übrig, und da kann die Symptombehandlung sinnvoll eingesetzt werden.

Co.: Können Sie vorhersagen, wann sie versagt?

Str.: Leider nicht so, wie ich möchte. Man kann es aber bis zu einem gewissen Grad schon abschätzen, und darüber Genaueres zu ermitteln, wäre eine wichtige Aufgabe der Forschung.

CHB: Herr Bergold, Sie haben vorhin angedeutet, die Verhal-

---

4 Gemeint ist die Arbeit von David MALAN an der Londoner Tavistock-Clinic, basierend auf Erfahrungen der Arbeitsgruppe um den aus Ungarn gebürtigen Psychoanalytiker Michael BALINT (vgl. D. H. MALAN; »Psychoanalytische Kurztherapie«. Bern und Stuttgart 1965).
5 STROTZKA bezieht sich auf das Psychotherapie-Ambulatorium der Wiener Gebietskrankenkasse, dessen Leiter er viele Jahre war. — Der Hrsg.

tenstherapeuten könnten von der Psychoanalyse etwas lernen.

Be.: Die Vorstellungen, die uns die Psychoanalyse über die Entstehung von Neurosen vermittelt hat, sind sehr blumig. Ich meine aber, wir können dennoch etwas von ihr lernen, wenn wir diese blumige Sprache in saubere experimentelle Daten übersetzen und uns Hypothesen und Anregungen aus der Psychoanalyse für die Prophylaxe zunutze machen.

CHB: Betrachtet sich Ihrer Meinung nach die Verhaltenstherapie mit diesem Selbstverständnis als eine Weiterentwicklung oder gar Überwindung der Psychoanalyse?

Be.: Das ist kaum zu beantworten.

Gö.: Doch, man kann das in verschiedenen Richtungen beantworten. Man kann einmal sagen, die Psychoanalyse habe von Anfang an in einer globalen und vielleicht unpräzisen Weise die grundsätzlichen Positionen der Lerntheorie, die seinerzeit noch wenig entwickelt war, als einen Leerblock vorausgesetzt, als eine Dimension der psychologischen Wirklichkeit, die respektiert werden muß. Das zeigt schon die psychoanalytische Begrifflichkeit; auch bei Freud ist die Rede von Reiz, Reaktion, Hemmung, Verknüpfung usw. Insofern ist Lerntheorie von Anfang an ein Bestandteil von Psychoanalyse. Man kann natürlich umgekehrt auch sagen, die Lerntheorie sei von ihrem Ansatz her ein so totaler Versuch, den ganzen Menschen, sein Verhalten und die Veränderungen seines Verhaltens zu erfassen, daß sie sozusagen die Psychoanalyse vereinnahmen könnte oder, auf Hegelsche Weise ausgedrückt: aufzuheben in sich selbst.

Fü.: Da kann ich nicht folgen, denn ich glaube, daß ein wesentlicher Unterschied zwischen beiden Theorien doch gerade darin besteht, daß die Psychoanalyse ein umgreifendes Konzept ist, das all diese schönen modernen Spezialentwicklungen, die dann die Lerntheorie geschaffen hat und von der die Verhaltenstherapie heute ein bißchen spektakulär vielleicht profitiert, schon im Keim mit umfaßt; daß aber dieses Verhältnis eben nicht umgekehrt werden kann, die Lerntheorien also gerade nicht mit diesem Anspruch auftreten, denn sie würden dann genau das verlieren, was sie als einen Trumpf gegenüber der Psychoanalyse ausspielen: nämlich ihre spezialistische Kompetenz, ihre Präzision, ihre Fokusierung[6] auf spe-

---

6 Von »Fokus«: Herd, Brennpunkt.

zielle Prozesse oder Mechanismen und ihre Möglichkeit zu zielgerichteten Eingriffen. Gerade darin liegt ein diametraler Unterschied der therapeutischen Verfahren und nun auch die entscheidende klinische Frage, denn die Psychoanalyse ist ja de facto keineswegs eine bloße Theorie, d. h. kein theoretischer Ansatz, der darauf gerichtet ist, nur die Biographie von Menschen zu rekonstruieren, sondern sie ist doch eine auf Veränderung — auf progressive Veränderung — der Persönlichkeitsstruktur abzielende therapeutische Intervention; darin konkurriert sie mit den verhaltenstherapeutischen Schulen, und von daher läßt sie sich nicht auf eine Theorie, die mit gewissen blumigen Ausdrücken operiert, einengen. Sie ist eine Praxis, die heute mit einer Mannigfaltigkeit von Behandlungsverfahren operiert, welche — gemeinsam entwickelt auf der Basis einer psychoanalytischen Konzeption — auf den einzelnen Fall angewandt werden. Und da liegt, glaube ich, die entscheidende Frage, sofern die klinische Praxis betroffen ist: ob eben in bezug auf bestimmte Patienten zu einer Strategie gegriffen werden soll, die von vornherein mit diesem Patienten aushandelt, welches Verhalten in welcher Richtung modifiziert werden soll, oder ob es sich um eine Therapie handelt, die dem Patienten in der Zusammenarbeit mit dem Therapeuten gerade dazu verhelfen will, mehr Freiheitsgrade zu gewinnen, um dann zu klären, in welcher Richtung er sich weiterhin entwickeln möchte. Da besteht für den Kliniker die Notwendigkeit, sich zu entscheiden. Der Theoretiker kann Anregungen aufnehmen, kann profitieren, sich mit neuen Theorien auseinandersetzen, sich dafür offen halten, auch harmonisieren oder synthetisieren; der Kliniker muß eine klare Linie haben, er muß wissen, in welcher Form er persönlich dem Patienten, mit dem er es zu tun hat, am besten zu helfen glaubt, eine klare Orientierung, in deren Rahmen er sich frei bewegen und mit dem Patienten eine bestmögliche Kooperation zu schaffen versuchen kann.

Gö.: Darf ich hier noch etwas anfügen zu den vermeintlich »blumigen Vorstellungen« der Psychoanalyse: Diese angeblich blumige Sprache hat doch ihre Bewandtnis, die in der Sache gegründet ist. Wir haben leicht reden, wenn wir uns in der Lerntheorie dazu verpflichten, alle unsere Begriffe operational oder experimentell zu begründen; das ermöglicht uns eine einigermaßen präzise Begriffsbildung. Der Psychoanalytiker tut das nicht. Er verpflichtet sich wohl, seine Begriffe empirisch zu begründen, aber er macht einen Unterschied zwischen »empirisch« und »experimentell«. Der ist auch notwendig, denn sonst hätte es nie eine exakte Astronomie gegeben, die ja nicht Sterne schieben und mit ihnen experimentieren kann, sondern die deren vorgegebene Verhaltensweisen beobachtet, mißt usw. Und diese empirische, nicht experimentelle Begriffsbildung in der Psychoanalyse kann nun einmal nicht von der Art sein wie die operational, experimentell begründete.

Co.: Es sollte vielleicht kurz erwähnt werden, daß mit der Tiefenpsychologie hier immer die Psychoanalyse zur Diskussion stand und niemals die Jungsche Archetypenlehre oder ähnliches. Daß die Gesetzlichkeiten der Lernpsychologie ins tiefenpsychologische Konzept hineinpassen oder eingefügt werden können in bestimmte Bereiche, das gilt nur für die Freudsche Psychoanalyse und eindeutig nicht für Jung. Aber wenn zuvor gesagt wurde, die Verhaltenstherapie solle diesen Vorteil einer genauen Definition der Operationalisierung wirklich ernst nehmen, dann ist das ein ganz entscheidender Punkt, auf den wir als Verhaltenstherapeuten abzielen sollten, und wir sollten uns dagegen wehren, daß manche Herren wie Eysenck[7] und andere dann Begriffe wie »Belohnung« derart ausweiten, daß sie überhaupt nicht mehr greifbar sind.

Gö.: Es gibt also auch lerntheoretische Blumensträuße.

CHB: Von Verhaltenstherapeuten wird der Psychoanalyse vorgeworfen, sie hätte keine wissenschaftliche, d. h. experimentell nachprüfbare Theorie ...

Fü.: Das ist allgemein bekannt, daß sie die nicht hat, aber der Anspruch oder vielmehr das Kriterium der Wissenschaftlichkeit, das diesem Vorwurf zugrunde liegt, müßte geklärt werden. Insofern bin ich nicht ganz einverstanden damit, daß wir — wie Herr Strotzka vorhin meinte — durch die Kollegen von der Verhaltenstherapie stimuliert würden, wissenschaftlicher zu werden. Ich würde sagen, daß bisher noch gar nicht erwiesen ist, nach welchen Kriterien die Wissenschaftlichkeit und die Begriffsbildung in der Psychoanalyse beurteilt werden müssen. Ich glaube, man sollte nicht unterstellen, daß es überhaupt möglich ist, zwischen verschiedenen psychotherapeutischen Schulen so zu reden, als sprächen sie eine gemeinsame Sprache. Eine solche wissenschaftstheoretische Unterstellung ist nachweislich falsch, denn es gibt bis heute keine Persönlichkeitstheorie, die imstande wäre, die verschiedenen persönlichkeitstheoretischen Konzeptionen ihrerseits in einer gemeinsamen Sprache zu vermitteln.

---

7 Hans Jürgen EYSENCK (London), einer der Wegbereiter der Verhaltenstherapie, in seinen Polemiken nicht unumstritten. — Der Hrsg.

Be.: Herr Görres, Sie haben als Beispiel die Astronomie erwähnt. Zur Astronomie gehört das Voraussagen von bestimmten Ereignissen. Und das ist etwas, was die Psychoanalyse nicht kann; darin besteht ihr Problem. Sie kann im nachhinein alles verstehen und erklären, aber wenn wir therapieren, ist das mehr als Verstehen und Erklären.

Fü.: Eine Zwischenfrage: Können Sie voraussagen, ob Sie einen Fall von Phobie[8] mit einem bestimmten Verfahren, sagen wir der systematischen Desensitivierung[9], erfolgreich behandeln können?

Be.: Hundertprozentig kann ich es noch nicht voraussagen, aber das ist ein Punkt, den wir anstreben. Heute können wir schon Vorhersagen von sehr hoher Wahrscheinlichkeit treffen.

Co.: Ich glaube, man ist langsam diesem Ziel ziemlich nahe zu sagen, wann man eine Phobie erfolgreich mit »desensitization« behandeln kann, im wesentlichen wohl durch die Arbeiten um Marks[10] herum, und das entspricht wiederum den Erfahrungen, die in der Psychoanalyse oft gemacht und berichtet wurden: Je isolierter, je autonomer ein Symptom, desto größer ist die Wahrscheinlichkeit, daß man es mit Verhaltenstherapie kurzfristig und erfolgreich angehen kann.

Fü.: Das ist klar — das ist das einzige, was klar ist.

Co.: Aber es ist etwas, worauf sich jetzt auch die Psychoanalyse eingestellt hat, mit dem Begriff der »Fokaltherapie« und ähnlichem.

CHB: Ich möchte gern noch einmal zu den Theorien zurückkommen und feststellen, daß der Verhaltenstherapie ihrerseits von Analytikern vorgeworfen wird, sie habe keine eigene Theorie. Ich lese hier zum Beispiel bei Mitscherlich den Satz: »Zu der Entwicklung einer spezifischen und differenzierten Neurosentheorie oder zur Übernahme der Freudschen Psychoanalyse ist es aus ideologischen Gründen nicht gekommen.«[11] Der Verhaltenstherapie wird also Theorie abgesprochen und Ideologie unterstellt. Mitscherlich kommt dann zu einer Art Zwischenfazit: »Wir führen die Verhaltenstherapie, die in

---

8 Krankhafte Furcht vor Objekten oder Situationen.
9 Von »desensitization« (id. Desensibilisierung) von Joseph WOLPE (Universität von Witwatersand, Südafrika) in den frühen fünfziger Jahren entwickeltes Verfahren zum schrittweisen Abbau eingeschliffener Angstreaktionen — Der Hrsg.
10 Isaac MARKS, englischer Psychiater.
11 Alexander MITSCHERLICH: »Versuch, die Welt besser zu bestehen«. Frankfurt/M. 1970, S. 34.

Deutschland rasch Anerkennung gefunden hat und die sich anheischig macht, die Psychoanalyse überflüssig zu machen, nicht wegen dieser Konkurrenz zweier Heilmethoden, sondern wegen der unterschiedlichen Aufmerksamkeit an, die sie hierzulande gefunden haben. Die Verhaltenstherapie hat die komplizierte, konfliktreiche Humanpsychologie durch eine bestechend einfache Psycho*mechanik* ersetzt: damit war ihr tatsächlich der Rückschritt hinter Freud gelungen.«[12] Das ist sehr hart formuliert. Herr Strotzka, darf ich Sie um Ihre Meinung dazu bitten.

Str.: Im großen und ganzen stimme ich Mitscherlich zu, denn ich fürchte sehr, daß die Faszination, die ausgeht von der Einfachheit, von der schnellen Wirksamkeit, eine große Gefahr ist. Jede Methode hat Erfolge. Je überzeugter sie vertreten wird, um so größer sind die Erfolge. Ein suggestives Moment ist leider in der Psychoanalyse nicht vermeidbar, und es ist leider — oder nicht »leider«, das kann ich nicht beurteilen — auch in der Verhaltenstherapie. Erfahrungsgemäß braucht man sehr viel Geduld, sehr viel Vorsicht und sehr viel Skeptik, um mit der Zeit zu sehen, wie steht es wirklich mit den Dauererfolgen. Und hier haben wir unsere Zweifel, genauso, wie wir an unseren Sofort-Erfolgen unsere Zweifel haben.

Co.: Das habe ich bei der Psychoanalyse gelernt, und es hat sich mir eingeprägt: Glaube niemals einem Sofort-Erfolg. Aber zu den Suggestiverfolgen in der Psychoanalyse und in der Verhaltenstherapie: Der Einsatz von Placebos[13], der Einsatz von Suggestivmitteln, von Sozialbeziehungen, das alles läßt sich ja in seinen Grundlagen durchaus untersuchen, und es läßt sich auch klären, welche Faktoren darin einem Patienten helfen können, über einen bestimmten Konfliktzustand hinwegzukommen. Der gezielte Einsatz dieser Mittel kann doch wiederum beiden Behandlungsarten gemeinsam sein, wobei der Hauptunterschied, wie ich sehe, darin besteht, daß in der Psychoanalyse die Freudsche Abstinenzregel oberstes Gebot ist — d. h. als Therapeut darf man keine bestimmten Wünsche an das Verhalten des Patienten herantragen —, während es in der Verhaltenstherapie einfach dazugehört, daß die Abstinenzregel nicht befolgt wird; sondern daß man mit dem Patienten oder Klienten einen Pakt schließt, nicht nur des gemeinsamen Vertrauens und der Fairneß, sondern mit einer bestimmten Zielsetzung für sein Verhalten,

---

12 ebd., S. 35/36.
13 Scheinmedikament ohne pharmakologisch wirksame Bestandteile zum Zwecke der Trennung einer suggestiv-psychischen von einer objektiven Wirkung. — Der Hrsg.

wobei dieser Pakt vielleicht auch als Suggestivelement mitverwendet wird.

Fü.: Ich möchte eine These in bezug auf diese mehr klinischen Fragen aufstellen. Mir scheint, daß man eine deutliche Entwicklung innerhalb der Verhaltenstherapie in den letzten Jahren feststellen kann, und zwar möchte ich sie, soweit ich sie mir aus der Literatur von außen zurechtlegen kann, so charakterisieren, daß der Ausgangspunkt in einigen wenigen, verhältnismäßig klar konzipierten, beschränkten Modellen der Intervention und des Umgangs mit ganz bestimmten Verhaltensstörungen lag, mit einer begrenzten Klientel — den hier schon mehrfach zitierten Patienten mit einer genau umschriebenen Symptomatik, insbesondere monosymptomatisch Kranken mit einem einzigen Symptom —, und daß in den letzten Jahren zunehmend die Verfahren sich ausgeweitet haben, die Klientel sich erweitert hat, die Verfahren damit aber an Präzision verloren haben; daß immer mehr Verfahren aufgekommen sind, die zum Teil einer lerntheoretisch experimentellen Begründung noch nicht oder überhaupt nicht zugänglich sind, und daß von daher jetzt die Tendenz besteht, auch Patienten anzunehmen, die nicht nur an einem einzigen Hauptsymptom, beispielsweise einer Spinnenphobie, leiden, sondern die polysymptomatisch krank sind und diffuse Ängste haben, und die damit klinisch sehr viel schwieriger zu behandeln sind. Mein Eindruck ist, daß die Entwicklung der Verhaltenstherapie, sofern sie eine klinisch-praktische effektive Behandlungsform ist, immer mehr dazu führt, Momente aufzunehmen, die den eigenen theoretischen und ideologischen Überzeugungen widersprechen: aus dem Drang der Komplikation im praktischen klinischen Feld. Und ich bin sicher, daß die verhaltenstherapeutischen Schulen, wenn sie mit der Psychoanalyse in der Behandlung schwieriger Patienten weiter konkurrieren, sich auch ausweiten müssen, und daß sie dann allmählich bescheidener werden im Hinblick auf den Vorteil, den sie in bezug auf ihre wissenschaftliche Grundlage haben.

Co.: Es stimmt sicher, daß die Verhaltenstherapeuten immer mehr Patienten angenommen haben, einfach, weil die zu ihnen kamen, und daß sie dann immer mehr versucht haben. Trotzdem stimmt die Abfolge nicht ganz, denn es hat sich sehr schnell herausgestellt, daß Patienten mit vielen Symptomen, aber mit klar erkennbarem Kardinalsymptom, beträchtliche Besserung in mehreren Symptomen erfuhren, sobald man ihnen im Kardinalsymptom helfen konnte. Die Überlegung dabei war, daß das eine Fehlverhalten andere, durchaus vorhandene Entwicklungsmöglichkeiten hemmt; sobald diese

Hemmung entfällt, können sie sich entfalten. Das Problem ist nicht so sehr, daß man sich auf eine breitere Klientel als ursprünglich erwartet ausweitete; denn das ging schließlich Hand in Hand mit ganz guten Erfolgsberichten. Das weit größere Problem für die Verhaltenstherapeuten ist, daß im gleichen Maß, in dem die anfängliche Begeisterung einer Routinepraxis wich, die Erfolgsziffern sich denen näherten, die man von der Psychoanalyse kennt; so daß jetzt eigentlich beide Schulen — so unterschiedlich die Technik, so unterschiedlich die Theorie in vieler Hinsicht ist — doch zugeben müssen, daß zumindest ein Viertel der Patienten sehr lange Behandlungen braucht und ungewisse Erfolge hat, ferner, daß sowohl die Psychoanalyse als auch die Verhaltenstherapie erkennen: Es fehlt ihnen an Methoden vorherzusagen, welchen Patienten sie in fairer Weise Hilfe versprechen können. Es mag sich immer noch um einen Unterschied von etwa zehn Prozent handeln bei einzelnen Patientengruppen, aber nachdem die große Begeisterung und die Erfolgsziffern eines Wolpe vergangen sind, sehen sich jetzt doch wohl alle Verhaltenstherapeuten mit der Tatsache konfrontiert, daß ein Viertel der Patienten, die zu ihnen kommen, nicht die Erfolge zeitigt, die man nach den ersten Berichten erwartet und angesichts der Patienten erhofft hätte.

Str.: Das tröstet uns sehr.

Gö.: Man kann vielleicht noch einen Schritt weitergehen und sagen — jedenfalls meine ich das aufgrund der Erfahrungen an unserem Institut, wo beide Methoden von Experten praktiziert werden, sagen zu können —, daß da, wo Verhaltenstherapie scheitert, sie in einer größeren Zahl von Fällen deshalb scheitert, weil sie nicht ausreichend psychoanalytische Dimensionen berücksichtigt, also technisch gesprochen an Übertragungs- und Widerstandsproblemen.

Co.: Wenn das passiert, wurden nicht nur die Gesetze der Psychoanalyse, sondern genauso die der Lerntheorie verletzt. Wer verhaltenstherapeutisch korrekt vorgehen will, hat ja zu identifizieren: Was bedeutet eine bestimmte Situation für einen Patienten? Und in dem Moment, da das zu identifizieren ist, gehen beide, Verhaltenstherapeut wie Analytiker, in gleicher Weise vor; sie fragen danach, welche Funktionen in der Lebensgeschichte des Individuums diese Situation gehemmt hat. Und dann trennen sich die Wege, wenn es gilt, diese Funktion der Situation zu modifizieren. Die einen sagen, versuchen wir es über den Weg der Einsicht plus Übertragung

– wobei die Frage ist, welche Rolle spielt eigentlich die Einsicht? Die anderen versuchen es direkt anzugehen mit einem bestimmten System der Modifikation, wie es vom Analytiker in der Übertragung angepeilt wird.

CHB: Wenn die Verhaltenstherapie ihre Exploration beendet hat, wenn sie sich also darüber klargeworden ist, auf welche Weise sich das Symptom gebildet hat, dann wird sie sich also mit der Kindheit und überhaupt mit der Vergangenheit des Patienten nicht weiter beschäftigen. Ist das so, Herr Cohen?

Co.: Sie fragt nicht in diesem Maße nach der Entstehung des Symptoms, sondern ihre Hauptfrage lautet: Was unterhält das Symptom? Und in dem Moment, da diese Frage so formuliert wird, stimmen wir wieder mit den Psychoanalytikern völlig überein; denn der Analytiker würde sagen, dieser und jener Konflikt wirkt sich aus in der Bedeutung, die diese und jene Reizsituationen haben, und der Verhaltenstherapeut spricht von dieser und jener Reizsituation, die diese und jene Bedeutung hat. Der Unterschied wird deutlich, wenn man weiterfragt, wie geht man diese Situation – das, was ein Symptom unterhält – therapeutisch an; und da glaube ich, daß die heutige Psychoanalyse nicht mehr streng ist im alten Sinn. Nach den Lehrbüchern heißt es: Dem Patienten kann nur geholfen werden, wenn er die Einsicht erhält, auf welche Weise das Symptom zustande gekommen ist. Wenn man heute mit einem vernünftigen Psychoanalytiker spricht, der gute Erfolge hat, so sagt er einem, der Patient habe sein Symptom überwunden, weil er in der Übertragung – d. h. in der Beziehung zu einem anderen Menschen – diese Situation, schrittweise immer mehr abgewandelt, von neuem erlebt hat. Das ist genau das, was mit anderen Worten die Lerntheorie auch tut, und es hat nichts mehr zu tun mit Deutung, sondern ist eine Art der Kommunikation; es hat nichts mehr zu tun mit Einsicht. Das kann natürlich ein Analytiker aus standespolitischen Gründen schwer zugeben: daß die Einsicht allein keine wesentliche Bedeutung für den Therapieerfolg mehr hat.

Gö.: Aber das lesen Sie schon 1894 bei Freud!

Co.: Bei Freud liest man's, aber bei Mitscherlich nicht mehr.

Fü.: Mitte der dreißiger Jahre liest man's bei Strachey[14], wo wörtlich steht, daß die Interpretationen nur dann eine kurative Bedeutung haben, wenn sie eben mit einer affektiven

---

14 STRACHEY, James: The nature of the therapeute action of psychoanalysis. In: Int. J. Psychoanal. 15 (1934) S. 127–159.

Neuerfahrung einhergehen. Insofern sind die Fragen der Aufarbeitung der Vergangenheit und der Einsicht als rein kognitive Prozesse seit langem kein zentrales Thema der Psychoanalyse mehr, wohl aber in bezug auf ein aufdeckendes Verfahren, das zu einer Erweiterung auch der Einsicht führt. Darin unterscheidet sich die Psychoanalyse meines Erachtens durchaus von vielen suggestiven Verfahren, die an der Einsicht des Patienten völlig vorbeigehen. Eine Erweiterung der Einsicht, überhaupt eine Erweiterung der reflexiven Sphäre des Patienten ist für die Psychoanalyse sehr relevant, aber eben im Zusammenhang mit emotionalen sozialen Erfahrungen.

Str.: Unsere Sorge ist die folgende: Das Instrumentarium der Verhaltensmodifikation ist verführerisch. Es ist sehr klar, es ist sehr einfach, und das klassische Beispiel ist für mich unverändert die Enuresis-Behandlung mit der elektrischen Matratze.[15] Besteht nicht ein echte Gefahr, daß ein Kind mit einer Enuresis vom Verhaltenstherapeuten umkonditioniert wird, statt daß man sich die Mühe macht, mit den Eltern lange genug — darauf kommt es an! — zu reden, bis man die Erziehungsfehler, etwa die Bevorzugung eines jüngeren Geschwisters, herausgearbeitet hat, und dann in einer Einsicht vermehrenden, übertragungsgetragenen kurzen Therapie mit den Eltern an diesem Punkt einzugreifen. (Widerspruch aus der Diskussionsrunde.)

Gö.: Jetzt stoßen Sie also auf einen erbitterten Widerspruch. Es ist ein sehr schönes Beispiel, und es ist im Prinzip auch richtig, aber es geht ganz an der Realität vorbei: an der Realität einmal dessen, was tatsächlich die Verhaltenstherapeuten tun, und zum anderen an der Versorgungs-Situation, denn es setzt ja voraus, daß für die Tausende von, sagen wir, Münchner Kindern, die unter Enuresis leiden, ein Helfer zur Verfügung steht, der in dieser differenzierten und subtilen Art mit den Eltern umgehen könnte. Und das ist, wie Sie und ich wohl wissen, reine Illusion. Die Kindertherapeuten mit psychoanalytischer Ausbildung sind sehr dünn gesät, und das liegt nicht nur an der bösen Gesellschaft, die die Psychoanalytiker nicht mag; denn im Gegenteil, wir Psychoanalytiker werden heute von vielen Seiten der Gesellschaft recht gut behandelt, bis hin zu den Pflichtkrankenkassen.[16] Auf der anderen Seite

---

15 Das Bettnässen (Enuresis nocturna) kann mit einem Alarmgerät behandelt werden, das in dem Moment, da eine mit ihm verbundene Betteinlage feucht wird, zu läuten beginnt und so das Kind aufweckt. — Der Hrsg.
16 Diese Seitenbemerkung von Albert GÖRRES, die offenbar — ohne Namen zu nennen — auf Klagen von prominenter Analytikerseite Bezug nimmt, veranlaßte Hans STROTZKA allerdings zu einem Zwischenruf: »In der Bundesrepublik, nicht in Österreich!« — Der Hrsg.

vermag doch selbst eine ganz primitive und nicht kunstgerechte, im Grunde nicht akzeptable verhaltenstherapeutische Reflexologie mit diesem Enuresis-Automaten dort, wo sie zum Erfolg führt, einem Kind sekundäre Neurotisierungsprozesse in Fülle zu ersparen.

CHB: Herr Bergold, zu dem Problem haben Sie, glaube ich, etwas zu sagen.

Be.: Nun ja, zunächst bliebe festzustellen, daß ein Verhaltenstherapeut, der so vorgeht, wie Sie's gerade erzählt haben, ein schlechter Verhaltenstherapeut ist.

Str.: Aus der Literatur, vor allem aus den frühen Arbeiten, gewinnt man diesen Eindruck.

Be.: Ein vernünftiger Verhaltenstherapeut muß zuvor eine sehr genaue sogenannte Verhaltensanalyse erarbeiten; er muß nicht nur klären, wodurch das Symptom ausgelöst wird, sondern muß auch bereits wissen, welche Konsequenzen dieses Symptom hat . . .

Fü.: Nach welcher wissenschaftlichen Theorie arbeitet er eigentlich bei dieser Verhaltensanalyse?

Be.: Nach zwei sehr simplen Modellen: dem Klassischen und Operanten Konditionieren[17]. Er schaut erst, welches sind die Auslöser, und zweitens, welcher Art sind die Konsequenzen eines solchen Verhaltens.

Fü.: Es geht doch im Augenblick um etwas anderes, nämlich darum: Welchen Stellenwert hat hier ein bestimmtes Verhalten innerhalb des Gesamtverhaltens . . .

Be.: Nein, es geht nicht um den Stellenwert; damit brächten wir wieder viel zu unpräzise Bezeichnungen in die Diskussion. Es geht vielmehr darum: In eine Familie kommt neu ein Baby, das ältere Kind wird dadurch vernachlässigt und produziert Bettnässen. Die Konsequenz des Bettnässens — und um die geht es — besteht darin, daß das Bett gewaschen werden und die Mutter sich nun um das Kind kümmern muß. Und dieses Sich-Kümmern der Mutter ist für das Kind ein positiver Zu-

---

17 Klassische Konditionierung: Die von PAWLOW eingeführte Technik. Ein bestimmter nicht-konditioneller Reiz (Futter) wird mit einem neutralen, konditionellen Reiz (Ton) verbunden. Die konditionierte Reaktion wird allein durch den konditionellen Reiz ausgelöst. Operante Konditionierung: Die von B. F. SKINNER untersuchte, erweiterte Form der Konditionierung, zentrales Prinzip des sog. Lernens am Erfolg. Für eine bestimmte Handlung (Reaktion) wird eine Belohnung (Verstärkung) gegeben. — Der Hrsg.

stand. Hier würden wir in dem Modell des Operanten Konditionierens sagen, daß dadurch die Häufigkeit der Störung, also des Bettnässens, ansteigt. Dazu kommt natürlich genetisch noch etwas anderes, nämlich ein »Modell-Lernen«: Das Kind hat gesehen, die Mutter kümmert sich um dieses neue Baby, sie wickelt es, das Kind schaut zu, während es gewickelt wird. Das Kind erfährt also: Das ist ein Verhalten, mit dem man jene Zuwendung erlangen kann, die ich in der letzten Zeit nicht mehr bekommen habe. Es hat sich aber nun gezeigt, daß diese Komplikationen nur bei einem gewissen Prozentsatz der Bettnässer gegeben sind; daß man ungefähr 60—70 % der Bettnässer ohne weiteres mit der berühmten Klingelmatratze therapieren kann, wenn man eben vorher eine Verhaltensanalyse macht und die restlichen 30 % dann mit möglicherweise ganz anderen Methoden behandelt. Auf die andere Seite dieser Therapie hat Herr Görres schon hingewiesen: daß nämlich ein Kind, wenn es vom Bettnässen befreit ist, auch eine Reihe anderer Erleichterungen hat; es kann, wenn es schulpflichtig ist, wieder in Schulheime gehen, braucht keine Angst mehr zu haben, verspottet zu werden usw.

Cö.: Ich glaube, das von Herrn Strotzka genannte Beispiel ist so ziemlich das schlechteste, was man sich für die Verhaltenstherapie suchen kann.

CHB: Aber ganz typisch scheint es mir schon zu sein.

Co.: Wenn typisch, dann in der Hinsicht, daß man versucht, ein Symptom zu behandeln in der Hoffnung, daß dem Patienten geholfen ist, wenn man dieses Symptom beseitigt hat. Und das ist — da stimmen alle Verhaltenstherapeuten überein — nur dann zu erwarten, wenn das Symptom nicht gegenwärtig von vielen äußeren Faktoren unterhalten wird. Wenn eine Konfliktsituation in der Familie besteht, ist die Chance, dem Kind für immer zu helfen, gering. Wenn der Konflikt in der Familie schon überwunden, das Symptom aber noch vorhanden ist, vergrößert sich die Chance erheblich. Ein schlechtes Beispiel ist es deshalb, weil in der ganzen Lerntheorie die Bestrafung — und nachts aus dem Schlaf gerissen zu werden, würde als Bestrafung fungieren — eines der schwierigsten und am wenigsten geklärten Probleme überhaupt ist; so daß zur Zeit jeder Verhaltenstherapeut, wenn er sichergehen will, alles an Bestrafungsmechanismen zu vermeiden sucht und lieber mit anderen Mechanismen der positiven Konditionierung im Sinne Pawlows oder aber mit Belohnung arbeitet. Wobei Belohnung dann impliziert ist, wenn man weiß, was Belohnung für das Individuum bewirkt. Die Schwierigkeit bei der

Bestrafung ist immer, daß sie erstens sehr viele negative Folgen haben kann, zweitens nur kurzfristig wirken mag, und daß drittens jeder sehr schnell herausfindet, wann er mit Bestrafung zu rechnen hat. Aber schließlich, Bestrafen wirkt, wie ich immer sage, wie Rizinus beim Husten, und das ist wirkungsvoll, weil man sich nicht mehr traut ...

Str.: ... aber keine gute Therapie. Wenn ich mit meiner Provokation solche Statements erreiche, bin ich schon zufrieden.

Gö.: Nun sollte man doch die simple Frage stellen, ob eigentlich schon einmal ein Kind durch eine rein symptombezogene verhaltenstherapeutische Behandlung des Bettnässens geschädigt wurde; ist ein solcher Fall berichtet worden? Daß theoretisch die Möglichkeit besteht, bezweifle ich persönlich nicht. Aber abgesehen von den abstrakten Möglichkeiten ist es auch wichtig, sich zu fragen, ob das in der Realität sehr wahrscheinlich oder nicht die Aussicht größer ist, daß dem Kind geholfen wird, und nicht nur in bezug auf das Symptom. Diese Frage kann man erweitern. Aus der Erfahrung der Arbeit an unserem Institut möchte ich sagen, daß die Befürchtung Mitscherlichs, die Verhaltenstherapie vermindere die Freiheit des Menschen und gefährde ihn durch reine Symptombehandlung in seiner Entwicklung, wenig reale Erfahrungen entsprechen. Ich habe in all den Jahren, in denen wir diese Arbeit leisten, obwohl ich dieser Frage ganz besonders nachgegangen bin, noch nie eine als Wahrscheinlichkeit nachzuweisende Schädigung durch Verhaltenstherapie gesehen, und das halte ich für etwas sehr Wichtiges. Aber ich habe umgekehrt gesehen, daß in der Regel die Patienten durch Verhaltenstherapie nicht nur keine Minderung ihrer Freiheit erfahren, sondern daß ihre Freiheitsmöglichkeiten ganz eindeutig und regelmäßig zunehmen. Das mag ein sehr pragmatischer Gesichtspunkt sein, aber es ist eine simple, globale, wie ich zugebe, im Moment nicht beweisbare klinische Erfahrung.

Co.: Ich glaube, das spricht für Ihre Abteilung, Herr Görres, und für die moralischen Entscheidungen, die dort gefällt werden. Es läßt sich aber durchaus denken, daß die Techniken der Verhaltenstherapie auch in anderer Weise verwendet werden und daß dann — nicht bei Symptomen, die die Psychoanalyse als solche bezeichnen würde — negative Erscheinungen auftreten. Es ist zum Beispiel bekannt, daß in den USA manche Firmen ihre höheren Manager darin ausbilden, keine Angst zu haben, wenn sie aggressiv gegenüber anderen Menschen sind. Da treten also durchaus Probleme auf. Doch eben das gefällt mir an der Verhaltenstherapie: Das Ziel im Verhalten wird derart klar definiert, daß solche Mängel und moralisch verwerfliche Zustände sofort erkennbar werden, was bei der Psychoanalyse oft sehr viel schwieriger ist. Es ist also durchaus denkbar, daß auch die Verhaltenstherapie negative Ergebnisse hat. Über das Auftreten neuer Symptome nach der Behandlung wird tatsächlich erstaunlich wenig berichtet. Aber gesellschaftlich gesehen, kann Verhaltenstherapie zu unangenehmen Folgen führen, und das hängt davon ab, wie die Verhaltenstherapeuten ausgebildet werden.

Be.: Es erscheint mir sehr wichtig, daß gerade in der Verhaltenstherapie die manipulativen Möglichkeiten auf der Hand liegen und deshalb zur Reflexion zwingen, während das in der Psychoanalyse nicht der Fall ist. Ein Freund hat mir nach dreijähriger Psychoanalyse gesagt, am Ende habe er unterscheiden können zwischen dem »Ja«-Schweigen und dem »Nein«-Schweigen seines Analytikers. Es hat eine Reihe von Untersuchungen gegeben, die gezeigt haben, daß auch in der Psychoanalyse, ohne daß der Analytiker es selber wußte, das Verhalten — vor allem das Sprechen des Patienten, die Sprachinhalte — in ganz bestimmte Richtungen gesteuert werden. Dieser Prozeß ist in der Analyse sehr verborgen und darum, scheint mir, besonders gefährlich.

Fü.: Ich möchte den Unterschied, den Sie eben gebracht haben, nicht verwischen, daß in der Verhaltenstherapie die manipulativen Mechanismen sehr offen liegen und auf einer Vereinbarung mit dem Klienten beruhen. Trotzdem glaube ich, haben wir beide, Analytiker und Verhaltenstherapeuten, ein gemeinsames Problem, das schon einmal angeklungen ist: nämlich, daß die Wirkungen, die wir als Behandlungserfolge auch statistisch erfassen, sich keineswegs bloß auf das beziehen, was wir in unserer eigenen Theorie über unsere Behandlungen und Verfahren ausdrücklich exponieren und reflektieren, sondern daß darüber hinaus in alle psychotherapeutischen Verfahren Faktoren mit eingehen, Erwartungsvorstellungen und Definitionen der Situation, des Arrangements mit eingehen, die an der Wirkung sehr weitgehend beteiligt sind. Das Phänomen ist vorhin schon von Herrn Cohen zitiert worden, als er feststellte, daß die Behandlungserfolge allmählich abgesunken sind, weil das Engagement der Therapeuten sich reduziert hat. Das ist eine Erfahrung, die wir ja überall in der Psychotherapie machen; darin liegt, was das Theorieverständnis der verhaltenstherapeutischen Schulen betrifft, ein gewisses Problem. Wenn man nämlich so sehr, wie es die verhaltenstherapeutischen Schulen tun, auf eine klare wissenschaftliche Grundlage für das eigene Tun reflektiert, dann darf es eigentlich nicht bei dem bleiben, was Herr Cohen vorhin als eine Art Forderung brachte: dann darf man nämlich die sozialen Faktoren, die in die Interview-Situation, in die Aufstellung der Hierarchien, die Vorklärungen eingehen und die das Arrangement selber mitbestimmen, nicht nur so global im Ansatz bringen. Vielmehr muß festgestellt werden: Solange eine konkrete präzise Bestimmung dieser sozialen Faktoren, der Erwartungshaltungen zum Beispiel der Beteiligten, nicht lückenlos vorliegt, ist der Anspruch der verhaltenstherapeutischen Schulen, daß sie über eine vollständige Theorie ihres Handelns verfügen und sich darin von der Psychoanalyse unterscheiden, eine reine Deklaration. Und es ist sehr fraglich, ob man nicht sagen kann, daß die Verhaltenstherapie in sehr vieler Hinsicht sozusagen von der Psychoanalyse schmarotzt; d. h. das, was die Psychoanalyse an Erfahrungen und an theoretischen Einsichten über solche umgreifenden Zusammenhänge gewonnen hat, für sich stillschweigend benutzt, über einen engeren Bereich von Faktoren sehr präzise Theorien hat und das Ganze dann als einen wissenschaftlichen Fortschritt gegen die Psychoanalyse ausspielt.

Be.: Es geht eine ungeheure Zahl von Faktoren ein in die Behandlung, von denen wir heute noch keine Ahnung haben ...

Fü.: Doch, wir haben schon eine Ahnung. In anderen Bereichen der Psychologie und der Sozialwissenschaften gibt es nämlich Entsprechendes, wenn ich Sie nur erinnern darf an die Untersuchung von Rosenthal über »Artifact in behavioral research«.[18]

Be.: Gerade in der Verhaltenstherapie wurden Untersuchungen mit Placebogruppen beispielsweise gemacht, und es gibt jetzt seit zwei, drei Jahren eine Reihe von Untersuchungen, die gezielt darauf angelegt sind, einzelne Faktoren herauszuanalysieren. Da ist es übertrieben, von einem »Schmarotzen« zu reden. Die Psychoanalyse kann uns Hypothesen geben, aber nicht mehr als Hypothesen, und wir müssen diese dann experimentell genau untersuchen. Die Psychoanalyse hat das bisher versäumt.

Gö.: Sagen wir: Die Verhaltenstherapie lebt in einem gewissen Umfang von der Psychoanalyse.

Co.: Natürlich leben wir von der Psychoanalyse, und wovon lebt die Psychoanalyse? Von dem, was zuvor Jahrhunderte

---

[18] Robert ROSENTHAL und R. L. ROSNOW (Hrsg.) = vgl. Literaturverzeichnis am Schluß des Beitrags von Peter FÜRSTENAU — Der Hrsg.

ohne den Begriff der Psychoanalyse an Erfahrungen aufgebaut haben.

Fü.: Zum Teil, Herr Cohen.

Str.: Aber mehr in der Belletristik als in der Wissenschaft.

CHB: Es ist doch merkwürdig, daß beide Disziplinen einander immer wieder dasselbe vorwerfen, fast mit denselben Vokabeln. Es wird gesagt, die Verhaltenstherapie betreibe »Gehirnwäsche« . . .

Fü.: Das hat Jerome D. Frank[19] schon vor über zehn Jahren für alle psychotherapeutischen Verfahren in Anspruch genommen als ein ihnen gemeinsames, in allen Verfahren ähnliches Phänomen, um daran bestimmte Aspekte der psychotherapeutischen Beziehung zu erläutern.

CHB: Es wird weiter gesagt, in der Psychoanalyse bestünde eine »an sich gewalttätige« Beziehung — das ist ein Ausdruck aus einem Kommentar von Sartre — zwischen dem Analytiker und seinem Patienten. Der Kommentar bezieht sich auf den Fall, da ein Patient den Analytiker mit etwas repressiven Methoden in die Situation des Analysierten versetzt hat.[20] Das ist ein merkwürdig miteinander verwandtes Vokabular.

---

19 J. D. FRANK: The dynamics of the psychotherapeutic relationship. In: Psychiatry 22 (1959), S. 17—39.
20 Der »Fall« ist beschrieben in Jean-Paul SARTRES Zeitschrift »Les Temps Modernes« (Aprilheft 1969) und findet sich in deutscher Sprache im »Neuen FORUM«, XVI. Jahr, Heft 192, Wien, Dezember 1969. Der Patient A. hatte sich in einer offensichtlich nicht sehr erfolgreichen Dauer-Psychoanalyse bei Dr. X. befunden. Er übergab SARTRE das Tonband eines, wie A. es nannte, »Psychoanalytischen Dialogs« und schrieb dazu (zitiert wird aus der deutschen Fassung im »Neuen FORUM«) »Ich bin 33 Jahre alt, habe meine Analyse bei Dr. X. mit 14 Jahren begonnen. Es gab mehrere Unterbrechungen, aber erst mit 28 Jahren habe ich mit entschlossen, mit der Behandlung endgültig aufzuhören, gegen den Willen von Dr. X. Drei Jahre später habe ich Dr. X. die Begegnung vorgeschlagen, die hier aufgezeichnet wurde.« Aufgezeichnet ist jedoch weniger ein Dialog als ein zweifellos sehr aggressives Verhalten von A. gegen Dr. X., der sich entschieden gegen das Mitlaufen des Tonbandes verwahrt, vor allem aber wohl gegen die Rolle des Patienten, die A. ihm zugedacht hat. Das »Gespräch« endet mit Hilferufen von Dr. X. und dem Eintreffen der Polizei, die A. festnimmt; aus der psychiatrischen Klinik konnte er dann entkommen. Sartre schreibt dazu unter anderem (wobei der Vorbehalt angebracht ist, daß er nicht als »Fachmann« und nicht ohne gesellschaftskritisch-politischen Hintersinn argumentiert): »Solange die Analyse dauert, dauert auch die wöchentliche oder zweimal wöchentliche *Abdankung des Analysierten zugunsten des Analytikers.* In dieser Situation ist die Gewalt latent vorhanden, damit auch die Unterwerfung des Patienten: Subjekt zu sein ist anstrengend, und auf der Couch lädt alles dazu ein, die beklemmende Verantwortung, einer allein zu sein, zu ersetzen durch die anonyme Summe der Triebe. Die Umkehrung der Behandlung durch den Patienten A. zeigt, daß die analytische Beziehung *an sich* gewalttätig ist, unabhängig vom Arzt und vom Patienten, den wir gerade ins Auge fassen. Wenn Gewalt die Situation umkehrt, wird der Analytiker auf der Stelle zum Analysierten oder vielmehr zu einem der Analyse Bedürftigen: Die Gewalt des anderen und seine eigene Ohnmacht versetzen ihn künstlich in

Gö.: Dahinter steht aber eine ganz unsinnige Vorstellung von menschlicher Freiheitsmöglichkeit. Als wenn es so wäre, daß der Mensch alles, was von außen, von anderen, von der Gesellschaft, vom Mitmenschen, von den Eltern, vom Arzt, vom Lehrer oder von wem immer auf ihn eindringt, sozusagen erst durch einen sterilen Filter sickern lassen könnte, mit dessen Hilfe er sich in vollendeter Rationalität und Freiheit heraussucht, was er davon annehmen kann und was nicht. Wenn dieses Bild zuträfe, könnten wir nicht als Säuglinge auf die Welt kommen. Wir sind nun einmal unausweichlich einer solchen ›Manipulation‹ von Kindesbeinen und Mutterbrust an ausgesetzt und bleiben es bis in unser spätes Alter. Wenn man einem Menschen helfen will, muß man auf ihn einwirken. Wenn man auf ihn einwirkt, kann man ihm nicht gleichzeitig die Möglichkeit eröffnen, diese Einwirkung in einer vollständigen Reflexion zu verstehen, zu durchschauen, zu kontrollieren und zu hintergehen. Da muß man sich entscheiden: Entweder, man läßt Ärzte zu, man läßt Lehrer zu, man läßt Eltern zu, oder man sprengt gleich das ganze Sozialgeflecht in die Luft. Es gibt natürlich eine Möglichkeit, diese Übermächtigung durch den anderen zu mildern, zu mäßigen, auch zu kontrollieren, aber das ist zum erheblichen Teil in die Verantwortung des Einwirkenden gestellt: der Eltern, des Arztes, des Psychotherapeuten, des Verhaltenstherapeuten, derart, daß er versucht, mit Respekt den Raum des anderen zu wahren, nicht von ihm Besitz zu ergreifen und ihn nicht in

die Situation der Neurose. ... Man wende nicht ein, daß hier ein ›Kranker‹ eine Szene herbeiführt: Ich gebe ja zu, daß er sie als *Kranker* herbeiführt; was nichts an der Tatsache ändert, *daß* er sie herbeiführt. Analytiker können die Motive anführen, warum jemand zur Tat schreitet. Aber die Tat selbst, die die vergänglichen Motive überwindet, bewahrt, verinnerlicht, die Tat, die dem, was uns geschieht, Sinn gibt — die haben die Analytiker damit nicht erklärt. Sie müßten hier eben den Begriff des Subjekts wieder einführen. In England oder in Italien würde A. ... echte Gesprächspartner finden: Eine neue Generation von Psychiatern versucht, zwischen sich und den Personen, die sie behandeln, eine wechselseitige Beziehung herzustellen. Ohne von den gewaltigen Errungenschaften der Psychoanalyse etwas aufzugeben, respektieren sie in jedem Kranken zunächst die Freiheit des Handelns, den Handelnden, das Subjekt.« SARTREs Anspielung bezieht sich auf die englische Schule der »Antipsychiatrie« (David COOPER, Ronald D. LAING) sowie auf die in der »Gemeinschaftspsychiatrie« (Franco BASAGLIA in Italien, Roger GENTIS und Guy CARO in Frankreich), in der die hierarchische Klinikstruktur — Ärzte, Pfleger, Patienten — abgeschafft ist. Gemeinsam ist den Genannten das Verständnis der Psychiatrie im Sinne radikaler politischer und sozialer Kritik.
SARTRE hat die Tonbandaufzeichnungen in seiner Zeitschrift nicht ohne Widerspruch aus dem Redaktionskomitee veröffentlichen können. Zwei langjährige Mitglieder — der Schriftsteller und Kritiker Bernard PINGAUD sowie der Soziologe und Philosoph J. B. PONTALIS — hatten sich gegen die Veröffentlichung gewandt, weil sie diese (nicht zu Unrecht) als Eingriff in eine noch weitergeführte Behandlung ansahen. Außerdem hielten sie SARTRE vor, daß er ungeachtet seiner grundsätzlichen Bejahung der FREUDschen Lehre, all die von ihr erarbeiteten Methoden verwerfe, ohne eine andere Therapie vorzuschlagen. PINGAUD und PONTALIS sind später aus dem Redaktionskomitee ausgetreten; begründet wurde dieser Rücktritt mit einem von SARTRE veröffentlichten kulturpolitischen Aufsatz. (Vgl. auch den Beitrag von Heiner KEUPP und Jarg B. BERGOLD, Abschnitt I.) — Der Hrsg.

einem üblen Sinn zu manipulieren. Wenn er ihn überhaupt nicht manipulieren will, dann muß er die Finger von ihm lassen.

CHB: Von daher ergibt sich eine andere Frage: Besteht keine Möglichkeit, den Menschen zu einer Freiheit zu führen?

Fü.: Das wäre dann ein neues, nämlich ein Prozeß-Problem. Aber die Frage ist ja zunächst, ob man die Rolle eines Einflußnehmenden — und das ist ja die eines Psychotherapeuten — von vornherein so bestimmen kann, daß derjenige, auf den der Einfluß ausgeübt wird, diesen Prozeß jederzeit voll rational übersieht. Ich glaube, wenn überhaupt von einem Unterschied zwischen jemandem, der eine bestimmte Hilfe braucht und jemandem, der eine Hilfe gibt aufgrund einer mehr oder minder guten beruflichen Ausbildung, sinnvoll gesprochen werden soll, dann muß man zumindest die Ausgangslage dieses Prozesses psychotherapeutischer Beeinflussung, eben diesen Unterschied akzeptieren. Etwas anderes ist es, ob — wie in dem Beispiel von Sartre — auch noch das Ende dieser Beziehung unter einem so dramatischen Autoritätsaspekt stehen muß, wie es in jenem Fall geschehen ist; das ist sicher ein Beispiel für eine unglücklich verlaufene psychotherapeutische Beziehung.

Str.: Ich glaube auch, daß das Sartre-Beispiel nicht sehr günstig ist, denn es gibt gute und schlechte Chirurgen, es gibt gute und schlechte Psychoanalytiker, und es wird vermutlich gute und schlechte Verhaltenstherapeuten geben; wenn diese Schilderung also stimmt, dann war das vermutlich ein schlechter Psychoanalytiker. Ich würde aber gern eine andere Frage wiederaufgreifen: Gewiß ist die latente Manipulation bei der Psychoanalyse ein Problem. Wenn die Verhaltenstherapeuten sagen, daß sie in einer Übereinkunft mit dem Patienten in einer gewissen Freiheit das Ziel der Verhaltensmodifikation festlegen, dann stimmt das natürlich nur, wenn der Patient relativ gesund ist. Wenn er aber bereits ein schwer gestörter Neurotiker ist, dann ist die Freiheit aufgehoben oder weitgehend eingeschränkt, und die Übereinkunft über das Ziel der Verhaltensmodifikation ist dann in einem hohen Grade problematisch. Es ist eine große Schwäche der Verhaltenstherapie, wenn sie so tut, als ob hier die offene Manipulation kontrolliert würde. So frei ist der Patient nicht.

Be.: Sie haben vollkommen recht, nur würde ich jetzt mit Herrn Fürstenau antworten: Das ist ein Prozeß. Es ist nämlich eine sukzessive Entscheidung, die hier stattfindet. Man definiert zusammen mit dem Patienten zu Beginn der Therapie — ich spreche da auch aus meiner eigenen Praxis — ein ganz konkretes Ziel, beispielsweise die Behebung der Störung, unter welcher der Patient im Augenblick am stärksten leidet. Hat man dieses Ziel erreicht, hat der Patient ein Stück von dem Freiheitsspielraum gewonnen und neue Möglichkeiten gesehen, dann kommt er von selbst und erklärt, daß er damit aber nicht zufrieden sei, und jetzt definiert man den nächsten Abschnitt. Nach meiner Erfahrung sind erfolgreiche Therapien nicht so kurz, wie es noch von Wolpe und den Verhaltenstherapeuten der ersten Zeit angegeben wurde; meine Kollegen und ich brauchen im Durchschnitt zwischen vierzig und sechzig, in Einzelfällen bis zu siebzig, achtzig Sitzungen, eben wegen dieser sequenziellen Strategie der Zielfindung. Das ist eine Notwendigkeit, aber in diesem Rahmen läßt sich Freiheit, glaube ich, verwirklichen.

Co.: Mit den Patienten, von denen ich hier gesprochen habe, kann man jeweils Ziele klar vereinbaren. Schwierig ist es natürlich bei gewissen Psychotikern, aber die haben Sie doch eigentlich nicht gemeint, Herr Strotzka. Daß es in Fällen schwerer Neurotiker, auch schwerster Zwangszustände, eine große Schwierigkeit bereitet hätte zu definieren, welchen Zustand die Patienten zunächst einmal erreichen wollen, habe ich noch nie gehört. Bei den Patienten, mit denen ich im Moment umgehe, autistisch Schizophrenen, ist es allerdings unmöglich, und da sind wir nun wirklich in ganz großen Schwierigkeiten. Denn da erscheinen wir — entgegen dem, was sonst typisch ist für Verhaltenstherapie — nun wirklich als die Mächtigen, weil wir in den Kitteln die Weißen sind wie in den Kolonien und bestimmen, was zu geschehen hat.

Gö.: Es gibt Unmündige in dieser Welt!

Co.: Die Situation ist neu, aber sie ist weder typisch für die Psychoanalyse noch für Verhaltenstherapie. Denn beide beschäftigen sich im wesentlichen nicht mit den schwerst autistischen Psychotikern.

Fü.: Ein Punkt ist noch nicht ausdiskutiert: Herr Strotzka brachte das Argument, daß es Patienten gibt, die sozusagen den Kopf nicht frei genug haben, um einen solchen Behandlungsvertrag abzuschließen. Und ich glaube, man kann noch etwas mehr präzisieren, daß das keineswegs nur psychotische Patienten sein müssen, sondern durchaus auch schwere Charakterneurosen, Psychopathien, Süchte, triebhafte Charaktere sein können, Patienten also, bei denen es offen ist, ob das deklarierte bewußte Motiv, das sie in die Behandlung treibt, wirklich hinreichend ihre Motivation stützt, die Behandlung auch durchzuführen.

Co.: Ihre Bemerkung ist richtig. Aber bezüglich des Vertrages: Haben Sie jemals einen Patienten in Psychoanalyse genommen, der von Beginn an in der Lage war, den psychoanalytischen Vertrag einzuhalten?

Fü.: Der Vertrag ist anders, Herr Cohen ...

Co.: Den Vertrag einzuhalten, zu sagen, was ihm durch den Kopf geht, ohne dabei Rücksicht zu nehmen ...

Fü.: Das ist nicht der Vertrag von heute, das ist der Vertrag von 1910 oder vielleicht 1920.

Co.: Der aber in vielen Lehrbüchern bis heute tradiert wird, und nicht nur in Lehrbüchern, sondern in vielen Städten.

Fü.: Trotzdem entspricht er nicht dem Stand, den die Theorie der psychoanalytischen Behandlung heute hat.

Co.: Aber dem, was normalerweise als Psychoanalyse tradiert wird.

Fü.: Vielleicht sollte ich Ihnen einen Schritt entgegenkommen, denn ein Aspekt ist doch wohl etwas zu kurz gekommen bis jetzt: Ich glaube, daß andere Behandlungsverfahren — nicht nur die Verhaltenstherapie, auch die moderne Entwicklung etwa der Suggestivtherapien — durchaus eine Bedeutung haben für die Psychoanalyse. Allerdings nicht in dem Sinne, daß nun solche Behandlungsverfahren unmittelbar in die psychoanalytische Konzeption aufgenommen werden sollten; obgleich in den Trendberichten der letzten Jahre zunehmend auch erwähnt wird, daß Kombinationen von Behandlungen, sei es mit Verhaltenstherapie, seien es andere neue Mischverfahren der verschiedensten Art, eine Rolle spielen. Die anregende und stimulierende Bedeutung neuer psychotherapeutischer Schulen, auch der Verhaltenstherapie, für die Psychoanalyse liegt jedoch meines Erachtens auf einem etwas anderen Gebiet; nämlich darin, daß man innerhalb der eigenen psychotherapeutischen Konzeption aufgerufen wird, präziser den Stand des Wissens und der Erfahrung zu artikulieren. Und wenn überhaupt die Psychotherapie-Forschung der letzten zehn, fünfzehn Jahre uns etwas eingebracht hat, so ist es eben dieses Bestreben, nicht zu harmonisieren, sondern innerhalb jener wie auch immer betriebenen klinischen Praxis zu einer stärkeren Präzisierung unter Praxisbezug zu gelangen und von den allgemein deklarierten Theorien und Ideologien und Begriffssystemen wegzukommen.

Co.: Voll akzeptiert.

Str.: Das habe auch ich gemeint mit der Verwissenschaftlichung.

CHB: Nach allem, was Sie gesagt haben, Herr Fürstenau, frage ich mich, ob nicht die Verhaltenstherapie in einem besonders günstigen Moment aufgekommen ist, nämlich als die Psychoanalyse in eine gewisse Krise kam, sowohl ihres Selbstverständnisses als auch durch Angriffe von außen. Vor etwa zehn Jahren hielt Herbert Marcuse in New York einen sehr interessanten Vortrag über »Das Veralten der Psychoanalyse«, auf den Alexander Mitscherlich in seinem »Lagebericht« über die Psychoanalyse in Deutschland zurückkommt. In dem Vortrag heißt es, daß die Freudsche Theorie schon zur Zeit ihrer Reife mehr die Vergangenheit als die Gegenwart erfaßt habe, und heute sei es nun vollends so, daß die Situation, in der das Ich und das Über-Ich, sagt Marcuse, »sich im Kampf mit dem Vater als dem paradigmatischen Vertreter des Realitätsprinzips herausbildeten, eine historische ist: sie hörte auf zu bestehen mit den Veränderungen der Industriegesellschaft, die in der Periode zwischen den beiden Kriegen Gestalt annahmen.«[21] Ich frage mich also, ob die Verhaltenstherapie nicht

---

21 Der Vortrag von MARCUSE ist wiedergegeben in »Kultur und Gesellschaft 2«, Frankfurt a. M. 1965 (edition suhrkamp 135). MARCUSE geht davon aus, daß in der FREUDSCHEN Theorie »das Individuum die kompromißlosen Ansprüche des Lustprinzips preis(gibt) **und sich dem Diktat des Realitätsprinzips** unterwirft . . ., es lernt, sich in einer Gesellschaft (FREUD sagt ›Kultur‹) durchzuschlagen, die *zunehmend* außerstande ist, es glücklich zu machen, das heißt, seine Triebe zu befriedigen.« Er setzt die Änderung der Gesellschaftsstruktur mit jener der psychischen Struktur ineins; letztere sei nunmehr eindimensional statt vieldimensional, so daß der Raum nicht mehr bestehe, »in dem die von Freud beschriebenen psychischen Prozesse sich entwickeln können; folglich ist der Gegenstand psychoanalytischer Therapie nicht mehr derselbe, und die gesellschaftliche Funktion der Psychoanalyse ändert sich infolge der Änderungen in der psychischen Struktur – die ihrerseits von der Gesellschaft produziert und reproduziert wird«. Die neue Realität ist nach MARCUSE »die vaterlose Gesellschaft«; die Mächte, die jetzt das Realitätsprinzip durchsetzen, seien vom Vater (und der Mutter) höchst verschieden. »Das Kind lernt, daß *nicht* der Vater, sondern die Spielgefährten, die Nachbarn, der Anführer der Bande, der Sport, die Leinwand die Autoritäten für angemessenes geistiges und körperliches Verhalten sind.« Die FREUDsche Theorie sei jedoch »von Anbeginn auf das Universelle im Besonderen, auf das allgemeine Unglück im Individuellen gestoßen . . ., die Ich-Analyse geht in *politische* Analyse über«. Auch diese FREUDsche Ich-Analyse erklärt MARCUSE als veraltet. FREUDs Konzeption verlange »einen Führer als vereinigende Kraft sowie Übertragung des Ichideals auf den Führer als Vaterimago«. Aber weder auf die faschistischen noch auf die nachfaschistischen und nachstalinistischen obersten Führer träfe diese Konzeption zu. Die Psychoanalyse könne (zur Regression auf den plebiszitären Trend der Mobilisierung von Massen, zur Massenmeinung und

einfach in einem Krisenmoment der Psychoanalyse aufgetreten ist, Herr Strotzka.

Str.: Ich würde dazu sagen, daß die Geschichte der Psychoanalyse eine permanente Serie von Krisen ist, und zwar von Ablösungskrisen und von Innovationskrisen, und daß die Situation heute eigentlich konsolidierter ist, als sie es in den letzten Jahrzehnten war. Und wenn ich persönlich meinen Eindruck wiedergeben darf, so ist das jetzige Problem der Psychoanalyse die soziale Verantwortung des Analytikers. Das heißt, daß man Wege finden muß, psychoanalytische Behandlungsprinzipien auf einer breiteren Basis anzuwenden als bisher. Aber auch das hat Freud schon vorausgesehen vor vielen Jahrzehnten, und ich glaube also nicht, daß die Verhaltenstherapie in einem besonderen Krisenpunkt eingetreten ist, sondern es handelt sich vielmehr um eine Theorie-Entwicklung, die noch weitergehen wird und weitergehen muß, weil auch die überwiegende Mehrzahl der Psychoanalytiker den Stand der theoretischen Entwicklung als nicht befriedigend empfindet.

Be.: Etwas fällt mir dabei auf. Von einer Wissenschaft würde man erwarten, daß sie sich — in gewissen Graden wenigstens — kontinuierlich-logisch aus sich selber weiterentwickelt. Wenn Sie davon sprechen, daß die Geschichte der Psychoanalyse eigentlich eine Geschichte der Krisen sei . . .

Co.: Fast wie in der Physik.

Massengesellschaft) »keine poltischen Alternativen bieten, aber dazu beitragen, private Autonomie und Rationalität wiederherzustellen«. »So zieht die Psychoanalyse ihre Stärke aus ihrem Veralten.« — Es scheint, als sei der Gedanke der Autonomie im privaten Bereich, der Freiheit, sich der Massenmeinung zu widersetzen, in neuere Ansätze der Verhaltenstherapie eingegangen: siehe hierzu die Ausführungen von KEUP und BERGOLD zur emanzipatorischen Relevanz therapeutischen Handelns, die anschließen an das Relevanzkriterium von HOLZKAMP (S.132 ff). — MITSCHERLICH reagiert auf MARCUSES These eher ausweichend: »Die intrapsychischen Veränderungen, auf die hier angespielt wird, sind an der Veränderung der objektiven Daten unserer Umwelt und an unserem Verhalten ablesbar, aber in welchem Sinnzusammenhang, mit welchem Gefühl tieferer Identitätsfindung oder tieferer Selbstentfremdung sie verknüpft sind, das ist keineswegs klar . . .« (»Lagebericht. Psychoanalyse heute in Deutschland« in: »Versuch, die Welt besser zu bestehen«. Frankfurt/M. 1970). MITSCHERLICHs Reaktion ist eingefügt in seine »Fünf Plädoyers in Sachen Psychoanalyse«, die sich mit den seiner Meinung nach nur verschobenen, nicht aufgehobenen »Vorurteilen« gegen die Psychoanalyse befassen: dadurch ist die Stellungnahme tendenziös geprägt. Einen entscheidenden Angriff richtet der Sozialpsychologe Erich FROMM gegen MARCUSEs »philosophischen Beitrag zu Sigmund Freud«, die Untersuchung von »Triebstruktur und Gesellschaft« (Zeugnis eines fortdauernden Dialogs: auf ältere Arbeiten von Erich FROMM und Max HORKHEIMER hatte sich MARCUSE in seinem Vortrag bezogen, und zwar im Zusammenhang mit den Veränderungen der Industriegesellschaft). FROMM wirft dem Freudianer MARCUSE eine Verfälschung der FREUDschen Theorie vor. In MARCUSEs Reklamation der Psychoanalyse für eine revolutionär zu gewinnende Zukunft sieht FROMM einen Rückfall ins unfreudianisch Primitive, eine Fixierung des Individuums auf Stadien früh-

Be.: Nein, Herr Cohen, das stimmt nicht: Selbst die Newtonsche Physik können Sie durchaus einbauen in die Relativitätstheorie.

Co.: Der spätere Stand baut den früheren mit ein, aber jede Wissenschaft hat Zeiten entsetzlicher Langeweile, Zeiten schwerer Krisen und großer Unsicherheit.

Be.: Würden Sie, Herr Strotzka, auch in bezug auf die Psychoanalyse sagen, daß der spätere Stand den früheren mit einbezieht?

Str.: Im großen und ganzen ja. Die Psychoanalyse hat begonnen als eine Psychologie des Unbewußten, des Es, ist dann erweitert worden durch eine Psychologie des Ich und wird jetzt erweitert durch die soziale Dimension. Und die persönlichen Ablösungsprozesse, die sich immer wieder vollzogen haben, hängen mit etwas sozialpsychologisch sehr Interessantem zusammen: nämlich mit der richtigen Erkenntnis von Freud, daß eine relative Schuldisziplin nur erreicht werden kann durch sehr strenge Ausbildungskriterien und durch eine sehr eindringliche Verpflichtung des einzelnen Mitgliedes der Gruppe auf die Theorie und auf die Technik. In einem Wissenschaftsbereich, der so schwer definierbar ist wie die Psychologie, zerflattert sonst alles, und die Gefahr von Scharlatanerie wird sehr groß. Und dagegen ergeben sich natürlich fortwährend Widerstände von Einzelpersönlichkeiten.[22] Aber es ist sehr wesentlich für die Psychoanalyse, daß Freud eben versucht hat, eine sehr starke Innengruppen-Kohäsion zu erzielen.

Be.: Erstens eine Korrektur: Ich glaube, Sie sollten nicht Psychologie sagen, sondern Psychoanalyse, denn ich würde beides ungern gleichsetzen. Zweitens: Eine Wissenschaft sollte doch durch ihre Methodik gekennzeichnet sein; und inwieweit es dann notwendig ist, die einzelnen Mitarbeiter in jenem Bereich quasi zu »vergattern« auf eine bestimmte Theorie, das leuchtet mir nicht ein.

---

kindlicher Sexualität. Der zum Schlagwort gewordene MARCUSE-Begriff der »Großen Weigerung« gehört nach FROMM zu der Soziautopie eines Kinderparadieses, »in dem alle Arbeit Spiel ist und wo es keine ernsthaften Konflikte oder Tragödien gibt« (»Die Krise der Psychoanalyse« in »Analytische Sozialpsychologie und Gesellschaftslehre«, Frankfurt/M. 1970 [edition suhrkamp 425]). Durchaus unvoreingenommen muß man sich fragen, ob hier nicht einfach eine Soziautopie gegen eine andere steht: nämlich FROMMs »Revolution der Konsumenten«, »die Errichtung einer humanistischen Industriegesellschaft ..., in der Liebe und Integrität möglich sind«, sein Bauen auf den »homo esperans« (»Revolution der Hoffnung. Für eine humanisierte Technik«, 1968 in den USA erschienen, deutsch: Stuttgart 1971) gegen MARCUSEs Denkmodell. Soweit die Psychoanalyse betroffen ist, spricht der andauernde Dialog zumindest gegen ihr Verhalten. — Der Hrsg.
22 Siehe hierzu auch den Beitrag von Peter FÜRSTENAU, S. 40 f.

Co.: Sagen wir: auf eine Methodik; und ich glaube, da sollten sich die beiden Gruppen, die hier vertreten sind, gegenseitig nichts vorwerfen, denn ich verlange von allen, die ich als Verhaltenstherapeuten ernst nehme, daß sie sich zu einer gewissen Methodik verpflichten, so wie die Psychoanalytiker unter sich erwarten, daß sie eine gewisse Methodik befolgen.

Fü.: Ich habe den Eindruck, daß viele psychotherapeutische Schulen, die wir heute kennen, eigentlich solche Abspaltungen von der Psychoanalyse sind oder Konzeptionen, die Einzelaspekte aufgegriffen und als Sonderentwicklungen fortgeführt haben. Und ich glaube, diese Entwicklung läßt sich bis in den Bereich auch der Verhaltenstherapien hinein verfolgen. Da fällt mir zum Beispiel der Name A. Salter ein: Das ist meiner Meinung nach eine therapeutische Technik — man kann wohl darüber streiten, ob sie lerntheoretisch eine genügende Grundlage hat, aber sie trat in diesem Zusammenhang auf —, eine Technik also, die einen Aspekt der Psychoanalyse in einer bestimmten Weise weiterentwickelt hat.[23] Und so läßt sich, glaube ich, manche heute vorfindbare Methodik als solche Sonderform oder Präzisierung auffassen.

CHB: Ich weiß nicht, ob das allgemein hier akzeptiert wird ...

Co.: Es läßt sich begrifflich konstruieren. Historisch gesehen halte ich es für unsinnig. Während Sie sprachen, ist mir eingefallen, daß es durchaus möglich wäre, den ganzen Pawlow als einen Ableger von Melanie Klein[24] zu interpretieren, und das würden Sie auch für unsinnig halten. Aber es ließe sich konstruieren durch die Betonung des hic et nunc, das nur aus der Vergangenheit zu verstehen ist. Die Tatsache, daß man bestimmte Erkenntnisse und bestimmte Techniken auch in einem anderen System an einem bestimmten Platz wiederfinden kann, sagt nichts darüber aus, ob sie Abkömmling sind oder nicht. Diese Frage der Priorität ist für all das, was uns hier interessiert, verhältnismäßig irrelevant. Hier geht es um die Frage der theoretischen Vereinbarkeit, und da sehen wir, daß es einerseits eine Reihe von Übersetzungsregeln gibt, wie man analytische Begriffe in lerntheoretische überträgt und umgekehrt. Andererseits gibt es eine Reihe von Versuchen, das psychoanalytische Geschehen in der Therapie lerntheoretisch zu erklären. Aber es gibt genauso viele Versuche — die mir genauso überzeugend erscheinen —, das, was in der Ver-

---

[23] Gemeint ist das assertive training (Selbstbehauptungstraining) bei A. SALTER, einem New Yorker Psychotherapeuten. — (conditioned reflex therapy. New York 1949.)
[24] Kindertherapeutin in der FREUD-Nachfolge (Die Psychoanalyse des Kindes. Wien 1934).

haltenstherapie geschieht, psychoanalytisch zu erklären. Ein echtes Problem bleibt für mich, ob es für den Therapeuten diese Entscheidung in der Praxis, in der konkreten Situation auch wirklich gibt. Wenn man ernst nimmt, was Freud meinte, und ebenso ernst nimmt, was die Verhaltenstherapeuten heute sagen, ist die Beantwortung der Frage nicht so leicht. Gewiß, es gibt heute viele Psychoanalytiker, die sich von Fall zu Fall für eine große Analyse oder für eine Fokaltherapie entscheiden — und letztere ist ähnlich der Verhaltenstherapie, behaupte ich hiermit —, aber zur Diskussion steht ja die Entscheidung, ob ich einem Menschen alles gebe, was ich ihm in meiner optimistisch-therapeutischen Haltung zutraue, damit er sich gut entwickelt, oder ob ich versuche, mit ihm vorzuentscheiden, was wir erreichen wollen — und das ginge gegen das, was Freud als einen Kernsatz der Moral eines Therapeuten bestimmt hat.

Gö.: Da ist noch etwas außer acht gelassen: Wir müssen doch von dem sehr einfachen Sachverhalt ausgehen, daß den Psychoanalytikern die Psychoanalyse lieb ist und den Verhaltenstherapeuten die Verhaltenstherapie. Und das hängt mit sehr persönlichen, sehr intimen Lebenserfahrungen zusammen. Sie finden in allen Psychoanalytiker-Biographien ein pathetisches Moment, nämlich jenes, daß die Betreffenden das Gefühl haben — vor allem, wenn sie aus der akademischen Psychologie kommen —: Hier endlich begegnen wir einer Psychologie, die den Menschen versteht, und zwar umfassend.

Co. und *Be.:* Nein.

Co.: Der Mann, der bei mir das Interesse für Psychoanalyse ganz beträchtlich geweckt hat, ist David Rapaport ...[25]

Gö.: Genau, der wäre mein Kronzeuge, denn dieses Buch, »Die Struktur der psychoanalytischen Theorie«, ist in der Tat der Versuch, die Psychoanalyse sozusagen zu der umgreifenden Wissenschaft vom Menschen zu machen, der sich alle anderen Wissenschaften einordnen müssen.

Co.: Bei Rapaport gibt es Fußnoten, aber doch kein Pathos.

Gö.: Das ist ein sehr nüchternes Pathos und ein gewaltiger Anspruch, und sei der Anspruch auch nur in Fußnoten formuliert.

---

25 RAPAPORT, Psychoanalytiker, hat die Verwissenschaftlichung der Psychoanalyse gefordert (siehe auch den Beitrag von Hans STROTZKA, S. 67).

Str.: Ich würde schon Herrn Görres zustimmen, daß bei David Rapaport ein pathetisches Moment nicht zu verkennen ist.

Be.: Aber ist denn das wirklich die Grundfrage? Wenn heute jemand zu mir kommt und sagt, wir haben diese und jene Nachweise, wir haben auf der Psychoanalyse diese Theorie aufgebaut und daraus jene Therapie entwickelt, und wenn mir derjenige nachweist, daß die Theorie stimmig ist und die Therapie funktioniert, dann bin ich im selben Moment bereit, alles, was ich bisher gelernt habe, über den Haufen zu werfen und wieder neu anzusetzen ...

Co.: Das ist jetzt ein Pathos, das ganz schlecht ist, und das wir Verhaltenstherapeuten nicht zeigen sollten. Was wir wirklich überlegen sollten, ist zum Beispiel ein Problem, an dem ich jetzt gerade in einem Seminar mit einem Studenten arbeite: Warum haben wir alle, Verhaltenstherapeuten und die meisten Psychoanalytiker, solche Angst vor der Depression? Die Depression ist vorzüglich behandelt von Freud, sehr viel besser als von irgendeinem Verhaltenstherapeuten. Es gibt heute für Angst, für Zwangserscheinungen, für soziale Schwierigkeiten, für Mangelerscheinungen vorzügliche Techniken, mit denen wir versuchen, den Leuten verhaltenstherapeutisch zu helfen. Bei der Depression haben wir bislang eine Scheu, die vielleicht der Scheu entspricht, die langsam auch die Psychoanalytiker vor den biochemischen Theorien befällt.

Fü.: Die Psychoanalytiker haben diese Scheu aber nicht so sehr; sie haben vielleicht eine Scheu, an sehr schwere Depressionen mit psychologischen Mitteln heranzugehen.

Co.: Was ich sagen will, ist folgendes: Wir können mit den Methoden, die jetzt in der Wissenschaft etabliert sind — die Psychoanalyse also einbezogen — manche Dinge leichter verstehen oder schwerer verstehen. In dem Maß, in dem man etwas versteht, wagt man sich daran, und dann vergeht das Pathos. Das, was Herr Strotzka anfangs sagte, die Wendung des »Zurück-vor-Freud« in der Verhaltenstherapie, sehe ich positiv als einen Verzicht auf Pathos, das Freud oft noch nötig hatte. Es gibt ein paar Dinge — wie etwa schwere depressive Zustände —, die wir nicht verstehen mit Hilfe der üblichen Modelle. Da brauchen wir noch Pathos und da halten wir uns dran.

Str.: Ich glaube, das wirkliche Problem zwischen Analytikern und Verhaltenstherapeuten besteht darin, daß der ethische

Anspruch an den Verhaltenstherapeuten viel größer ist als der an den Analytiker; und zwar wegen der Aktivität des Verhaltenstherapeuten, wegen der raschen Zielsetzung, mag sie auch modifiziert werden. Und wir Analytiker fürchten, daß das manchmal zu einer Überforderung führen könnte.

Co.: Da haben Sie recht. Aber mir ist es sympathisch, daß jeder Verhaltenstherapeut mit dieser moralischen Anforderung konfrontiert ist. Leider weiß ich auch, daß die Verhaltenstherapeuten mit diesem Anspruch nicht fertig werden. Dennoch ist es für den Therapeuten gesund, diesem Anspruch ausgesetzt zu sein.

Fü.: Ich frage mich, ob nicht wir als Psychoanalytiker häufig auch überfordert sind. Und ob wir nicht manchmal ein bißchen neidvoll auf die Verhaltenstherapeuten oder Suggestivtherapeuten oder pragmatisch-psychotherapeutisch Tätigen blicken, weil wir das Empfinden haben, sie hätten eine präzisere Bestimmung ihrer Aufgabe, es würden vielleicht bescheidenere Anforderungen an sie gestellt. Sie haben ein besser überschaubares Instrumentar, sie müssen nicht sich selbst als Instrument benutzen mit all den Problemen, die damit verbunden sind. In einem gewissen, sehr begrenzten Sinn müssen sie es allerdings auch — vielleicht sogar mehr, als sie in ihrer Theorie meinen. Der Laie wird solche Dinge leicht unterschätzen, und darin sehe ich durchaus ein Problem. Und ich sehe darin auch ein Ausbildungsproblem. Und ich sehe darin ferner ein Problem — um auf prognostische Fragen zu kommen — für die Entwicklung unseres Fachgebietes und unseres Berufes, denn es könnte sein, daß die große Verantwortung, die im Umgang mit einem so wenig vorstrukturierten Instrument wie eben dem psychoanalytischen Instrumentar gegeben ist, von manchen Jüngeren nicht mehr als eine ihnen zumutbare Aufgabe gesehen wird; daß sie es vorziehen, sich in präzisiertere, begrenztere Arbeitssituationen zu begeben. Das ist ein Aspekt, der mich etwas mit Sorge erfüllt und von dem her mir eine gewisse Wachsamkeit angebracht zu sein scheint, was die Rekrutierung der jeweiligen psychotherapeutischen Schulen betrifft.

CHB: Es ist gut, daß wir auf dieses prognostische Moment gekommen sind, denn was offen blieb in dieser Diskussion, was vielleicht offenbleiben mußte, ist die Frage, welche Therapie nun eigentlich die richtigere ist. Was bleibt an Zukunftsaspekten in beiden Disziplinen?

Be.: Nur Forschung, sonst nichts.

Str.: Situationsklärung ...

Fü.: Etwas mehr vielleicht doch, und so sehr offen ist die Frage nach dem Gesprächsverlauf auch nicht. Wenn ich mich recht erinnere, ist schon angedeutet worden, daß es sozusagen eine internationale Erfolgsziffer hinsichtlich der verschiedenen psychotherapeutischen Schulen gibt.[26] Sie läuft etwa darauf hinaus, daß in der Regel etwa 60—80 % der Behandlungen in den einzelnen Schulen erfolgreich abgeschlossen werden, wenn man die verschiedenen Katamnesen — die allerdings methodischen Anforderungen nur sehr wenig genügen — miteinander vergleicht. Und ich glaube, es gehört mit zur Situation unseres Faches, daß wir eben bisher zwischen den Schulen nicht entscheiden können, welche Therapieform in einem globalen Sinn die bessere ist; daß es im Augenblick kaum Chancen gibt, zu unterscheiden zwischen guten und weniger guten, angemessenen und weniger angemessenen Therapien. Obgleich wir uns doch so sehr wünschen, daß es nicht nur eine klare Entscheidung in einer Art Olympiade psychotherapeutischer Techniken gäbe, sondern daß es uns gelänge, spezifische Indikationen für bestimmte Patientengruppen oder Störungen zu stellen und die Verfahren zu finden, die für solche spezifischen Gruppen am günstigsten sind. Daß das bis heute nicht möglich ist, zeigt vielleicht, daß in diesen ganzen Bereich sehr persönliche Faktoren mit eingehen; und ferner, daß wir die Phänomene, Möglichkeiten, Chancen und Gefährdungen dieses Faches nicht voll würdigen, wenn wir diese persönlichen Faktoren außer acht lassen und uns statt dessen an theoretischen Momenten orientieren, die sicher eine große Bedeutung haben, aber kaum letztlich dafür entscheidend sind, ob ein Patient von einem Vertreter dieser oder jener psychotherapeutischen Schule erfolgreich behandelt wird.

CHB: Können Sie erklären, was Sie unter diesen »persönlichen Faktoren« verstehen?

Fü.: Wenn man die moderne Forschung psychotherapeutischer Prozesse überblickt, dann ist man sehr davon beeindruckt zu sehen, daß in allen psychotherapeutischen Schulen Psychotherapie letztlich doch definiert werden muß als eine persönliche Form der Ausübung von Einfluß auf andere mit dem Ziel der Veränderung durch Lernen in einem sozial-kulturellen Feld. Das ist, meine ich, eines der Ergebnisse, die die

---

26 Rudolf COHEN hatte davon gesprochen, daß ein Viertel der Patienten sowohl von Verhaltenstherapeuten als auch von Psychoanalytikern sehr lange Behandlungen brauchen und daß die Erfolgsaussichten bei diesem Teil ungewiß sind. — Der Hrsg.

moderne vergleichende Psychotherapie-Forschung, wie sie seit etwa fünfzehn Jahren betrieben wird, zutage gebracht hat. Und das ist bisher die — wenn auch sehr bescheidene und karge — Formel der Verständigung unter den verschiedenen Schulen.

CHB: Ich stelle fest, daß Sie jetzt doch wieder alle »auf dem gleichen Dampfer« sitzen, während Sie im Verlauf des Gesprächs weit getrennter voneinander waren.

Co.: Wir sitzen tatsächlich auf dem gleichen Dampfer, und das ist sehr positiv ...

Be.: Nur streiten wir uns manchmal über den Kurs des Dampfers.

Co.: Ich glaube wirklich, daß wir in den Punkten, die Herr Fürstenau angeführt hat, sämtlich übereinstimmen, und was wir zuvor — mitunter in deutlicher Auseinandersetzung — diskutiert haben, das gehört in die persönliche Verantwortlichkeit des Therapeuten mit hinein; dieses Problem geht einen Analytiker genauso an wie einen Verhaltenstherapeuten.

Gö.: Aber kommt nicht noch etwas anderes hinzu? Ich habe bei Studenten und jungen Psychologen immer gefunden, daß die Entscheidung für Verhaltenstherapie oder für Psychoanalyse keineswegs eine sogenannte rationale Entscheidung aufgrund von zwingenden Argumenten ist, sondern eine sehr komplizierte, die mit der gesamten Charakterstruktur, auch mit weltanschaulichen Überzeugungen des Betreffenden zusammenhängt, und ich meine, daß das auch gar nicht anders sein kann. Daß die Entscheidung zwischen Verhaltenstherapie, Psychoanalyse und anderen Therapieformen viele unentscheidbare Fragen enthält; Antworten auf im Grunde unentscheidbare Fragen, deren Unentscheidbarkeit durch einen Dezisionismus übersprungen wird, und daß das angesichts der Komplikation menschlicher Verhältnisse, beispielsweise von Neurosen, auch vorläufig gar nicht anders sein soll. Wir müssen uns also damit abfinden, verschiedene Wege offenzuhalten und jeden dieser Wege mit einem Höchstmaß an wissenschaftlicher Reflexion, sagen wir, kartographieren, um uns darüber klar zu werden, woher er kommt, wohin er führt, welches seine Randbedingungen sind und wie man ihn am besten beschreiten kann. Sehr viel weiter werden wir in der »zweigleisigen Harmonie« nicht kommen können, jedenfalls nicht für eine überschaubare Zeit der Entwicklung in der Psychologie.

CHB: Herr Strotzka, räumt das nun Ihre Argumente aus der Welt?

Str.: Ich würde sagen, nein. Ich glaube, daß Herr Görres recht hat; daß die Entscheidung eines jungen Psychologen oder Arztes, ob er in einer bestimmten psychotherapeutischen Schule tätig wird, nicht nach rationalen Gesichtspunkten erfolgt, daß diese Entscheidung sehr stark von den persönlichen Kontakten abhängt, die er hat, von seinen Erfahrungen mit einzelnen Therapeuten, und daß dann die Festlegung auf eine bestimmte Schule ein hohes Maß an Irrationalität einschließt. Andererseits erscheinen mir die theoretischen Differenzen innerhalb des Rahmens, den Herr Fürstenau definiert hat, doch noch so groß, daß man von einer echten Kooperation in absehbarer Zeit nicht sprechen kann, beziehungsweise sie nicht erhoffen kann. Aber die Definition dieses Rahmens deutet natürlich an, daß wir letztlich im gleichen Boot sitzen; es ist nur noch sehr groß.

Be.: Das sollte uns aber nicht daran hindern, miteinander zu reden, und vor allem nicht daran hindern, gemeinsame Daten zu finden. Ich glaube nämlich, die Crux der Diskussion ist, daß wir keine gemeinsamen Daten haben, also nicht etwas haben, auf das wir gemeinsam verweisen können. Wir sprechen von einem verhaltenstherapeutisch behandelten Patienten, von einem psychoanalytisch behandelten Patienten, aber wir wissen nicht, was nun in unseren beiden Systemen bei dem einzelnen passiert.

Fü.: Und gerade das geht nicht. Es kann gerade keine gemeinsamen Daten geben, und gerade diese Illusion, daß es gemeinsame Daten gibt, schafft eine Konfusion. Es gibt keine Daten, es gibt Grenzen, und es gibt eben bisher keine Möglichkeit, unmittelbar zu vergleichen. Das ist etwas sehr Hartes, das den gegenwärtigen Stand so schwierig macht. Man sitzt im gleichen Boot und hat es doch schwer, miteinander zu reden, weil man die Grenzen des eigenen Verständnisses — der psychotherapeutischen Situation und der jeweiligen Operationen in diesem Feld — nur schwer und nicht direkt überschreiten kann, und weil man weithin gegenseitig nur gewisse Stereotypien, Vorurteile oder wechselseitige Interpretationen dessen, was der andere tut, produziert.

Be.: Die Interpretationen kann man aber näher untersuchen. Das war es, was ich mit den »gemeinsamen Daten« meinte.

Gö.: Dazu noch eine praktische Bemerkung: Herr Strotzka,

Sie haben vorhin gesagt, daß die Klinischen Psychologen jetzt zu einer lukrativen Betätigung drängen und sich ihnen deswegen die Verhaltenstherapie nahelegt.[27] Das mag teilweise durchaus wahr sein. Aber man kann diesen Sachverhalt auch positiv deuten: nämlich so, daß die Klinischen Psychologen mit dem, was nur sie aufgrund ihres psychologisch-experimentellen theoretischen Wissens anbieten können, zum Ganzen der Möglichkeiten psychotherapeutischer Hilfe beitragen. Das ist doch eine ganz vernünftige Idee.

Str.: Ich habe es auch nicht wertend gemeint, nur als Feststellung.

Gö.: Dann bin ich zufrieden.

---

[27] Von einem Moment des Lukrativen hatte Hans STROTZKA nicht gesprochen. Vgl. dessen Bemerkung auf S. 148. Der Hrsg.

Die Autoren

Dr. Jarg B. Bergold

Geboren 1939 in Nürnberg — 1959—1962 Jurastudium, ab 1962 Psychologiestudium am Psychologischen Institut der Universität Freiburg/Brsg. (Prof. R. Heiss) — 1966 Diplom-Prüfung, Assistent am Psychologischen Institut der Universität München, Abteilung für Klinische Psychologie — 1967 Studium der Verhaltensmodifikation in England: am Institute of Psychiatry London (Prof. H. J. Eysenck) und am Middlesex Hospital (Dr. V. Meyer) — ab 1968 wieder Assistent an der Abteilung für Klinische Psychologie des Psychologischen Instituts in München, außerdem Lehrbeauftragter für Methodik der Verhaltensmodifikation — ab 1971 Mitarbeiter an der Psychiatrischen Poliklinik, Bern. Promotion in München mit dem Thema: Über das Problem der Auswahl von Meßvariablen zur Kontrolle der Desensibilisierung.
Wichtigste Veröffentlichungen
Grundlagen und therapeutische Anwendung der bedingten Reaktion. In: Praxis der Psychotherapie 14 (1969), S. 137—148.
Experimentelle und klinische Untersuchungen zur Desensibilisierung. Eine Literaturübersicht. In: Schweizerische Zeitschrift für Psychologie 29 (1969), S. 229—256.
(zus. mit H. Selg): Verhaltenstherapie. In: Klinische Psychologie. Hrsg. von W. Schraml. Bern 1970.
Ziele und Methoden der Verhaltenstherapie. In: Zeitschrift für Psychotherapie und medizinische Psychologie 20 (1970), S. 153—162.

Professor Dr. Rudolf Cohen

Geboren 1932 in München — zunächst Ausbildung zum Volksschullehrer, 1953—1957 Studium von Psychologie, Soziologie und Psychopathologie an den Universitäten München und Hamburg — 1961 Promotion an der Universität Hamburg (empirische Untersuchung zum Aufforderungscharakter der Rorschach-Tafeln) — 1961—1967 Wissenschaftlicher Assistent am Psychologischen Institut der Universität Hamburg, Ausbildung in analytischer Psychotherapie, Aufbau eines Ausbildungszweiges für Klinische Psychologie (in Zusammenarbeit mit der II. Medizinischen Universitätsklinik) — 1968 Habilitation. — 1967—1969 Leiter der Arbeitsgruppe für Klinische Psychologie am Max-Planck-Institut für Psychiatrie in München, hier besondere Zuwendung zur Verhaltenstherapie und den psychophysiologischen Methoden — ab 1970 Professor für Psychologie an der Universität Konstanz, experimentelle Untersuchungen zur Klinischen Psychologie und Verhaltenstherapie auf einer dafür eingerichteten Station am Psychiatrischen Landeskrankenhaus Reichenau, Konstanz.
Wichtigste Veröffentlichungen
Systematische Tendenzen bei Persönlichkeitsbeurteilungen. Bern 1969.

Objektive Klassifikationsverfahren. In: Bulletin der Schweizerischen Akademie der Medizinischen Wissenschaften (1970), 25, Fasc. 1/2.
Zum Begriff der Angst in der differentiellen Psychologie. Konstanzer Universitätsreden 39. Konstanz 1971.

PROFESSOR DR. PETER FÜRSTENAU

Geboren 1930 in Berlin — Studium von Philosophie, Soziologie und Klassischer Philologie in Berlin und Frankfurt/M. — 1956 Promotion mit einer Arbeit über Heidegger — psychoanalytisch-psychotherapeutische Ausbildung — 1960—1962 Dozent für Philosophie an der Pädagogischen Hochschule Berlin — ab 1962 an der Psychosomatischen Universitätsklinik in Gießen; 1969 Privatdozent, 1970 Professor für Psychoanalyse und Soziologie an der Medizinischen Fakultät der Universität Gießen — Hauptarbeitsgebiete: Psychoanalyse, Gruppendynamik und Institutionsberatung.
Wichtigste Veröffentlichungen
Heidegger — Das Gefüge seines Denkens. Frankfurt/M. 1958.
(zus. mit C.-L. Furck u. a.): Zur Theorie der Schule. Weinheim 1966.
Soziologie der Kindheit. Heidelberg 1967, 3. Aufl. 1971.
Ich-Psychologie und Anpassungsproblem. Eine Auseinandersetzung mit Heinz Hartmann. In: Jahrbuch der Psychoanalyse 3 (1964), S. 30.
»Sublimierung« in affirmativer und negativ-kritischer Anwendung: In: Jahrbuch der Psychoanalyse 4 (1967), S. 43.
Über Beratung, Therapie und Erforschung sozial definierter Neurotikergruppen. In: Zeitschrift für Psychotherapie und medizinische Psychologie 18 (1968), S. 161.
(zus. mit S. F. Stephanos und H. Zenz): Erfahrungen mit einer gruppentherapeutisch geführten Neurotikerstation. In: Zeitschrift für Psychotherapie und medizinische Psychologie 20 (1970), S. 95.
Institutionsberatung: Ein neuer Zweig angewandter Sozialwissenschaft. In: Gruppendynamik 1 (1970), H. 3.
Aktuelle Organisationsprobleme einer psychoanalytischen Vereinigung aus soziologischer Sicht. In: Zeitschrift für Psychotherapie und medizinische Psychologie 20 (1970), S. 173.

PROFESSOR DR. MED. ET PHIL. ALBERT GÖRRES

Geboren 1918 in Berlin — Studium von Medizin, Philosophie und Psychologie — psychoanalytische Ausbildung in Berlin, Heidelberg und Amsterdam — mehrjährige klinische Tätigkeit an Medizinischen, Psychiatrischen und Psychosomatischen Kliniken — 1955 Habilitation in Psychologie an der Universität Mainz — 1961 in Mainz Lehrstuhl für Angewandte Psychologie und Tiefenpsychologie — 1965 in München Lehrstuhl für Klinische Psychologie (Vorstand der Abteilung für Klinische Psychologie und des Psychologischen Instituts der Universität München) — 1969 Berufung in das Wissenschaftliche Präsidialkomitee der Internationalen Gesellschaft für Sozialpsychiatrie.
Wichtigste Veröffentlichungen
Methode und Erfahrungen der Psychoanalyse. München 1958, 4. Aufl. 1971.
An den Grenzen der Psychoanalyse. München 1969.
(zus. mit Heiss, Thomae, Uexküll): Denkschrift der Deutschen For-

schungsgemeinschaft über »Die Lage der ärztlichen Psychotherapie und psychosomatischen Medizin in der BRD«. Wiesbaden 1964.
Pathologie des Christentum. In: Handbuch der Pastoraltheologie. Hrsg. von F. X. Arnold u. a. Bd. II/1, S. 277—336. Freiburg, 2. Aufl. 1971.

DR. HEINRICH KEUPP

Geboren 1943 in Kulmbach/Ofr. — Studium von Psychologie, Soziologie und Pädagogik in Frankfurt/Main, Erlangen und München — 1969 Diplom, 1972 Promotion, gegenwärtig tätig als Wissenschaftlicher Assistent an der Abteilung für Sozialpsychologie des Psychologischen Instituts der Universität München.
Wichtigste Veröffentlichungen
Antisemitismus heute — Versuch einer Fallstudie. Inhaltsanalyse der »Deutschen Nationalzeitung und Soldatenzeitung«. Studien und Berichte aus dem Forschungsinstitut der Friedrich-Ebert-Stiftung. Hannover 1967.
Der Krankheitsmythos in der Psychopathologie — Dokumentation einer Kontroverse (Herausgabe). München/Berlin/Wien 1972.
Psychische Störungen als abweichendes Verhalten — Zur Soziogenese psychischer Störungen. München/Berlin/Wien 1972.

PROFESSOR DR. HANS STROTZKA

Geboren 1971 in Wien, dort Medizinstudium — Ausbildung als Psychoanalytiker und Sozialpsychiater — Mitarbeit an Stadt- und Landesplanung, Flüchtlingsrehabilitation (besonders als Berater des Hochkommissariates der Vereinten Nationen in Genf während des Weltflüchtlingsjahres 1959/60) — Mitglied des Expertenrates für Psychiatrie der Weltgesundheitsorganisation — Hauptarbeitsgebiete: Psychotherapiemethoden im Rahmen der sozialen Sicherheit und Epidemiologie psychischer Krankheiten, Zusammenhänge zwischen Wohnbedingungen und psychischer Gesundheit sowie überhaupt Fragen der Wohn-, Stadt- und Sozialplanung; medizinische Psychologie und Psychosomatik. Vorstand des Instituts für Tiefenpsychologie und Psychotherapie an der Universität Wien.
Wichtigste Veröffentlichungen
Einführung in die Sozialpsychiatrie. Reinbek bei Hamburg 1965 (rde Bd. 214).
(zus. mit Mitarb.): »Kleinburg«. Eine sozialpsychiatrische Feldstudie. Wien 1968.
(zus. mit Mitarb.): Gefährdung und Resozialisierung Jugendlicher. Wien 1968.
Psychotherapie und soziale Sicherheit. Bern 1969.
Gesundheit für Millionen. Wien 1972.

CLAUS HENNING BACHMANN

Geboren 1928 in Hamburg — Tätigkeit als Journalist, Dramaturg, Regisseur, Rundfunkautor — publizistische Hauptarbeitsgebiete: Neue Musik, modernes Theater, wissenschaftliche Themen.

Sachregister

abgekürztes Verfahren 66
Abhängigkeit 32, 66, 83, 107, 117, 121, 132f, 136
Abstinenz 62
— prinzip, psychoanalytisches 15
— regel 156
Abstraktion 78
Abwehr 75, 143
— mechanismen 83 f
ärztliche Einzelpraxis 50
affektives Erleben 19
Aggression (-s) 163
— forschung 67
Alternativen 126 f
Ambivalenz 148 f
analytisch (-e, -es)
— Behandlungssituation 19
— Gespräch 85
— konzipiertes Krankenhaus-Milieu 43
— Krisenintervention 43
— Situation 19, 35, 38
Angst 51, 73 f, 94 f, 98, 146 f, 157, 163, 176
— bereitschaft 95
— bewältigung 133
— hierarchie 74
— produktion 73
— reaktionen 131
— reaktionen, bedingte 72, 74, 155
— reduktion 131
— reiz, bedingter 72
— reiz, unbedingter 72
— response 75
— verhalten 95
Anpassung (-s) 62 f, 83, 109, 117 f
—, passive 62, 125
—, prozeß, aktiver 62
Anthropologie 79 f
—, latente 80
Antipsychiatrie 167
Apathie 125
Arbeitswelt 114
Archetypenlehre 154
Arrangements 46, 164
assertive training 174
Assoziation, freie 19, 36, 85
Ausbildung (-en, -s) 10, 26, 28, 36, 76, 177
— kriterien 173
Auslöser, unbedingter 148

autistisch 97
Autogenes Training 58, 64
»Autonomie«-Begriff 143
Autorität 18—20, 26, 168, 171
autoritativ 18 f
Aversionstherapie 128

Bedingung 78
Behandlung (-s)
— abbruch 27, 76
— alternative 127
— arrangement, klassisches 45
— arrangements 36, 41 f, 45
— arrangements, ambulante 47
— aspekte, konfrontierend-interpretierende 46
— erfolg 21 f, 34, 164
— formen, psychologische 136
— freie Intervalle 42
— frequenz 36 f
—, kausale 66, 143
— medikamentöse 66
— methodik 32, 41—43, 45
— programm 43, 112, 117
— resultat 117
— situation 36, 129
— strategie 129
— strategische Zusammenhänge 20
— stunden, Frequenz von 42
— tradition 42
— verfahren 18—21, 23, 28, 34, 42, 45, 52 f
— verläufe 35
— zeit 76
— ziel 67, 91, 118
Behaviorismus 7, 72
Belohnung (-s) 84, 87, 96—100, 102, 121, 128, 154, 161 f
— wert 87
Beratungsarbeit mit Gruppen 45
Beratungsstelle 23, 50
Berufsbezeichnung 11
Bestrafung (-s) 87, 99 f, 128, 162 f
— mechanismen 162

Bettnässen (s. a. Enuresis) 73, 85, 160—163
Beziehung (-en, -s), emotionale 146
— konflikte 35
— zwischen Gruppen 45
Bezugsgruppen 127
biochemische Theorien 176

case-work 61 f
Charakter (-e)
— neurosen 47, 169
— struktur 75
—, triebhafte 169
chronisch Schizophrene 25
Code 114
»coercive power« 121, 127 f
»Community mental health« 44
Computer 15, 146 f

Daseinsanalyse 19
daseinsanalytisch 80, 83
Denkpsychologie 78
Depression 66, 176
Depressive 89 f
Deprivation (-s) 120, 122
— zeit 122
Desensibilisierung 15, 75, 92, 146, 155
desensitization s.
Desensibilisierung
Desentivierung, systematische (s. a. Desensibilisierung) 155
Dezisionismus 124, 179
Diagnostik 34, 39, 92
diagnostische Kategorien 20
diskriminierende Reize 95 f
Diskriminierung (-s) 95 f
— leistung 95

Effizienzgrad 151
Ehepaartherapie 44
Eheprobleme 44
Einflußnahme 23, 26
— von Psychotherapeuten 28, 178
Einfühlung (Empathie) 36

185

Eingriffe, zielgerichtete 153
Einsicht 158, 160
Einstellungsänderungen 88, 122, 124
Einwirkung, führend-steuernde 19
Einzelbehandlung 46, 59
—, analytische 46
Einzelberatung, kurzfristige analytische 43
Einzelgespräche 43
Einzelpraxis 23
einzelpsychotherapeutisches Verfahren 43
Einzelpsychotherapie 46
Eltern-Kind-Beziehung 46
emotioneller Erlebnischarakter 65
Entspannung (-s) 75, 94, 130 f
— methoden 131, 135
— technik 130
— training 129 f
— übung 74
Enuresis nocturna 68, 160
— Automat 161
— Behandlung 160
Erfahrungswissen 31 f, 38, 47, 49
Erfolg (-s)
— aussichten 178
— forschung 23
— kontrolle 20
— kriterien 117, 124
— quote 21, 158, 178
Erlebnisstörungen 18
Ersatzkassen 22
Erwachsenheit 38, 46
Erwartung (-s) 27, 50
— haltungen 165
— vorstellung des Patienten 64, 164
— vorstellung des Therapeuten 64, 164
Erziehungsberatung 84
Es 144
ethischer Anspruch 176 f
Experimentalpsychologie 79
experimental-psychologische Befunde 52
Experimentalwissen, exaktes 51
experimentelle Befunde 48, 50, 77
experimentelle Daten 152
experimentelle Methoden 78 f
»expert power« 121, 126 f, 131
Exploration 159

Familie (-n) 44, 116
— gruppen 66
— neurosen 66
— situation 150
— therapie 44, 151

Fehlentwicklung, psychische 15, 85
Fehlhaltung 81
Fehlkonditionierung (-en) 72 f, 81, 83, 85
—, operante 73
Fehlleistungen 79
Fehlverhalten 146, 157
Flexibilität des Therapeuten 27
Fokaltherapie 43, 46, 64, 155, 175
—, analytische 43
Fokus 43, 46
— der Interventionen 36
Fokussierung 152
— der Interventionen 36
Forschungsmethodik 21
Forschungspläne 21
Fortschrittsdenken 12

Gegenübertragung 62, 91
geistig Behinderte 76
Gemeinschaftspsychiatrie 167
Generalisation 130
Generalisierung 95–97
genitale Phase 144
Geschlechtlichkeit 80
Gesellschaft (-s) 91, 115
— analyse 18
— liche Abhängigkeit 135
— liche Aufgaben 54
— liche Normen 123
— liche Situation 135
— licher Stellenwert 136
— Gewalt 166
Großindustrie 33
Gruppen 41, 43–45, 64
— behandlungen 58 f, 65, 134
— beziehung 46
— bildung 45
— dynamik 45, 69
— dynamische Laboratorien 45
— erlebnis 66
— methoden 66, 151
— psychotherapie 25
— psychotherapie, analytische 43
— situationen 66
— sitzungen 43
— therapie, verhaltensmodifikatorische 107

Hausfrauen-Trainingsprogramm 25
Hemmung 152
Herrschaft (-s) 119
— aspekt 108
— struktur 106
— verhältnisse 136
Hierarchien, Aufstellung der 165
Hirnschäden 66
Homosexuelle 94, 126

Hypnose 18, 63 f
Hysteriker 80

Ich 171
— Analyse 171
—, Autonomie des 143
— Entwicklung 148 f
— mängel 46
— Psychologie 16, 67, 143
— Schwäche 75
— Stärkung 9
— Stärkung, sekundäre 63
— Struktur 17
Identitätsfindung 172
Ideologie 111
— der Anpassung 110
— kritik 24, 110
Imitationsverhalten 88
Indikation (-s) 60, 62, 64, 66, 68, 86, 141
— bereich 36 f, 76
—, medizinische 67
— probleme 47
—, spezifische 178
— stellung 34, 65, 127
—, therapeutische 111
Indoktrination 68
Industriegesellschaft 171–173
Infantilismus 9
Informationsdefizit 113
informationstheoretische Darstellung 67
Institution (-s) 22, 45, 47, 50, 64, 108–110, 118
—, gesellschaftliche 128
—, medizinische 24, 43
— beratung 45
— soziologie 24
institutionelle (-e, -er)
— Bezug 24
— Faktoren 29
— Verwahrung 112
instrumentelle Einstellung 105
instrumentelles Handeln 105, 123 f
Interaktion (-s) 23, 46, 48, 59, 63, 105, 108, 114, 122, 133
—, direkte 136
— feld-Patient-Therapeut 29
— formen 35
— partner 105 f, 122
— sequenzen 120
— teilnehmer 120
—, therapeutische 66, 119, 128, 133, 135 f
Internalisierung 63
Internationale Psychoanalytische Vereinigung 40, 58
Interpretationen 19, 159
Intervention (-s) 36, 38, 45 f
— fokus 37
—, konfrontierend-

interpretierende 19, 36, 44–47
–, stützende 44 f
— therapeutische 115 f, 118
Interview-Situation 165
Intimbereich 127
Intuition 36
irrationale Haltungen 67

Jugendkriminalität 108

Katamnesen 25, 178
– statistiken 20
katamnestische Kontrolle 31
kausaler Eingriff 68
Kinder
– laden 45
– psychoanalytiker 44, 84, 128
– psychotherapie 44, 128
– therapeut (-en) 160
Kindheit (-s) 35, 37, 89, 142–144
– krisen 85
Kindlichkeit 38
Klassengesellschaft 111, 116–119
Klassenstruktur 112
Klassensystem 115
Kleintierphobie 74 f
Klientel 157 f
Klinik 23, 50, 96, 98
Klinikstruktur, hierarchische 167
klinisch (-e, -er)
– Befunde 52
– Erfahrung 49
– Erfahrungsaustausch 51
– Psychologie s. Psychologie, klinische
kognitive Prozesse 160
körperlich-sinnliches Erleben 19
Kommunikation (-s)
– forschung 23
–, gestörte 44
–, paradoxe 23
– störung 43
– theoretische Analyse 23
kommunikatives Handeln 123, 133 f
kommunikatives System 134 f
Konditionieren, instrumentelles 73
Konditionieren, operantes 73, 161 f
Konditionierung 15, 74, 81 f, 93 f, 97
–, klassische 72, 148, 161
–, positive 162
Konflikt 143
– bearbeitung 61
– situation 162
– thema 46
–, unbewußter 34

Kontrollanalyse 61
Konvergenzbeweis 80
Krankenhausstation 46
Krankenkassen 114
»Krankenrolle« 126
Kriminalität 76
Kybernetiker 78

Laientherapie 67
»Langzeitprozesse« 14
»legitimate power« 121, 127
Lehranalyse 77, 79
Lehrmeinungen 26
Leistungsgesellschaft 125
Leistungsstörungen 75
Lern (-en) 16, 20, 23, 26, 67, 88, 92, 178
– am Erfolg 161
– bereitschaft 26
– experiment 142, 147
– gesetze 75
– prinzipien 52
– prozeß 8, 52, 98, 126, 144
– psychologie 20, 23, 51 f, 88 f, 154
– psychologie, experimentelle 20
– psychologische Forschung 90
– psychologische Experimentalbefunde 51
– psychologisches Wissen 49
–, soziales 67
– theoretiker 78, 81, 83, 86, 150 f
– theoretische Gesetze 73
– theorie 8, 14, 20, 53, 67, 73, 75, 78, 80 f, 83–85, 88, 141 f, 148, 150–152, 157–159, 162, 174
– unfähigkeit 68
– vorgänge 48, 82
Libidotheorie 16, 78
Liebesfähigkeit 75
Lohn 67
Lustprinzip 171

Macht
– abbau 130
– gefälle 105, 130 f, 135
– mißbrauch 105, 128
– modell 106, 108, 120–122
– potential 121, 128
– quellen 120 f, 125, 127 f
–, soziale 111, 119 f, 126, 128 f, 136
– strategien 125 f
Manipulation 68 f, 91, 103, 122, 135 f, 145, 167 f
–, latente 168
manipulative Kontrolle 123

–, Mechanismen der 164
manipulatorisches Moment 134
masochistische Fixierungen 68
medizinischer Krankheitsbegriff 89
Mikro-Lernprozesse 150
Milieu
– beeinflussung 61
– therapie 43
– wechsel 62
mitmenschliche Beziehungen 75
Mittelschichtideologien 113
Modell, medizinisches 143
»Modell-Lernen« 162
monosymptomatisch 157
Motivation 170
motorische Aktion 73

narzißtische Fixierungen 68
Nervensystem, autonomes 73
Neurose (-n) 8 f, 22, 60, 63, 67, 71 f, 76, 80–82, 84 f, 108, 146, 148–150, 152, 167
– bereitschaft 60
–, experimentelle 72, 85, 150
– lehre 79, 147, 155
– therapie 9, 12, 16, 59, 69
Neurotiker 51, 80, 83, 89
neurotische Abwehrmechanismen 65
Neurotisierung, sekundäre 60, 161
Nicht-Beachtung 87, 101, 103
nicht-direktive Therapie 19, 124
nicht-direktives Verfahren 19
»Notfallspsychotherapie« 14

Objektrepräsentanzen 63
ödipale Phase 37
Ödipalität 38
Ödipuskomplex 37 f
Ödipusthematik 39
ökonomische gesellschaftliche Situation 64
Operationalisierung, Definition der 154
orale Phase 144
organische Leiden 21
Organmedizin 20 f

Passivität 68
Patienten
– Analytiker-Beziehung 35

187

gruppe 25, 44, 47, 158, 178
– Therapeuten-Beziehungen 23, 27, 32, 52
– Therapeuten-Paare 50
Pawlowscher Hund 73, 93 f, 148
Persönlichkeit (-s) 36, 48, 63, 67, 85
– deformierungen 68
– entwicklung 48
– strukturen 20, 33, 35, 63, 153
– theorie 154
– veränderung 48
Pflichtkrankenkassen 160
Phasenlehre 78, 144
Phobien 14 f, 51, 72, 95, 155, 157
Phobiker 94
phobische Einengung 63
Physiologie 39
physiologisches Theoriemodell 40
Placebo 156
– gruppen 165
– Therapie 14
polysymptomatisch 157
Produktionsprozeß 114
Prognostik 34, 177
Projektion 84
prophylaktische Aufgabe 135
Prophylaxe 150, 152
–, historische 144
Prozesse, sympathikotone 73
Prozesse, vagotone 73
Psychiatrie 59 f, 88 f, 110 f, 114, 118
–, Klassencharakter d. 110
psychiatrisch (-e, -es)
– Denken 111
– Institutionen 112 f
– Patienten 25, 33, 51
– Praxis 111
psychoanalytisch (-e, -er) 102
– Ausbildung 62, 75
– Behandlung, klassische 36
– Behandlungsmethodik 47
– Behandlungsverfahren 36, 42
– Konzeption 36–38, 41–43, 45, 153, 170
– Krankheitslehre 39
– Kurzbehandlung 64 f
– Literatur 39, 67, 91
– Neurosentheorie 83
– Schulen 13
– Symptombegriff 144
– Theorie 37, 39, 41 f, 75, 175
– Übertragung 74
– Vereinigungen 40 f
– Vertrag 74
Psychodynamik 68
Psychogenese 13, 66

Psychohygiene 15, 113
Psychologen, Klinische 141, 148, 181
Psychologie 52, 79, 85
–, allgemeine 52
–, biographische 150
– des Ich 173
– des Unbewußten 67, 173
–, experimentelle 20, 79, 148
–, klinische 67, 110, 141
–, kritische 132
–, medizinische 21 f
psychologisch (-e, -es)
– Beratung 20, 24, 42
– Einzelpraxis 50
– Institut 50, 76, 141
Psychomechanik 156
Psychopathien 76, 169
Psychosen 46, 76, 108
Psychosomatik 22
Psychosomatosen 46
psychosoziale (-s)
– Betreuung 62
– Erkrankungsrisiken 44
– Feld 60
– Phänomene 38
– Störungen 60
– Zusammenhänge 45
psychotherapeutische (-s)
– Angebot 112
– Ausbildung 26
– Beeinflussung 168
– Erfahrung 33, 39
– Erfolgsforschung 22
– Feld 23 f, 28 f, 31 f, 48
– Handeln 115
– Institutionen 22, 113
– Konzeption 170
– Kurzmethoden 58
– Leistungen 42
– Leistungsangebot 42
– Praxis 34, 39, 49, 111, 118
– Prozesse 178
– Schulen 23, 26–28, 33, 42, 47, 154, 170, 177–180
– Technik 31, 66, 178
– Verfahren, tradtionelle 112
Psychotherapie, 18, 20, 22, 24, 64, 66, 109, 113 f
– forschung 16, 21 f, 24, 28, 170
– forschung, vergleichende 18, 65, 179
– untersuchung, vergleichende 63
–, wissenschaftliche 33
Psychotiker 92, 169
psychotische Patienten 44

Rationalität 20, 65
Reaktion (-s) 60, 72, 93 f, 152

–, bedingte 72, 93
–, konditionierte 83, 95, 161
– muster 35
Realitätsprinzip 171
Rechtfertigungsbedürfnis 22
Rechtsprechung 22
»referent power« 121
Reflex, bedingter 72, 148
Reflexion (in der Psychotherapie) 28 ff, 34, 36
–, verhaltenstherapeutische 49
–, wissenschaftliche 49 f
Regression 68, 75
Reiz 93 f, 96 f, 152
–, bedingter 72, 75, 93–95
–, konditioneller 161
–, neutraler 148
–, nicht-konditioneller 161
Relevanzkriterium 172
Rentenneurosen 125
Resozialisierung 23
Responsen 73–75, 78
–, fehlkonditionierte 84
–, inkompatible 74
–, motorische 73
–, operante 74, 84
Restriktion 122
Retardierte 76
»reward power« 121, 127
Rollen
– bestimmung 107
– definition 129
– erwartung 102, 109, 117
– modell 107
– träger 108, 121
– wechsel 66
Rückspiegelungsmomente 19
RVO-Kassen 22

Schizophrene 44, 89 f, 97
–, autistisch 169
Schizophrenie 24, 44, 66
Schulen 8, 30 f, 40, 54, 98, 107
–, psychoanalytische 77
– der Psychotherapie s. psychotherapeutische Schulen
Selbstbehauptungstraining 8 f
Selbstdarstellung 19
Selbstentfaltung 19
Selbstentfremdung 172
Selbstinterpretation, berufsständische 118
Selbstkontrolle 108, 131 f
Selbstkontrollmethoden 131, 135
Selbststeuerung 68, 131
Selektionsmechanismus 113, 115, 118

188

Selektionswirkung 114
Sexualität 59
—, frühkindliche 172 f
Soforterfolg 21, 156
sozial (-e, -er, -es) (s. a. Sozial-)
— Abhängigkeit 33, 132, 135
— Ablehnung 126, 129, 131
— Ängste 131
— Anerkennung 127
— Aspekt 105
— Ausschließung 109
— Bedürfnisse 63
— Beeinflussung 120
— Bewegungen 107
— Bezüge 32
— Determinanten 145
— Distanz 25, 117
— Einflußnahme 88
— Einheiten 45
— Einstellungen 45
— Entwürfe 130
— Faktoren 165
— Feld 22, 24, 54
— Grundverhältnis 119
— Handeln 105
— Implikationen 117
— Interaktion 120
— Klassen 24
— Kontrolle 108 f, 115
— Konsequenz 92
— Konstellationen 32 f, 125
— Macht 105, 111, 119 f, 126, 128 f, 136
— Machtausübung 106, 119
— Milieu 117
— Mobilität 115
— Ort 32 f
— Prozesse 17, 54, 129, 150
— randständige Gruppen 44
— Raster 112
— Rolle 118, 127
— Schicht (-en) 33, 112–114, 118
— Schichtzugehörigkeit 111
— Selektion 113–115
— Selektionsprinzip 113
— Situation 88
— Status 111
— Struktur 110, 129
— Systeme 108 f, 121
— Umstände 33
— Umwelt 63, 117, 126 f, 129
— Ungleichheit 112
— Utopie 106
— Veränderungspotentiale 116
— Verantwortung 172
— Verhältnisse 62
— Verhalten 45, 63
— Verhaltensweisen 45
— Verstärkung 125
— Wahrnehmungsfähigkeit 45
Sozial (s. a. sozial, -e, -er, -es)
— arbeit 23, 61 f
— arbeiter 25, 44, 61
— beziehung 119, 156
— charakter 109
— forschung, experimentelle 27
— geflecht 167
— intervention 45
— konstellation 131
— kulturelles Milieu 36, 178
— ordnung 115
— pädagoge 25
— psychiatrie 15 f, 116
— psychologie 88, 92, 108, 119 f
— psychologische Forschung 90
— psychologisches Machtmodell 126
— psychologisches Modell 135
— schicht 113
— schichten, bürgerliche 112
— schichten, obere 118
— strukturelle Faktoren 24, 29
— system 108
— utopie 173
— wissenschaften 23, 105, 110, 117, 165
— wissenschaftler 30
— wissenschaftliche Analyse 33
— wissenschaftliche Aspekte 45
— wissenschaftliche Beiträge 23
— wissenschaftliche Fragestellung 33
— wissenschaftliche Methoden 24
— wissenschaftliche Reflexionen 33
— wissenschaftliches Experiment 27
Sozialisation (-s) 109
— prozeß 109, 115
Soziolinguistik 114
Soziologie 108 f
— des Ausbildungswesens 24
Sozio-Psychologismus 117
Spinnenphobie 157
spätkapitalistische Gesellschaften 33
spätkapitalistische Staaten 22
Spontanheilungsquote 21
Spontanheilungsvorgang 71
Spontanprognose 60
Sprach (-e)
— analytische Deutung 67
— codes 114
— formen 114
— psychologie 78
— stile 9, 114
— störungen 126
Sprechverhalten 126
Staat 33
Standardmethode 36 f, 42 f
Standesethos 118
stationäre analytische Gruppenpsychotherapie 43
stationäres Engagement 44
statistische Erfolgsuntersuchungen 47
statistische Forschungsmethodik 21
statistische Mißerfolgsuntersuchungen 47
Stegreiftheater 66
Stimulus 78
Stotterer 126
Strafe 67, 121
Streß 60 f
stützende Behandlungsaspekte 43–46
stützende Eingriffe 36 f
subkulturelles Milieu 117
Substitutionstherapie 81
Sucht 24, 46, 100, 169
Suggestibilität 18 f, 20, 26, 63
Suggestion 58, 63
suggestiv (-e, -es)
— Einflüsse 63 f
— Element 157
— Erfolge 63
— Mittel 156
— Momente 64, 156
— Techniken 66
— Therapeuten 177
— therapeutische Verfahren 20, 170
— Wirkung 21
Suggestivverfahren 18, 160
Supervision 61
Symptom 13, 21, 44, 50, 68, 92, 143 f, 157, 159, 161–164
—, aktuelles 143
— beeinflussung 63
— behandlung 151, 163
— bekämpfung 68
— besserung 63, 67
— bildung 60, 85
— erfolge 68
— erleichterung 68
— heilung 71
— orientierte Behandlung 64
— orientierung 67
— rückgang 21
— verschiebung 92
— wandel 68
Symptomatik 92, 117
symptomatische Bilder 148

189

Systematik 67
systematische Desensibilisierung 74, 94
Systemerfordernisse 109, 118

Teamarbeit 67
Theorie
— des psychotherapeutischen Feldes 32
— entwicklung 67
— psychoanalytische 66, 170
— verständnis 164
Therapeut (-en)
—, Aktivität des 68
— ausbildung 24, 61
— Ethik des 69
— Klient-Interaktion 136
—, Macht des 127 f
— nachwuchs 33
— Patient-Beziehung 102, 118
— rolle 108, 128, 135 f
—, unausgebildete 25
therapeutische (er, -es)
— Dynamik 65
— Eigenerfahrung 30
— Einflußnahme 28, 43
— Gruppe 43, 46
— Handeln 105, 108–110, 115, 118 f, 123, 131–136
— Indikation 111
— Institution 34, 50, 108, 110, 112 f
— Interaktion 17, 66, 119, 128, 133, 135 f
— Jugendheim 46
— Milieu 65
— Programme 95, 98, 112
— Prozeß 128
— Rollenbeziehung 133
— Situation 107, 133 f
— Strategien 8, 52
— Team 43
— Techniken 135
— Zielbestimmung 124
— Ziele 101
Therapie
—, antitoxische 81
— erfolg 117, 159
— fähigkeit 113–115
— formen 114
—, kausale 63, 68
— maßnahmen 75
—, medikamentöse 60
—, medizinische 81
—, nicht-direkte 19, 124
— programm 117

— theorie 29
Tiefenpsychologie 8
Tierexperimente 13, 89, 92
Tierneurosen 147–149
Tranquillizer 60
Traum 19
— deutung 13, 77, 79
Trieb (-e) 171
— struktur 172

Überforderung 177
Über-Ich 75, 144, 171
— Entwicklung 148 f
Übertragbarkeit 49
Übertragung (-s) 14, 35, 38, 61, 65 f, 75, 158
— lehre 14
— neurose 61
— probleme 158
Umkonditionierungen 64, 83
Umwelt 90, 92, 125–129
— bedingungen 129
— situation 114, 117
unbewußt 36 f, 90
Unbewußtes 16, 19, 34, 90
Unterordnung 121
Unterschicht 112–114, 117
Unterwerfung unter den Therapeuten 65

Vaterimago 171
Verbandssoziologie 24
Verdrängung 61, 63, 75, 80, 84
Verhalten (-s) 171
—, abnormes 89 f
—, abweichendes 108 f, 113
— änderung 20, 29, 82, 118, 120, 122, 124
— änderung, Ziel der 168
— aggressives 166
— analyse 117, 129, 161 f
— erwartungen 123
— entwicklung 29
— formen, abweichende 108
—, gestörtes 29
— muster 125 f
— physiologie 82
— regulativ 67
— repertoire 92, 125
— störungen 18, 29, 49, 51, 90–92, 117, 142, 157

— therapeutische Reflexologie 161
— therapeutische Schulen 165
Verknüpfung 152
Verlockungstechniken 128
Vermeidungslernen 83
Verständniszusammenhänge 38
Verstärker 97, 125
Verstärkung 98, 100, 125, 161
Versuchsanordnung 28
Versuchsergebnisse 28
Verwahrlosung 24, 46, 76
Verwissenschaftlichung 66, 148, 171
— der Psychoanalyse 175
Vorbildung 24

Wahl, rationale 123
Widerstand (-s) 35, 65, 75
— probleme 158
»Wiederholung« 46
Wissen, explizites exaktes 48, 53
—, implizites klinisches 53
wissenschaftliche Literatur 30, 32
wissenschaftliche Weiterentwicklung 33
Wissenschaftlichkeit 20
wissenschaftstheoretische Bewegung 85
wissenschaftstheoretische Stellungnahme 48
Wissenschaftstheorie 76

Zerebralgeschädigte 76
Zielformulierung 117, 134 f
Zielfindung, Strategie der 169
Zielsetzung 102, 123 f, 131, 156
Zuwendung 15, 100, 162
Zwangserscheinungen 129, 176
Zwangsneurosen 79
Zwangszustände 169
zweckrationales Handeln 123
Zweierbeziehung 46, 65, 120
Zwei-Personen-Beziehung 36

Fischer Taschenbuch Verlag

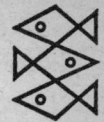

Psychologie und Verhaltensforschung.

Alfred Adler
Menschenkenntnis (Band 6080)

Michael Balint
Die Urformen der Liebe und die Technik der Psychoanalyse (Band 1035)

Der Arzt, sein Patient und die Krankheit (Band 6005)

S. A. Barnett
Instinkt und Intelligenz
Rätsel des tierischen und menschlichen Verhaltens
(Band 6067)

Walter Baust (Hrsg.)
Ermüdung, Schlaf und Traum
(Band 6090)

Johannes Cremerius (Hrsg.)
Psychoanalyse und Erziehungspraxis (Band 6076)

Erik H. Erikson
Einsicht und Verantwortung
(Band 6089)

C. G. Jung
Bewußtes und Unbewußtes
(Band 6058)

Alfred C. Kinsey
Das sexuelle Verhalten der Frau
(Band 6002)

Das sexuelle Verhalten des Mannes (Band 6003)

Marxismus Psychoanalyse Sexpol
Hrsg.: Hans-Peter Gente
Band 1 (6056) / Band 2 (6072)

Peter R. Hofstätter (Hrsg.)
Psychologie (Fischer Lexikon Band 6)

Paul Ricœur
Sexualität. Wunder – Abwege – Rätsel (Band 811)

Georg B. Schaller
Unsere nächsten Verwandten
(Beobachtungen an Menschenaffen) (Band 918)

Robert Waelder
Die Grundlagen der Psychoanalyse (Band 6099)

Hans Zulliger
Heilende Kräfte im kindlichen Spiel (Band 6006)

Helfen statt strafen – auch bei jugendlichen Dieben
(Band 6037)

Umgang mit dem kindlichen Gewissen (Band 6074)

Die Angst unserer Kinder. Zehn Kapitel über Angstformen, Angstwirkungen, Vermeidung und Bekämpfung der kindlichen Ängste (Band 6098)

Fischer Taschenbuch Verlag

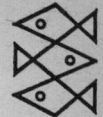

Texte zur politischen Theorie und Praxis
herausgegeben von Hans-Eckehard Bahr, Wilfried Gottschalch, Klaus Holzkamp, Urs Jaeggi, Rudolf Wiethölter

Die Reihe sammelt Beiträge zur Bildung politischer Theorie und Reflexion politischer Praxis.
Autoren und Herausgeber gehen davon aus, daß Wissenschaft von der Gesellschaft neuer, selbstkritischer und differenzierter Entwürfe bedarf, wenn sie ihren emanzipatorischen Anspruch erfüllen soll.
Die Reihe bringt Analysen aus der Soziologie, Politologie, Psychologie, Erziehungswissenschaft, Rechtswissenschaft und Ökonomie.

Wilfried Gottschalch, Marina Neumann-Schönwetter, Gunter Soukup
Sozialisationsforschung.
Materialien, Probleme, Kritik. Bd. 6503

Jutta Menschik
Gleichberechtigung oder Emanzipation?
Die Frau im Erwerbsleben der BRD. Bd. 6507

Karl Heinz Hörning (Hg.)
Der »neue« Arbeiter.
Zum Wandel sozialer Schichtstrukturen.
Bd. 6502

Klaus Holzkamp
Kritische Psychologie.
Vorbereitende Arbeiten.
Bd. 6505

Peter Kühne
Arbeiterklasse und Literatur
Bd. 6506

Frigga Haug
Kritik der Rollentheorie und ihrer Anwendung in der bürgerlichen deutschen Soziologie
Bd. 6508 (November '72)

Sven Papcke
Progressive Gewalt
Bd. 6501 (März '73)

Texte zur politischen Theorie und Praxis